実務に直結！

ケアプラン作成ガイドブック

編著　松本善則　福富昌城

中央法規

はじめに

利用者の自立を多職種で支援するためには、目標や個々が担う支援の内容を関係者間で共有しなければなりませんし、利用者自身にもセルフケアを含む支援とのかかわり方を理解してもらう必要があります。ケアマネジメントのなかでこれらを担保するためのツールがケアプランです。よって、ケアプランの良し悪しはその後の利用者の自立を左右します。また、介護保険制度上もケアプラン（＝居宅介護支援）があることで、利用した介護保険サービスが受領委任払い（現物給付）が受けられるといったインセンティブが設けられていることからも、その重要さをうかがい知ることができます。

このようなことからも、安易に困り事に見合うサービスを結びつけるのがケアプランではありません。たとえ同じ困り事であっても、困り事が起こった原因や背景は１人ひとり違いますし、その解決方法も違うはずです。たんに本人や家族の意向だけでなく、本人が持つ能力や意欲でその着地点も当然ながら変わるはずです。これらの個別性がしっかり加味されていなければ、支援の効果は期待できません。

介護支援専門員実務研修では、ケアマネジメントプロセスのうち居宅サービス計画原案作成（ケアプランの作成）に関しては、受講生の関心が非常に高く演習に熱心に取り組みます。しかし、多くの受講生はいかにケアプランを小ぎれいにまとめるかにとらわれ、ときにはテキストにある他の事例から引用しようとする姿が見られます。実務においても、文例集や事例集からフレーズを転記してケアプランを作成しようとする人がいます。

しかし、居宅サービス計画原案作成は、たんに表を埋めればいいというものではありません。ケアプランの作成には利用者本人や家族（介護者）の参加が不可欠です。例えばニーズのすり合わせでは、専門的視点での分析を共有し、利用者自身が今起きている課題の背景を理解し、解決に取り組む行動変容などを期待します。このような波及を期待するためには、しっかりしたアセスメントとその情報分析に基づいた自立に向けた提案が不可欠です。

本書はアセスメントで今ある困り事の原因や背景を探り、専門家視点で解決すべきニーズを特定し、本人の今ある能力の把握や予後予測によってより高い自立目標を設定し、利用者とすり合わせの場で専門職からのしっかりした提案ができるようなケアマネジャーが育ってほしいという思いで書きました。また、援助内容の策定にあたっても、ニーズ解決のためのサービス利用の視点を培い、広い視野で社会資源を活用できるような解説をしました。本書をご活用いただき、自立型ケアプランがサクサク作れるケアマネジャーが増えることを願っています。

松本善則

目次

第3章 ICF・ICIDHとADL・IADLの視点からの分析

第4章 居宅サービス計画書原案の作成（プランニング）

第5章 居宅サービスの構造

法令・通知一覧

本文に掲載した法令・通知は表のとおりです。

法令・通知名
介護サービス計画書の様式及び課題分析標準項目の提示について （平成 11 年 11 月 12 日老企第 29 号厚生省老人保健福祉局企画課長通知） 居宅サービス計画書標準様式及び記入要領（別紙１） 施設サービス計画書標準様式及び記入要領（別紙２） 介護サービス計画書の様式について（別紙３） 課題分析標準項目について（別紙４）
介護保険サービスと保険外サービスを組み合わせて提供する場合の取扱いについて （平成 30 年 9 月 28 日老推発 0928 第 1 号・老高発 0928 第 1 号・老振発 0928 第 1 号・老老発 0928 第 1 号厚生労働省老健局総務課認知症施策推進室長通知）
介護保険における福祉用具の選定の判断基準について （平成 16 年 6 月 17 日老振発 0617001 号）
介護保険法 （平成 9 年 12 月 17 日法律第 123 号）
課題整理総括表・評価表の活用の手引き （平成 26 年 3 月厚生労働省老健局）
「課題整理総括表・評価表の活用の手引き」の活用について （平成 26 年 6 月 17 日厚生労働省老健局振興課事務連絡）
厚生労働大臣が定める基準に適合する利用者等 （平成 27 年 3 月 23 日厚生労働省告示第 94 号）
指定居宅介護支援等の事業の人員及び運営に関する基準 （平成 11 年 3 月 31 日厚生省令第 38 号）
指定居宅介護支援等の事業の人員及び運営に関する基準について （平成 11 年 7 月 29 日老企第 22 号）
訪問介護におけるサービス行為ごとの区分等について （平成 12 年 3 月 17 日老計第 10 号厚生省老人保健福祉局老人福祉計画課長通知）
「訪問介護におけるサービス行為ごとの区分等について」の一部改正について （平成 30 年 3 月 30 日老振発 0330 第 2 号厚生労働省老健局振興課長通知）

第  章

アセスメントとケアプランの基本的考え方

第1節 ブラックボックスになっているアセスメント部分

ケアプランに位置づけたサービスの根拠を語れるか

ある主任ケアマネジャーさんから、ケアプランチェックの際に起こったこんなエピソードを伺ったことがあります。

主任ケアマネジャー（主任 CM）：この方のケアプランに、デイサービスを位置付けた理由を教えてください。

担当ケアマネジャー（担当 CM）：はい、デイサービスが必要だと思ったからです。

このやりとりをみると、何を根拠にケアプランにデイサービスを位置づけたのかがまったくわかりません。この笑い話のような本当の話から、ケアプランはアセスメントの結果として示されるアウトプットであり、アセスメントそのものはブラックボックスのように外からは見えないものであることがわかります。

この後、主任ケアマネジャーが「そう思った理由を教えてください」と問い、担当ケアマネジャーが「はい、ご家族がご希望されたからです」と答えたなら、そしてそこにケアマネジャーの分析と判断が入っていなければ、このケアプランは御用聞きプランになっていることがわかるでしょう。

もし、この担当ケアマネジャーが主任ケアマネジャーの質問に、次のように答えたとすれば、どうでしょうか？

主任 CM：この方のケアプランに、デイサービスを位置付けた理由を教えてください。

担当 CM：はい。高血圧、メニエール氏病のある奥様が、認知症のご主人を介護しておられるのですが、奥様がご主人の認知症をなかなか受け入れられず、精神的に大きなストレスを感じておられます。その背景には、若い頃からアルコールやギャンブルの問題があり、仕事を何度も転職し、経済的にも奥様に大変苦労をかけてきたご主人との間の軋轢があるようです。そのためか、奥様が体調が悪いときにご主人が何かを忘れたり、できないことがあると、奥様はつい大きな声で叱ったり……というか怒鳴りつけてしまいます。すると、ご主人も言い返して喧嘩になることがあります。それがご主人のもの忘れの進行とともにエスカレートしてきている様子です。こうした状況が続いていくことで、現時点では言葉のレベルですが、それが身体的虐待等に発展していく危惧も抱いています。そのため、ご夫妻が日中に離れる時間を確保して、奥様のストレスを軽減する目的でデイサービスを入れています。

もちろん、デイサービスだけで奥様のストレスの軽減ができるとは考えていませんので、奥様の苦労話に耳を傾け、労うような対応を心がけるように支援チーム内で共通認識を図っています。また、現時点では難しいのですが、もう少し奥様が私たち支援チームの言葉に耳を傾けてくださる関係ができてくれれば、認知症カフェにお誘いしたり、家族の会への参加をお勧めしようと考えています。また、現時点では了承をいただいていない専門医の受診についても、実現すればよいと考えています。

この説明であれば、ケアマネジャーがどのような情報をもとに利用者の置かれた状況を理解し、その状況をより良いものへと変化させるための手段としてサービスを活用しようとしていることが他者によくわかると思います。ここからは、ケアプランとはケアマネジャーが利用者とその人の置かれた状況全体を理解するために収集した情報の相互関連性を分析し、一体何が起こっているのか？　それはなぜ起こっているのか？を読み解こうとする思考（アセスメント）を経て導き出されたもの（アウトプット）であることがよくわかります。

さまざまな情報間の全体関連性を読み解く作業としてのアセスメント

ケアマネジャーに作成が求められるケアプラン表の中には、サービスの種類や量、期間を明示することは求められていますが、それがなぜ、どのような理由で必要なのかを記述する帳票はありません。もちろん、それは当然で、先のケアプランチェックのやりとりを見ていただくとわかりますが、ケアプランの根拠を述べようとすると、非常にたくさんの文字数が必要になります。また、それを書き表すためにはたくさんの時間がかかります。収集した情報を元にした分析こそが専門性の現れるところなのですが、それを文字化することは、ケアマネジャーの業務量から考えると現実的ではありません。ただし、その思考の一部を帳票を通じて見える化し、ケアマネジャーの訓練やケアプランの評価、多職種間での意思疎通に活用しようと考えているのが課題整理総括表です。

残念ながら、私たちケアマネジャーの職域では、医学における病理学（病気の原因や発生機序を解明し、診断の根拠を示す学問）のようなものが確立しているわけではありません。ケアマネジャーは利用者の「尊厳の保持」と「自立」を支援する専門職ですが、では「尊厳の保持」が侵されるとはどういう状態で、それはなぜ、どのように起こるのか？「自立」が阻害されるとはどういう状態で、それはなぜ、どのように起こるのか？　については、非常に多様な要因や、各種の要素が絡み合って悪循環を起こしている多様なパターンによるものとしか説明しにくいものです。しかし、それぞれの利用者の生活の中に起こっている「尊厳の保持」が侵され、「自立」が阻害されている状況がなぜ起こってきているのかを分析しようとするアセスメント抜きに、適切なケアプランは立てられません。

本書では、こうしたアセスメントの言語化（見える化）を行うために、ケアマネジャーが何を見つめ、どのように考えるのかを述べています。ケアプランは、そうした思考過程のアウトプットです。また、アウトプットであるケアプランの側から思考の流れを遡り、それがどのような情報の相互関連性を見て取っているかを再確認しようとする作業がケアプランチェックだと言えるでしょう。同様の遡り作業は事例検討会やスーパービジョンの場面においても行われるものです。これらは、既になされたアセスメントを異なる知識や経験を持ったケアマネジャー、あるいは多職種の眼を通して再アセスメントする機会ともいえます。また、スーパービジョンではそうした情報を元に、なぜケアマネジャーはそう判断したのか、ケアマネジャー側の背景にあるものは何かまでを見つめようとします。

本来的にはアセスメントがあってケアプランが立てられます。しかし、さまざまな情報の相互の関連性を読み解きくことは、実はけっこう難しい作業です。実際には、利用者のさまざまな情報を収集し、それらの情報の相互関連性を言語化する前に、現状に対する対処方法であるケアプランを思い浮かべる場合が多いのではないでしょうか。しかし、利用者の状況と要望をケアマネジャーの頭にインプットし、そこから「こんなサービスがこれくらい必要だ」と想起されるアウトプットを、「なぜこのようなサービスの使い方がよいと考えたのか？」と思考の流れを遡ることで、情報の相互関連性の読み解き作業が意識化されます。これを積み重ねることで、今度は情報収集をしている段階で、今得ている情報と他の情報との相互関連性を意識しながら本人・家族・関係者・関係専門職からの情報収集を行うことができるようになっていきます。

最初から、こうした利用者と周囲の環境の全体関連性をすらすらと言語化できる人はいません。専門職として、「からだ」も「こころ」も「社会とのつながり」も「その人が生きてきた歴史」も視野に入れながら、それらのさまざまな情報の相互の関連性を読み解く思考を育んでいくことで、ケアマネジャーはアセスメント力を高めていくのです。

第2節 ケアプランとは

コンプライアンスとしてのケアプラン

ケアプランとは、一般的には「介護保険サービスをどのように利用するかを定めた計画」「介護保険サービスを利用する際に利用者の状態、要望に合わせて作成される介護サービスの計画書」などと理解されます。

介護保険法では「当該居宅要介護者の依頼を受けて、その心身の状況、その置かれている環境、当該居宅要介護者及びその家族の希望等を勘案し、利用する指定居宅サービス等の種類及び内容、これを担当する者その他厚生労働省令で定める事項を定めた計画」（第8条24）と定められています。また、「指定居宅介護支援等の事業の人員及び運営に関する基準」（以下、運営基準）では介護サービス計画（ケアプラン）は「アセスメントにより把握された解決すべき課題に対応するためのもっとも適切なサービスの組合せについて検討し、利用者及びその家族の生活に対する意向、総合的な援助の方針、生活全般の解決すべき課題、提供されるサービスの目標及びその達成時期、サービスの種類、内容及び利用料並びにサービスを提供する上での留意事項等を記載した」（第4条8）ものであることが求められています。

ケアプランを作成するときの基本的な考え方は、介護保険法の理念である「尊厳の保持と自立支援」です。これを基盤として、「利用者が可能な限りその居宅において、その有する能力に応じ自立した日常生活を営むことができる」（第1条1）ことを目指して、「利用者の選択」（第1条2）によってケアプランは作成されます。その中身は「適切な保健医療サービス及び福祉サービスが、多様な事業者から、総合的かつ効率的に提供される」（第1条2）もので、「公正中立」（第1条3）に作成されるということが基本方針として求められます。

またケアプランは、支援プロセス（アセスメント～プランニング～サービス担当者会議～実施～モニタリング・再アセスメント）に沿って考えると、「利用者がサービスを利用し始める前に検討する計画のたたき台のことで、サービス担当者会議において、利用者・家族、そして、他職種の検討用に付されるための原案」[1)] だとされています。

さらに、基準ではケアプランの作成が適切になされるために、ケアマネジャーが実行するべき遵守事項を定めています。それらは運営基準第13条の各項において、以下のように述べられています。居宅サービス計画原案を作成する介護支援専門員は「利用者又はその家族に対し、サービスの提供方法等について、理解しやすいように説明」(2) し、「利用者の心身又は家族の状況等に応じ」(3)、「介護給付等対象サービス以外の保健医療サービス又は福祉サービス、当該地域の住民による自発的な活動によるサービス等の利用も含めて」(4)、「サービスの内容、利用料等の情報を適正に利用者又はその家族に対して提供」(5) して利用者の選択を支援します。その際、利用者の「有する能力、既に提供を受けている指定居宅サービス等のその置かれている環境等の評価を通じて利用者が現に抱える問題点を明らかにし、利用者が自立した日常生活を営むことができるように支援する上で解決すべき課題を把握」(6) するわけですが、その手続きは「利用者の居宅を訪問し、利用者及びその家族に面接して」(7) 行うことが求められます。そして、ケアプラン原案を作成した後は「サービス担当者会議を召集して」「居宅サービス計画の原案の内容について、担当者から、専門的な見地からの意見を求め」(9)、「居宅サービス計画の原案の内容について利用者又はその家族に対して説明し、文書により利用者の同意を得」(10)、「当該居宅サービス計画を利用者及び担当者に交付」(11) することでチームケアを促進します。さらに、ケアプランが動き出した後は「居宅サービス計画の実施状況の把握」(13) を行うことになりますが、それは「少なくとも1月に1回、利用者の居宅を訪問し、利用者に面接」し「少なくとも1月に1回、モニタリングの結果を記録」(14) する等々の事柄が求められています。

▶ サービスの質の担保としてのコンプライアンス

こうしたさまざまな約束事が取りきめられているのは、そのことによってサービスの質を担保しようとしているからです。医療サービスの質を研究したドナベディアン (Donabedian,A.) は、サービスの質を評価する指標として、ストラクチャー、プロセス、アウトカムの3つをあげました[2)]。

①ストラクチャー(構造):設備、人員配置等の経営資源の投入状況等。

つまり、こうした構造を整えることでサービスの質が高まると考えられます。

②プロセス（過程）：サービスの提供の適正性等。つまり、こうしたプロセスを踏むことによってサービスの質が高まると考えられます。

③アウトカム（成果）：利用者の状態、満足度、QOL 等。サービスを提供したことの結果として利用者の状態がよい状態に変化したことは、質の高いサービスを提供した結果として生み出されるものです。

例えば、基準が求めている、介護支援専門員という専門職がケアプランを作成すること等は、この①ストラクチャーにかかわるものです。また、利用者宅を訪問し、面接してアセスメントすることや、月に１回モニタリングし記録に残すことなどは②のプロセスにかかわることです。しかし、本当にねらいとしているのは、提供したサービスの結果として利用者の状態がよいものへと変化することです。すなわち、自分でできることが増えたり、その人らしい暮らしがおくれるようになるということです。

ただし、要介護状態の人の場合、その人が介護をまったく必要としない状態に戻るというような変化は期待しにくいものです。また、自分でできることが増えたとしても、それによって要介護状態からまったく抜け出せるわけではない人が多いことも事実です。また、どういう状態であればその人の尊厳が保たれていると考えるか、その形は人によって異なる多様性を持っており、なんらかの基準で一律に考えることは難しいと言えるでしょう。さらに、ストラクチャーやプロセスに関する条件を整えたとしても、それが必ずよい成果を生み出すかというと、そうならない場合もあります。そもそも、要介護者に対するサービス提供のアウトカムとは何か、それをどのような指標で測定すればよいのかは非常に難しい問題なのです。

だからこそ、ケアマネジャーは自らが担当している利用者について「どのような状態になれば自立の度合いが高まったと考えるのか？」「どのような暮らしがおくれることが、この人の尊厳が保たれているといえるのか？」を考え続ける必要があるといえるでしょう。また、こうした問いはケアマネジャーだけが自問するものではなく、利用者や家族とこうした問いについて率直な話し合いができるような関係をつくることが重要です。同様に、ケアプランに位置づけた各種の専門職ともこの問いを共有し、多職種の持っている知識や判断をアセスメントに役立てていくことで、利用者の生活を多面的に理解し、より良い支援につなげていくことができるのです。

専門職の専門的分析の結果に導かれるものとしてのケアプラン

ケアマネジメントにおけるアセスメントは多面的なものであり、生理・心理・社会的に、さまざまな角度から見た情報をもとに多面的に分析する作業です。例えば、利用者の病状や予後に関する情報は、医療の専門職である主治医から提供を受けるものです。課題整理総括表においては「改善可能性」を意識することが求められていますが、病状や健康状態に関する改善可能性については、主治医やリハビリテーション・セラピストから情報提供を受けることになります。それらの情報に環境面の情報や利用者本人の捉え方を加えて生活面の改善可能性を考えることになります。

また、老いや障害の受容の度合は利用者の生活機能に影響するものです。心理学の知見としての受容のプロセスは、当然ケアマネジャーが参考にすべき知識といえます。さらに、利用者や家族がどういった生活観・価値観を持っているかも重要です。人がある状況に直面したときに取る行動は、その人が持っている生活観や価値観に大きく影響されます。また、人が困難な状況に置かれたとき、その人が持っている特性と、その時点でその人が持っている活用可能な資源によって、状況の受け止め方は変わってきます。こうしたストレス対処理論も利用者理解の有効な道具になるでしょう。ちなみに、ケアマネジメントはニーズを充足するために社会資源を動員する支援方法であり、これは、困難な状況に対処するために活用する社会資源側の力を大きくしようとするアプローチと考えることもできます。

社会学の知見からは、利用者の持っているソーシャルサポート・ネットワークについて目を配ることも重要です。人の生活は、その人を支えてくれるさまざまなシステムとの結びつきによって構成されます。そこでのサポートの量や質、サポート授受の関係は利用者の生活機能に影響します。また、ストレングス視点の知見からは、「できないこと」を探して、それをサービスで補うための思考様式ではなく、利用者が持っている強さ（ストレングス）を探し出し、それを支援に活かしていくことが重要になります。

いくつか例をあげましたが、利用者の生活を総合的に捉えようとすると、利用者の今現在の生活を多面的に捉える分析枠組みと、それに導かれて収集される多様な情報が必要になります。アセスメントはさまざまな事柄が相互に関連し合って今現在の生活を形成していることを解き明かそうとすることです。そのためには、過去から今後の生活へとどのように連続していくのかを理解しようとすることと、今現在の生活における困難さが何によって形成されているのかを関連させて考えることが重要になります。これによって、現状の生活をどのように変えていけば良いのか、そのために何を活用していけば良いのかを考えることができるのです。

利用者の生活全体を視野に収めるためには、ICF（国際生活機能分類）の考え方が大変参考になります。ICFでは人の生活を「生活機能」という見方で捉えようとします。そして大変重要な観点は、この生活機能は「健康状態」によって左右されるだけでなく、利用者の「個人因子」や「環境因子」との相互作用によっても左右されるという考え方です。もちろん医学的なアプローチで利用者の「健康状態」が大きく改善されれば、要介護状態から脱却したり、介護が必要でなくなるところまでは行かなくても、より少ないサービス量で生活できるようになるかもしれません。しかしまた、利用者その人の生活観や価値観を理解し、それを活かしたケアプランを組み立てることによって、また、必要な社会資源を活用することで環境因子側の利用者を支える力を大きくすることによって、利用者の生活機能は向上する可能性があるのです（図表1）。

このように、利用者の生活に影響を与える多種多様な情報を収集し、その相互関連性を分析していくことが、利用者の生活機能を高める、すなわち「尊厳が保持され」「より自立の度合いが高まる」ような生活を支えるケアプランが作成できるのです。

図表１ ICFで考える生活機能低下の背景に対するアプローチ

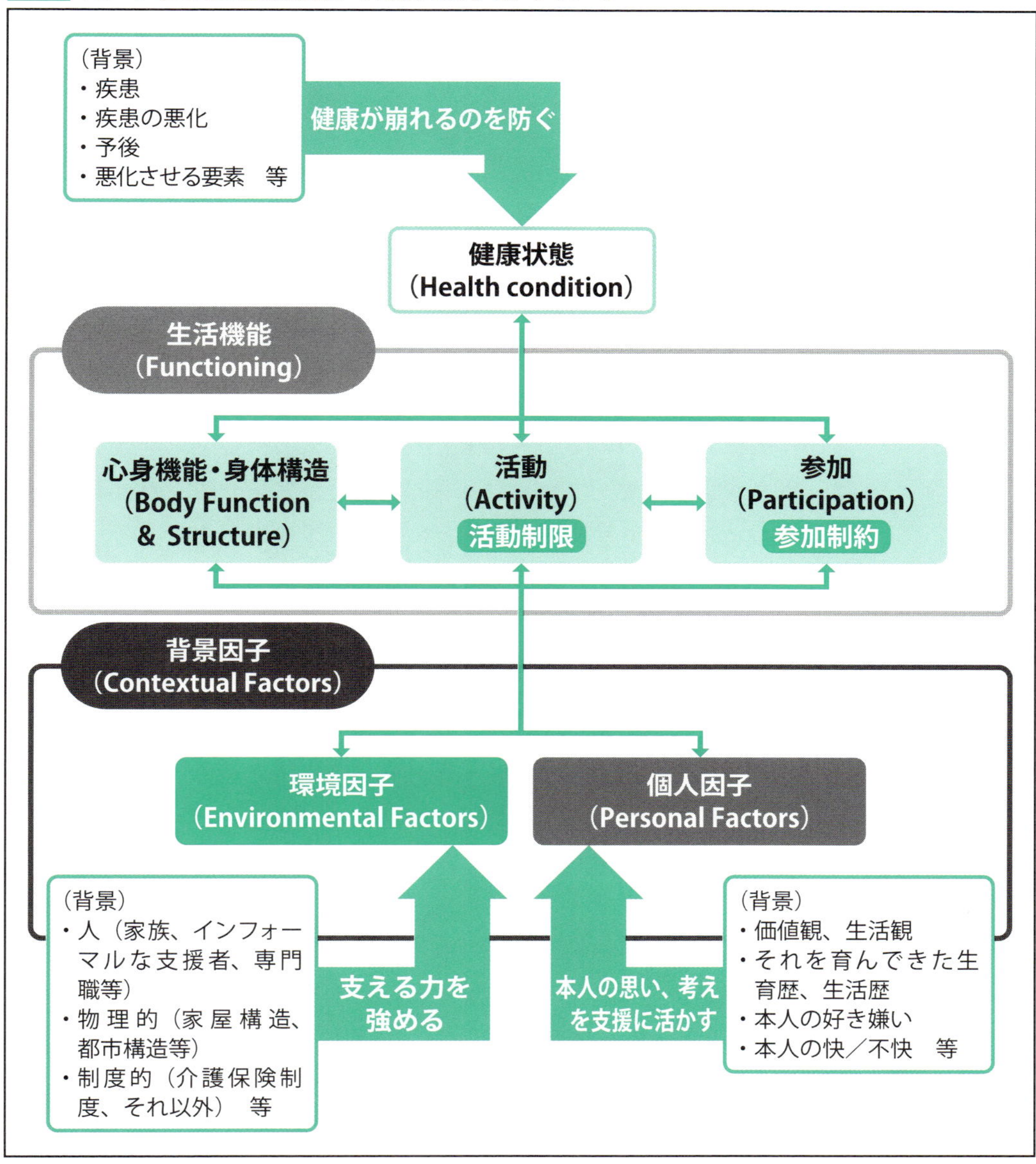

利用者との合意形成を経た、利用者参加型の支援プロセスの産物としてのケアプラン

ケアプランは、そこに位置づけられたサービスを利用者が「購入する」ための注文票のような性質をもっています。介護保険制度においては、利用者の収入に応じて1割、2割、3割の利用者負担額が設定されており、それぞれのサービスのコストと利用回数、その総和によって利用者の出費額が決まります。

この実際の出費の額は、利用者が介護サービス購入に充てることができる額との関係で決定されます。さらに、サービスの購入は利用者や家族の「納得」に基づいてなされるものです。この納得を生み出すためには、さまざまな点でケアマネジャーと利用者、家族の間での認識のすり合わせが必要になります。それらは例えば、①生活上の困ったと感じること（主訴）について、②その問題がなぜ生まれてくるのかの理解（問題の分析）について、③その問題を緩和・改善するためにはどういったことが克服される必要があるのか（ニーズの設定）について、④ニーズ充足を図るために動員される各種の社会資源（ケアプラン）について、などでしょう。こうしたさまざまな合意形成がなされて初めて、ケアマネジャーの提案したケアプランが、利用者にとってサービス購入を決心できるケアプランとなるのです。

また、このようなケアマネジャーと利用者の合意形成には、前述した①②③④といった事柄についての論理的・客観的な認識だけでなく、利用者、家族側の「このケアマネジャーは自分たちのことを親身に考えてくれている」という認識と、そこから生まれてくる「このケアマネジャーの提案には耳を傾けたい」という内発的な動機づけによってなされるものでもあります。

つまり、アセスメント・プランニングに関する利用者、家族とケアマネジャーとの間の合意形成には、このようにさまざま条件をクリアする必要があるのです。そのため、ケアマネジャーにはアセスメント・プランニング力に加えて、支援関係の形成力や支援過程への利用者参加を促進する力量等も求められるのです。

第3節 ケアプランの役割・機能

▶ 利用者と援助者が協働する仕掛けとしてのケアプラン

ケアプランは、利用者が活用するサービスの種類と量を定めたものですが、その役割には下記のようにさまざまなものがあるといえます。

①利用者が購入するサービスとその根拠

ケアプランに位置づけた社会資源の活用については費用負担が発生します。その費用支払いの根拠としてケアプランがあります。ケアマネジャーはケアプランをもとに利用者が活用するサービスを説明し、そこで発生する支出について、利用者の納得を得ます。

②ニーズと社会資源の対応関係の「見える化」

ケアプランにはニーズが明記され、それがどのようになれば良いかという目標が描かれ、その目標を達成するための手段として各種のサービスが位置づけられます。このように、ケアプランは利用者が自身の生活上の問題の解決のために、ニーズに対してどのような社会資源を結びつけるのかを明確にする機能があります。ケアマネジメントは利用者のニーズと社会資源を結びつける機能を持つものです。さらに、このニーズと資源の対応関係をケアプランが見える化することで、ニーズに応じた資源の活用の仕方ができているのかを確認することができます。

③利用者とケアマネジャーとの間での約束

ケアプランは利用者がサービスを購入する根拠を示すものですが、それは利用者とケアマネジャーの間で交わされる約束事です。利用者の生活の現状を踏まえて、利用者の生活の意向を尊重して、より自立的で尊厳が保たれた生活をおくるために、どのようなサービスをどのように使うのかを示したものがケアプランです。もちろん、ケアプランは利用者とケアマネジャーの話し合いのなかで作られるわけですが、利用者からすると「このケアプランのようにサービスが使えるようにしてもらうこと」が約束されるわけです。また、もしこのプラン通りにサービスが提供されない場合、利用者はケアマネジャーに対してケアプラン通りにサービス提供をしてもらえるように求めることができます。

④利用者とケアプランに位置づけられた各種サービス事業者との間での約束

ケアプランはまた、利用者にとってケアプランに位置づけられた各種のサービス事業所から、計画通りにサービス提供を受けることができる根拠となります。サービス事業者はケアプランに設定されたニーズと長期･短期目標をもとに、それぞれのサービスを提供することになります。個別のサービス提供のあり方は個々の個別支援計画で定めることになりますが、その根拠がケアプランに示されていることで、利用者はサービス事業者から定められたようにサービス提供を受けることが約束されます。そしてもし、プラン通りにサービス提供がなされない場合、利用者はサービス事業者に対してプラン通りのサービス提供を求めることができます。

⑤ニーズに対して設定された短期・長期目標によるサービス利用の結果（成果）の評価

介護サービスのアウトカム評価が難しいことは述べましたが、少なくともケアプランに示された個々のニーズについて、サービス利用の結果それぞれのニーズが充足されたか、その結果として短期・長期の目標が達成されたかを評価の基準とすることができます。

このサービス利用の成果は、ケアマネジャー側が行うことはもちろんですが、ケアマネジャーと利用者が共同で行うことが理想です。モニタリング訪問の機会に、利用者と一緒に個々のニーズが充足できているか、そのことで短期・長期の目標が達成されているかを話し合うことで、ケアプランを協働で評価することができます。

また、この評価は個々のニーズに対する短期・長期目標の達成状況だけでなく、これらのニーズが充足されたことによってもたらされる利用者の生活のあり方（望む暮らし）について評価することでもあります。要介護者のケアプラン表には、予防プラン（介護予防サービス・支援計画表）のように１年先の目標とする生活といった、ある意味では大目標となるような支援目標を書き込む欄はありません。しかし、利用者のこの先の生活について話し合う中で、より自立的で尊厳が保たれた生活の形、利用者が望む暮らしの形をイメージし、それを総合的な援助の方針欄に書き込むことはできると思います。そうした大きな支援目標を利用者とケアマネジャー、そしてケアプランに位置づけたサービス事業者等の間で共有していくことは、次に述べるチームケアを機能させていく上でも大切になります。

⑥ケアプランに位置づけられたサービス事業者、支援者間、主治医との支援ネットワークに関する相互理解

利用者支援はチームケアで行われることが重要です。チームケアは、支援目標と役割分担を共有して、機能の異なる社会資源がそれぞれに支援を提供し合うことを通じて、互いの力を補い合って利用者の生活の良い状態を創り出すことです。そのためには、自分以外にどのような機関や支援者が利用者に関わっているか、それぞれがどのような役割を果たしているのかを知っておくことが不可欠になります。このような相互の理解がなされることで、他の機関や支援者に必要となりそうな情報を相互に提供したり、他の機関や支援者が動きやすいようなサポートをすること、あるいは自機関ではできないことについて他の機関や支援者に協力を依頼するといったことも可能となります。

時間軸のなかで継続性を担保する仕掛けとしてのケアプラン

これまで述べてきた事柄が、利用者をとりまく現在の空間軸のなかでのさまざまな関係者の約束事としてのケアプランであるとするなら、さらに「時間軸」の中のケアプランという考え方もありえます。そのことをよく表しているエピソードに触れることができたので紹介します。

【エピソード】

独居のAさんのモニタリング面接の場面で、この先どれくらいまで生きるのだろうというような話しになったときのことです。

CM　：Aさん、ところで、だいたい何歳くらいまで生きる予定ですか？
Aさん：わたしは100まで生きるつもりや。

CM　：そうですか。それはまだまだ頑張らないといけませんね。私も頑張って応援させていただきます。ところで、さすがに100歳くらいになると、身体も今よりは弱ってくると思いますが、そのころAさんの生活はどうなっておられると思われますか？

Aさん：それはそうや。いろいろ弱ってきていると思う。でもわたしはギリギリまでこの家で頑張りたい。でも……。

CM　：でも？

Aさん：いよいよ1人では暮らせないとなったら、あなた、私が老人ホームに入る手伝いをしてくれるか？

CM　：わかりました。そのときはしっかりとお手伝いさせていただきます。でも、あまり弱らないように、今から毎日の生活のおくり方を考えていきましょうか」

Aさん：そうやな。

この会話からは、Aさんとケアマネジャーの間に、こうした話題について率直に話し合える関係が形成されていることがわかります。

このあと、ケアマネジャーはAさんのケアプランの総合的な援助の方針欄にそのことを書き込んで、次のモニタリングの時にAさんに説明をしました。Aさんは、自分の思いがしっかりとプランに位置づけられているのをみて、満足げな様子でした。

このエピソードを伺った時、ケアマネジャーにどういうねらいでこのことをケアプランに位置づけたのかを尋ねてみました。すると、こんな答えが返ってきました。

「当然、ケアプランはAさんのためのものですから、Aさんの思いがしっかりと反映されているということをお伝えしたかったのです。そうすることで、Aさんの思いを私がしっかりと汲んでいることが伝えられれば、Aさんとの関係もさらに強くなっていくと思いましたから」

「また、今Aさんのケアプランに位置づけられているさまざまなサービス事業者さんにも、Aさんがこういう思いを抱きながら生きておられることを知ってもらったうえで、Aさんの支援をして欲しいということもあります」

「それともうひとつ。自分はAさんのケアマネジャーですが、今後、事業所の事情等でAさんの担当を交代することもあり得るわけです。ですので、担当が交代しても、私の次に担当するケアマネジャーにも

Aさんの思いをしっかりと理解した上で、大切に扱ってくれるようなケアマネジメントをしてほしいと考えました」

このやりとりから、Aさんの思いをケアプランに位置づけたのは、ケアマネジャーがAさんとその思いを共有してケアプランを立てていくだけでなく、未来のAさんの担当ケアマネジャーともその思いを共有する意図を持ったものであることが分かります。

ケアプランとは、制度上求められるさまざまなルールに則り作成されるものです。しかし、その本質は、利用者が、介護が必要になったけれども、この先をどのように生きていくのかを、ケアマネジャーの助けを借りながら考え、自らの支援ネットワークを組み立てていくことを助けるところにあるといえるでしょう。その意味では、ケアプランとは利用者の価値観や生活観を大切にしながら、利用者の望む暮らしに向けて各種の社会資源を活用していくための約束事であることを、私たちは今一度確認しておく必要があると思います。

文献

1) 介護支援専門員実務研修テキスト作成委員会編『六訂介護支援専門員実務研修テキスト上巻』一般財団法人長寿社会開発センター、2016年、458ページ
2) 白濱伸也・伊藤満『保健・医療・福祉サービスで始まったISO9001導入』中央法規出版、2002年、159-160ページ

第2章

ケアマネジメントプロセスに沿った思考

第1節 インテーク

インテークの重要性

介護保険制度は2000年より施行されましたが、この時より利用のあり方も「措置から契約」へと大きく舵取りされ、介護保険サービスを利用する際に契約を交わすことが日常となっています。

ケアマネジメントも居宅介護支援という介護保険サービスのひとつですので、ケアマネジャーが所属する事業所は居宅介護支援事業所という指定を受け、その事業所と利用者との間で契約を結びます。一般的に契約を交わすということは、これから契約によって双方が契約書にうたった特殊な関係になることを意味します。居宅介護支援契約でいうと、ケアマネジャーが利用者に対して行うケアマネジメントの詳細が支援内容として羅列され、双方がこれに同意した証に署名捺印する形です。これは契約ですので、双方に契約上の責務が発生し、利用者にも利用にあたっての契約上の義務が記されています。

インテーク面接の大きな目的は契約を締結することですが、契約はあくまで手段であって、本来の目的は双方の役割を明確にすることにあります。ケアマネジャーが行うケアマネジメントは間接支援です。これは、他の介護保険サービスのような直接支援とは違い、利用者にとって少しわかりにくいところがあるのも事実です。「指定居宅介護支援等の事業の人員及び運営に関する基準」（以下、運営基準という）では次のように書かれています。

> （内容及び手続の説明及び同意）
> 第4条　指定居宅介護支援事業者は、指定居宅介護支援の提供の開始に際し、あらかじめ、利用申込者又はその家族に対し、第18条に規定する運営規程の概要その他の利用申込者のサービスの選択に資すると認められる重要事項を記した文書を交付して説明を行い、当該提供の開始について利用申込者の同意を得なければならない。

ここにある運営規程は居宅介護支援事業所が市町村より指定を受ける際に届け出るいわば事業所の概要を記したもので、人員体制のほか事業所としてどのような業務を行うのか。すなわち居宅介護支援事業所が行う業務（＝ケアマネジメント）について詳細が記されています。要するにこれから提供するサービス（＝ケアマネジメント）について文書をもって説明し、利用申込みの説明を行い、同意を得なければならないとされており、その同意の形が契約となります。

前述したとおり、ケアマネジメントは初めて利用する人にとってはわかりにくく馴染みの薄い仕事です。なかには金銭管理や受診の同行などの直接介護をしてくれる仕事と混同されている方もいらっしゃいます。インテークでの契約にかかわる一連のやり取りは、こういった誤解をしている人たちに対し、ケアマネジャーが居宅介護支援としてのかかわりをきちんと説明し、理解してもらう重要な機会です。

利用者が抱える困り事は日々変化し、当然ながら突発的にさまざまなことが起きる可能性があります。なかには急な困り事をケアマネジャーに直接支援してほしいという要望も出るでしょう。正当な業務として応えることが可能ならば問題ありませんが、前述した役割の理解がない場合、ときには業務として理不尽な要望が出るかもしれません。出された要望を困り事の最中に断ることは双方にとって大きな心理的負担になりますし、信頼関係構築にもマイナスに働きかねません。このようなことを防止するためにも、インテークでの説明は重要なものです。

しかしながら実際の現場では、例えば緊急性が優先され、この説明がおろそかになってしまっていることもあります。ときには契約という行為だけが独り歩きし、説明が軽視されていることもあるかもしれません。初めのボタンの掛け違いは後々まで影響を及ぼしますし、なによりも健全な信頼関係の構築には出だしに双方の役割を理解しておくことは極めて重要です。契約行為を形骸化させてしまうと、どちらかというと義務感ばかりが先に立ち、大切な説明をよりおろそかにしてしまいます。契約行為はケアマネジャーとして、これから信頼関係を構築する上ではもっとも重要なプロセスと認識して、丁寧な説明を心がけるようくれぐれも留意しましょう。

契約書、重要事項説明書と運営規程

少し余談になりますが、ケアマネジャーをしていると他の事業所の契約行為に立ち会う場面が多々あります。契約の際に、重要事項説明書を契約書の重要事項の抜粋と説明する場面に何度も出くわしました。一度ではありませんのでこのような誤解は他にもたくさんあるのでしょう。

契約書は任意の書式ですので、事業所や法人ごとに記載内容は若干異なりますが、契約のために必要な事項として必ず書かれている内容は次のとおりです。

①居宅介護支援サービス提供にあたって事業所が行うべき内容である居宅介護支援の概要（事業所の契約上の義務）

②居宅介護支援サービス提供にあたって利用者が行うべき手続きや介護保険サービス利用に関する留意事項※（利用者の契約上の義務）

③契約の開始及び終了（予定）

④その他、居宅介護支援サービス提供に関連する事業所や法人独自の方針等

他方、重要事項説明書は、前述の通り運営基準にうたわれているように、運営規程の抜粋になります。運営規程は制度が定める運営基準に沿って作成されていますので、その内容は事業所や法人ごとで大きな差はありません。

①相談及び苦情窓口

②事業所の概要（所在地、連絡先、人員体制、営業時間等）

③運営方針※

④事業実施の概要及び提供方法

⑤利用料金

⑥守秘義務や事故に関する対応

⑦その他、市町村及び事業所や法人独自の留意点等

よって、契約書に書かれた「①居宅介護支援サービス提供にあたって事業所が行うべき内容である居宅介護支援の概要」は、通常は重要事項説明書の「④事業実施の概要及び提供方法」との整合性が図られなければなりませんので、当然ながら内容は重複し、重要事項説明書が契約書における重要事項の抜粋であるかのような混同が起きるのだと推察します。重要事項説明書は事業所の所在や人員体制、事業所が実施する事業の概要など、契約を交わすために必要とされる事業所側の情報になります。利用者はこれらの情報をもとに、この事業所がどのような規模や体制の事業所で、どのような方針で業務を行ってくれるのかなどを知り、契約に値する事業所なのかを判断します。

※　介護保険法第４条では、「国民の努力及び義務として、国民は、自ら要介護状態となることを予防するため、加齢に伴って生ずる心身の変化を自覚して常に健康の保持増進に努めるとともに、要介護状態となった場合においても、進んでリハビリテーションその他の適切な保健医療サービス及び福祉サービスを利用することにより、その有する能力の維持向上に努めるものとする。」とされています。これは、ケアプランに自立支援の視点が盛り込まれたり、セルフケアなどを盛り込んだりする根拠のひとつです。いずれも本人の自助努力を必要とするものですが、この努力を引き出す説明に留意事項や運営方針は不可欠なものになります。

一方、契約書には事業所が行う業務内容だけでなく契約によって生ずる利用者側の責務（役割）が記されており、これらに双方が同意した証に契約が締結されます。契約は社会的な行為です。居宅介護支援はじめ介護保険サービスの給付費は租税や介護保険料を原資とした公的なものです。提供されるサービスしかり、介護保険制度にかかるサービス利用については、制度の理念である介護予防の精神やそのための自助努力が利用者にも求められています。これらの説明や同意はこの契約の際に行われるものです。このような視点からも、契約にかかる業務を決して軽んじてはいけません。

契約時における説明の義務づけ

また、平成30年の介護報酬改定では「公正中立なケアマネジメントの確保」として、

契約時の説明等

利用者の意思に基づいた契約であることを確保するため、利用者やその家族に対して、利用者はケアプランに位置づける居宅サービス事業所について、複数の事業所の紹介を求めることが可能であることや当該事業所をケアプランに位置付けた理由を求めることが可能であることを説明することを義務づけ、これらに違反した場合は報酬を減額する。

なお、例えば、集合住宅居住者において、特定の事業者のサービス利用が入居条件とされ、利用者の意思、アセスメント等を勘案せずに、利用者にとって適切なケアプランの作成が行われていない実態があるとの指摘も踏まえ、利用者の意思に反して、集合住宅と同一敷地内等の居宅サービス事業所のみをケアプランに位置付けることは適切ではないことを明確化する。

とした通知改正が行われています。これに違反すると運営基準減算として所定単位数の50／100に相当する単位数が減額されるとするなど、契約時における説明内容を運営規程に位置づける動きも出てきています。

第2節 アセスメント

▶ 訪問までの情報収集

情報収集方法の本筋は、訪問し面談することになりますが、ケアマネジャーは訪問前にさまざまな準備を行います。来所であれ電話であれ、初回相談から直接かかわるケースでは、相談受付の時点で相談者の属性や相談の概要等、フェイスシート程度の情報は必ず聞き取っています。依頼からその場でインテークからアセスメントへと一気に展開する場合は別として、訪問前に得られる情報は多方面よりできるだけ補完しています。相談者の了解が得られた場合は、介護保険の認定情報、訪問調査内容、主治医意見書の写しといった開示情報を保険者から得ることが可能ですし、病院等の医療機関や地域包括支援センターなど、他機関からの紹介の場合であっても紹介機関経由でこれらの情報を受け取る場合もあります。退院を契機にした場合は、看護サマリーやリハビリテーションサマリー、その他の医療情報が寄せられます。

これらの情報の大部分はそのままアセスメント情報にもなりますので、アセスメントではすでに得ている情報の裏付けやその時点で不足している情報を収集するのですが、効果的な面接にするためには、その前にできるだけの情報を集め、得た情報をある程度分析しておきます。

訪問して面接を行うので、住宅地図などで居宅の場所を調べますが、その後の支援に必要な立地的な環境も重要な情報です。どのような地域に建っているのか？　近隣との密接の程度は？　地形的な特徴は？　商店や医療機関は近くにあるか？　公共交通機関のインフラは？　など、その場に行かなくても収集できる情報はそれなりにあります。一部の地域ではインターネットで付近や居宅の映像まで手に入る時代です。すでによく知っている地域では不要かもしれませんが、面接に望む際に、こういった情報収集で立地的な課題を知っていることは効率的な面接を行うために重要です。

把握した医療情報も同じように、傷病や治療法、投薬されている薬剤などでわからないことがあれば調べておきましょう。

▶ 面接までの確認ポイント

アセスメントの場では、やり取りのなかで支援内容などのプランニングに言及していくことはよくあることです。こういったことからも相談概要から、おそらく求められるであろう解決のために必要な社会資源の情報収集を行っておきましょう。介護保険サービスだけなら市町村（保険者）が作成したリストなどがありますが、定員があるサービスなどでは空き情報まで把握できていなければリストの意味がありません。また、サービス種別によってはさまざまな加算が設定されていますが、その事業所が目的とする加算サービスを提供しているかを確認しておく必要があります。

プランニングについてどこまで言及するかはケースによって異なりますが、いずれは必要になる情報なので、不足しないよう情報の収集に務める必要があります。

障害や医療保険、市町村独自の施策など、他制度のフォーマルサービスについても、その利用要件も含めた情報は整理しておきましょう。配食や移送など高齢者や要介護者を対象とした民間サービスについても相応の情報が必要になります。市町村や地域包括支援センターなどがこれらをリスト化している場合はその活用も含め、広く情報を収集しておくなど、平常時からの準備が問われます。

アセスメント面接では、分析のための利用者の情報収集が主な目的ですが、これはこちら（ケアマネジャー）側の都合です。困り事を抱える相談者からすれば、この機会に困り事の解決に役立つさまざまな情報を教えてほしいという心理が必ずあります。これらに適切に応えることは、相談者の信頼を得ることに直結しますし、信頼を得ることはセンシティブな情報の引き出しにとても有効に働きます。面接では限られた貴重な時間を効果的に使えるよう、利用者が求めるであろう社会資源サービス等の情報を収集し、求めに応じて提供できるよう準備をすることが信頼を得ることにつながっていきます。

▶ 五感を駆使したアセスメント

アセスメントでは主観的情報と客観的情報の両方が重要です。それは医療の世界でも同様です。問診で聞き取った患者情報をもとに検査などで客観的データを収集して双方を集約して診断が行われます。ではケアマネジメントではどうやって情報を収集するのでしょうか。実務では主に面接によってさまざまな情報を収集します。なかには相談者の訴えの形で主観的な情報が集まってきます。ケースにもよりますが、認定調査結果や主治医意見書、退院時の看護サマリーやリハビリテーションサマリーなど、関係機関から受け取る情報には一部客観的データがあることも確かです。ただ、これだけでは十分とは言えません。

嗅覚（におい）

研修などでケアマネジャーに、例えば訪問時に何を注意するかを聞いてみると、大抵「におい」と答えます。アセスメントでは面接による聞き取り内容だけでなく、訪問時に五感で感じるすべて（味覚は例外です）が客観的情報になりうるということを忘れてはなりません。

まずは嗅覚「におい」について、玄関の戸を開けて最初にどんなにおいがするのか？　居室に通されている間は？　居室のにおいは？　などに注意します。尿臭が感じられればそのケースには失禁という課題があるかもしれませんし、その原因が当人の衣類にあれば認知症が関係しているかもしれません。消臭剤や芳香剤などで対策をしているか否かで、これらに対する問題意識や対処能力を推し量ることも可能です。失禁だけでなく、体臭なども保清状態を測る上では必要な客観的情報です。この他、生ゴミの腐敗臭、埃っぽいにおい、湿気たカビ臭さなどなど、抱えている生活課題に起因するさまざまなにおいを感じ取ることで得られる情報はたくさんあります。

聴覚

聴覚からの情報も重要です。療養環境を評価する上では、生活音だけでなく屋外の騒音も含めた評価は必要になりますし、つけてあるテレビが大音量だったりすると、家人の聴覚になんらかの課題があると判断できます。

面接中は、やり取りした内容だけでなく、声の大小、声の張り、咳や痰のからみ、喘鳴の有無など健康状態やコミュニケーション能力を知る手がかりを把握することが可能です。

触覚

家屋評価のような形で、対象者が日頃頼りにしている家具や柱などの頑丈さを確認するのはもちろんのことですが、寝ているベッドの硬さなどにも注意します。家の中を歩いたときの床の粘り感で掃除の頻度を判断するケアマネジャーもいます。

このように、自分自身で実際に触れて確認すべきものはたくさんあります。排泄や入浴などに課題がなくても、トイレや浴室なども確認し、課題となるような構造が見られたときは、許しがあれば実際に便器の立ち座りや浴槽のまたぎ越しなどを自らやってみるのも一案かもしれません。

視覚

いちばん重要なのは視覚情報でしょう。視覚による情報収集のポイントは、要は何を見るかにつきます。ひとつは身体状況の把握です。血色をはじめとする見た目の印象、姿勢保持や前後の起居動作などで面接時の身体状況は大まかに把握できるでしょうし、着衣や整容の状態で日頃の生活の一部を感じ取ることも可能です。

もうひとつは環境面の把握です。今ある生活環境には多くの生活状況を推察するヒントが隠されています。以前、優秀な生命保険の外交員（セールスレディ）の話を聞く機会がありました。セールスで訪問をしたときに、何を見てどう判断するか、多くの情報を得ることが好成績につながるという話のなかで、彼女はまず家の佇まいでおおよその生活水準を図るそうです。次に整理整頓や掃除の具合、門扉や戸のクオリティとメンテナンス状態で生活水準に見合う余裕の有無を確認します。玄関に入ればまず見るのは脱いである靴。靴がきちんと下駄箱に仕舞われているのか？　脱いだままになっているのか？　脱がれた靴があるならば、靴の種類は？　その靴がきちんと揃えられているのか？　脱ぎ散らかしてあるのか？　ここまでの情報で訪問先の生活水準や文化水準、家族構成などを瞬時に推測・判断し、薦める商品を選択するそうです。これは私たちケアマネジャーのアセスメントにも十分通用する内容だと思います。

アセスメントでは玄関だけでなく家の中も同様です。整理整頓が不十分な状態だと、転倒リスクが高い状況と判断できますし、動線上の危険因子なども一目で気づくべきポイントでしょう。また、ケアマネジャーの関心は家の中だけではありません。玄関先にガレージがあれば移動手段の選択肢に自家用車が出てくる可能性もありますし、駐車中か否かで普段誰が運転しているかなどのおおよその察しもつきます。

さらに、立地的な環境も重要な情報です。訪問前の情報収集であたりをつけているものがそのとおりかを確認することも当然のことですし、訪問先の玄関を開けるまでの道中で目に入ってきたものすべてに数多くの「情報」が見えていなければなりません。このように、立地的な環境も今後の支援に結びつける情報と捉える感受性が必要です。これらの情報を把握し、いくつかの課題を予め想定した上で面接に臨み、想定した内容の裏付けや現状に対する主観的思いを聞き取っていけば、確かな情報収集が可能になります。

互助と個人のネットワークの変遷

ケアプランを考える上で必要なことのひとつに、「支援の階層」があります。社会保障の仕組みも考えると

自助：セルフケアなどの自助努力
互助：家族、地域や近隣の相互扶助
共助：社会保険などの制度活用サービス（介護保険サービス）
公助：公的社会保障

の4階層に分類できます。ケアマネジメントでも課題に対してまず自助

図表1 支援の階層と方向性

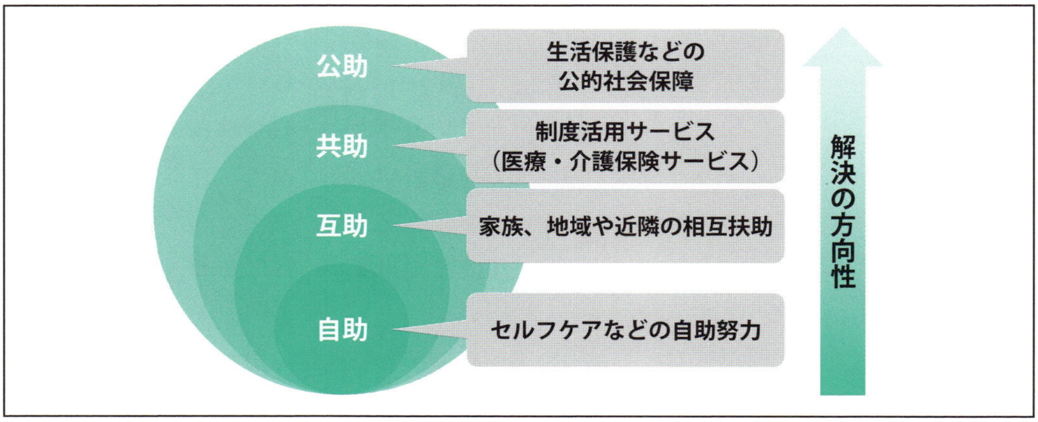

公助　生活保護などの公的社会保障
共助　制度活用サービス（医療・介護保険サービス）
互助　家族、地域や近隣の相互扶助
自助　セルフケアなどの自助努力
解決の方向性

努力での解決を検討し、それが無理なら互助、それでもダメなら共助の各種サービスへと発展させていくという考え方です。

自助については、最近では有料サービスを活用することも自助のひとつといった考え方も出てきて少々ややこしくなっていますが、課題の解決方法を検討するときはこの階層を意識します。

互助の検討にあたっては、当人のネットワークがどうなっているのかは必要不可欠な情報です。少し前までは、互助といえば近隣の支え合いや見守りといった地縁を中心とした人間関係に期待し、依存していました。しかし最近は世代が替わり、交通手段の発達による移動のための機動力や、ICTをはじめとするコミュニケーションツールの発達などにより、高齢になっても、個人のネットワークが地縁だけに縛られるのではなく、例えば現役時代の同僚や趣味的なサークル活動などを複数持つ、別のネットワークに主軸をおいて生活している人も増えてきました。ケアプランでは支援の内容にフォーマルサービスだけでなく、インフォーマルなサポートを積極的に取り入れる必要があります。インフォーマルなサポートを充実させるためには、アセスメントの段階で、その人がどのようなネットワークを持っているか？　資源として活用できるのか？　もし活用するならどのように活用していくのかを視野に入れて、人的環境がどのようになっているかをしっかり把握しておく必要があります。

▶ 課題分析標準項目

「介護サービス計画書の様式及び課題分析標準項目の提示について」別紙4「課題分析標準項目について」では、アセスメントの際に下表にある23項目に関し、情報収集しなければならないとされています。

図表2 「介護サービス計画書及び課題分析標準項目の提示について」別紙4と著者による解説

	標準項目名	項目の主な内容（例）
1	基本情報 （受付、利用者等基本情報）	居宅サービス計画作成についての利用者受付情報（受付日時、受付対応者、受付方法）、利用者の基本情報（氏名、性別、生年月日、住所・電話番号等の連絡先）、利用者以外の家族等の基本情報について記載する項目 ※単なる属性だけでなく相談に至った経緯も大切です。アセスメントで必要な情報を収集することは相談者との共同作業になります。相談者の心理を理解することがアセスメントのクオリティと効率を向上させます。後述「経緯と相談者の思い」（33ページ）も参照してください。

	標準項目名	項目の主な内容（例）
2	生活状況	利用者の現在の生活状況、生活歴等について記載する項目 ※今の困り事に直結する事項はもちろんのこと、支援の方向性を検討する上では「その人らしさ」が重要となります。生活暦には本人の価値観などを測るための重要なヒントが隠されています。学歴、職歴、結婚歴だけでなく特徴的なエピソードにも注目しましょう。
3	利用者の被保険者情報	利用者の被保険者情報（介護保険、医療保険、生活保護、身体障害者手帳の有無等）について記載する項目 ※必ず被保険者証等で確認をとる習慣をつけましょう。例示の他、年金情報や収入等の経済状況もケアマネジメントを行う上では必須です。
4	現在利用しているサービスの状況	介護保険給付の内外を問わず、利用者が現在受けているサービスの状況について記載する ※介護保険制度は他の社会保障制度より優位にあります。例えば医療保険のリハビリテーションなどは、介護保険サービスと併給できず、介護保険によるリハビリテーションサービス導入で医療保険での給付が中断されます。このようなことが不測のうちに起きないように、聞きもらしがないよう注意が必要です。
5	障害高齢者の日常生活自立度	障害高齢者の日常生活自立度について記載する項目
6	認知症高齢者の日常生活自立度	認知症高齢者の日常生活自立度について記載する項目 ※5，6とも、それぞれ定義が定められており、独自の判断は厳禁です。必ず定義に沿った判断をしましょう。
7	主訴	利用者及びその家族の主訴や要望について記載する項目 ※主訴をどう捉えるかで支援の方向性が変わってきます。詳細は後述する「主訴を特定する」（36ページ）を参照してください。
8	認定情報	利用者の認定結果（要介護状態区分、審査会の意見、支給限度額等）について記載する項目 ※「3 利用者の被保険者情報」とともに情報の正確さが重要です。後述する第1表「居宅サービス計画書（1）」（第4章第2節）での解説も参照してください。
9	課題分析（アセスメント）理由	当該課題分析（アセスメント）の理由（初回、定期、退院退所時等）について記載する項目 ※理由を明確にすることで要点を外さないアセスメント面接が可能になります。
10	健康状態	利用者の健康状態（既往歴、主傷病、症状、痛み）について記載する項目 ※ケアプランを作成する上では、病名だけでなく病状が生活機能に対しどのような影響を与えているのか。今後どうなっていくのかが重要です。後述する「図表4疾患と予後、発症からの経過の関係」（39～42ページ）も参照してください。
11	ADL	ADL（寝返り、起きあがり、移乗、歩行、着衣、入浴、排泄等）に関する項目

	標準項目名	項目の主な内容（例）
12	IADL	IADL（調理、掃除、買い物、金銭管理、服薬状況等）に関する項目 ※ 11,12 は関連する項目です。持っている ADL 能力が IADL にどのように影響しているのかを考えながら現状を把握しておくと、後の分析が容易になります。すでになんらかの支援（介助）を受けている場合は、誰からどのような支援（介助）を受けているのかも確認しましょう。できないことだけでなく、できることにも着目し、していることとのギャップにも着目した情報収集をしておくと、今受けている支援（介助）が適切かを判断したり、目標を設定する際の材料になります。（ADL・IADL に関しては第 3 章第 2 節を参照）
13	認知	日常の意志決定を行うための認知能力の程度に関する項目 ※認知症がある場合、中核症状の程度を把握します。HDS-R や MMSE など、客観的データも確認しましょう。認知症以外の疾患が原因による認知機能の低下がある場合も同様です。
14	コミュニケーション能力	意思の伝達、視力、聴力などのコミュニケーション能力に関する項目 ※それぞれの機能面だけでなく、コミュニケーションに影響する本人の性格や人と交流する機会の有無などの環境面にも着目して情報を収集しましょう。
15	社会との関わり	社会との関わり（社会的活動への参加意欲、社会との関わりの変化、喪失感や孤独感等）に関する項目 ※意欲に直結し、現状の本人理解だけでなく、特に参加意欲やかかわりの変化は目標設定でも重要な情報です。本人の状況だけでなく、在宅の場合は居宅の立地や地域性なども合わせて把握する必要があります。
16	排尿・排便	失禁の状況、排尿排泄後の後始末、コントロール方法、頻度などに関する項目 ※排泄のアセスメントに関しては、後述する「排泄」（86 ページ）を参照してください。
17	褥瘡・皮膚の問題	褥瘡の程度、皮膚の清潔状況等に関する項目 ※褥瘡に関しては本人や家族（介護者）が自覚していない場合があります。起居等の ADL レベルや、寝たきりなど日常の活動量、栄養状態などを勘案し、褥瘡発生のリスクが高いと判断される場合は、褥瘡の好発部位に発赤や皮膚剝離など、固有の変化が起きていないか具体的に聞き取る必要があります。
18	口腔衛生	歯・口腔内の状態や口腔衛生に関する項目
19	食事摂取	食事摂取（栄養、食事回数、水分量等）に関する項目 ※ 18,19 は共に関係が深い項目です。後述する「口腔衛生と食事摂取の確認」（44 ページ）、「食事」（82 ページ）も参照してください。
20	問題行動	問題行動（暴言暴行、徘徊、介護の抵抗、収集癖、火の不始末、不潔行為、異食行動等）に関する項目 ※主に認知症に由来して起こりますが、対人関係やケアの環境との摩擦で起こるものです。何が起きているかやその頻度だけでなく、どういったときに起きるのかなど、行動が起こる前後の状況等、行動の引き金を特定するための情報も合わせて収集しておきましょう。

	標準項目名	項目の主な内容（例）
21	介護力	利用者の介護力（介護者の有無、介護者の介護意思、介護負担、主な介護者に関する情報等）に関する項目 ※介護負担を推し量るためには、単純な介護量だけでなく、介護以外にどのような役割を担っているかも重要です。主な介護者以外に協力を期待できる人の有無で全体の介護力は変化します。経済状況もひとつの介護力です。後述する「家族状況と介護力、経済状況」（45ページ）も参照してください。
22	居住環境	住宅改修の必要性、危険箇所等の現在の居住環境について記載する項目 ※自立した生活を考えていく上では、屋内の居住環境だけでなく、立地も大きく影響します。地域の生活インフラやアクセスでの課題に関係するような情報はきちんと整理して把握しておく必要があります。後述する「居住環境」（47ページ）も参照してください。
23	特別な状況	特別な状況（虐待、ターミナルケア等）に関する項目 ※現状がターミナル期でなくとも、リビングウィルにかかわる情報はやがて必要になります。臨死期の医行為だけでなく、今後、どういう生活を送っていきたいかなど、ACPにかかわるプロセスはこれからのケアマネジメントには欠かせない要素になるでしょう。 ACP（Advance Care Planning：人生会議）とは 将来の変化に備え、将来の医療及びケアについて、患者さんを主体に、そのご家族や近しい人、医療・ケアチームが、繰り返し話し合いを行い、患者さんの意思決定を支援するプロセスのことです。患者さんの人生観や価値観、希望に沿った、将来の医療及びケアを具体化することを目標にしています。（日本医師会　パンフレット「終末期医療　アドバンス・ケア・プランニング（ACP）から考える」より）

出典：「介護サービス計画書の様式及び課題分析標準項目の提示について」別紙4（※部分は著者が加筆）

　このように、アセスメントでは広く情報を収集しなければなりませんが、当然ながら排泄に限らずセンシティブな情報も含まれています。研修のロールプレイや実習報告などでも排泄関連や経済状況が聞きにくい（聞きにくかった）という感想が一部の受講生から毎年出てきます。いずれも日常会話では親しい仲でしか語られない話題かもしれませんし、聞きにくいという心情はわからないこともないのですが、アセスメント面接は日常会話ではありません。聞きにくいという心情は必ず相手に伝わります。語られる内容は話す側にとっても話しにくい内容ですので、聞き手の心情が伝わると余計に話しにくくなるという悪循環が生まれます。初回面談でこのような暗黙の関係ができてしまうと、たいていは後々の支援にまでこの関係が引きずられていきます。いずれもケアマネジメントを行う上では重要な情報ですので、このようなことにならないよう、初回だからといって失敗は許されません。専門職の自覚と言ってしまえばそれまでですが、そこには相手に合わせたさまざまなテクニックも必要です。失敗の多くはやり取りに余分な感情が入り込むことですので、ときにはアセスメントシートを使いながら事務的に淡々と聞き取るのもひとつの方法でしょう。排泄にかかわる傷病との情報や環境などと共に聞き取るのも一案です。信頼関係の構築は支援の大原則ですが、余計な気遣いや遠慮は禁物です。

経緯と相談者の思い（相談の動機別分類）

相談者の思いは相談動機に現れ、大まかに①状況が変化したことでの不安、②サービス利用が目的、③周囲のすすめの３パターンに分類できます。それぞれについて説明します。

①状況が変化したことでの不安

一般的に初期相談はほぼこのパターンです。困り事の緊迫感が大きいものも多く、なかには緊急対応が迫られます。

特徴

転倒･骨折、脳梗塞の急性発症などによる入院、家族の急逝や入院等、生活環境が急変したことがきっかけで相談に来るケースです。漠然とした不安や周囲のすすめ、類似の経験などからの知識で具体的なサービス利用を意識されている方までさまざまですが、相談内容を突き詰めると、急性期の入院加療の後、在宅への退院が決まって…のように、大抵の場合「もともとの生活と、現在や予測される生活の不自由さとのギャップを埋めてほしい」という思いが見えてきます。

留意点

現在なんらかの「困り事」に直面しているわけですので、対応にはそれなりの迅速さが必要です。漠然とした不安に対しては、不安の根拠はどこにあるのか、本当に支援が必要な状況にあるのかを客観的に測って返すなどのやり取り（すり合わせ）で不安の本質が明確になります。内容によってはこういったやり取りだけで不安が解消したり、必要な支援が明確になり、その支援が受けられることがわかるだけで不安が解消するケースもあります。サービス利用の意向が表明されている場合でも、それに関連するものがそのまま主訴やニーズに直結するとは限りません。なかには間違った理解による助言を鵜呑みにしている場合もありますし、後述する権利意識が強いケースも関係しているかもしれません。

いずれにせよ、意向を確認しながら整理し、それを言語化して返しながら双方で合意点を見出し、確認し、すり合わせて合意に到達する。この作業を繰り返すプロセスが最重要です。

②サービス利用が目的

最近になって徐々に増えてきているパターンです。「①状況が変化したことでの不安」のような状況の変化がなく、サービス（制度）利用を権利として捉えており、訴えの内容に客観的な逼迫性がない場合などは、制度の本質をきちんと説明する必要があります。

特徴

「同じ介護保険料を払っているのだから」「○○さんのところに来ているヘルパーさんにうちにも来てほしい」など、権利意識が全面にあって、困り事や生活上の課題意識が低いものを指します。こうした相談は、生活状況の変化に対してのサービス利用意向とは区別します。

こうしたものの他にも、なんらかのきっかけで要介護、要支援認定を受け、どのようなサービスが利用可能か説明してほしいといった相談をきっかけにして、（困り事とは別に）使えそうなサービスを選びたいというケースも増えています。詳しくは後述しますが、こういった権利意識を動機にした相談は年々増えてきています。

留意点

ケアマネジャーがたんに権利としてのサービス利用を認めてしまうことは、そもそも倫理的に問題があります。それだけではなく、不要なサービスを安易に利用させてしまうことは、利用者の依存心を生みだしたり、廃用を助長させることに直結し、やがては自立支援を阻むことになることを忘れてはなりません。

しかし、相談の過程でこのような権利的な主張があったとしても、すべてが支援不要かというとそうではありません。たとえ始めのうちは権利の主張であっても、相談に至る背景に相談者も気づかない課題が潜在している場合もあります。ケアマネジャーは、相談者の主観による主張や訴えを一方的に聞くのではなく、かと言って、権利の主張と決めつけてしまうのでもなく、必ず客観的事実を確認するような応答や観察を心がけましょう。このようなやり取りで課題が見つかり合意が得られたら、改めて「①状況が変化したことでの不安」の過程に移行していきます。

③周囲のすすめ

本人や家族が現状をきちんと理解できず、問題が長期間放置されたことで、複雑化、重度化してしまった逼迫した状況から、「②サービス利用が目的」といった権利的な主張を持った周囲のすすめまで、幅広い背景を持っています。

特徴

現状を周囲が見かねて相談を促したり、本人や家族に代わって相談に訪れるなど形はさまざまで、入院中の医療機関からのすすめや、民生・児童委員や近隣住民からの相談などがこれにあたります。本人にはまったく問題意識がなく、周囲が状況を問題視して相談が持ち込まれる形態です。認知症などで現在の状況が理解できず問題意識がない場合、アルコール依存など問題意識が曖昧であったり固有の価値観で問題視していないなど、いわゆる困難事例に発展する可能性を含むパターンです。

留意点

介護保険制度は導入のときに「措置から契約へ」と利用形態が変更されました。契約は基本的に自由契約の形をとるため、当事者が問題意識を持ちサービスの利用意向を表明しなければ、サービス利用には簡単にたどり着きません。言い換えればサービス（制度）利用は自己責任の範疇になりますので、かかわる者のパターナリズムだけでは課題解決にはつながらない難しさがあります。当事者の能力や個性にもよりますが、課題の説明や指摘を懇切丁寧に行い、当事者自身に問題意識を芽生えさせる働きかけが基本になります。

当事者の能力などに由来した問題でこういった変容が求められない場合、しっかりしたキーパーソンを見つけることが必要になってきます。成年後見制度や福祉サービス利用援助事業※（地域権利擁護事業）など、

※　介護保険制度の導入に際して、それ以前の福祉サービス提供にあった措置制度が廃止され、代わりに契約という方法が導入されました。その際課題になったのが、認知症高齢者をはじめとする、契約に際しての能力が欠ける人をサービスに結びつける（契約を締結する）支援の不在です。この問題解決のために作られたのが、「福祉サービス利用援助事業」です。実施主体は各都道府県及び指定都市の社会福祉協議会で、窓口は各市町村の社会福祉協議会になります。事業に基づく援助の内容は、福祉サービスの利用援助、苦情解決制度の利用援助、住宅改造、居住家屋の貸借、日常生活上の消費契約及び住民票の届出等の行政手続に関する援助等のために、預金の払い戻し、預金の解約、預金の預け入れの手続、利用者の日常生活費の管理（日常的金銭管理）、定期的な訪問による生活変化の察知などを行います。

公的な制度活用も視野に入れた対応が必要です。こうした下準備を行い、相応の合意形成が図られた後「①状況が変化したことでの不安」のプロセスに移行します。

これらは代表的なものですが、このように相談に至る思いはさまざまで、いくつかの傾向が見られます。

▶ 元介護者から当事者へ（利用者像の変遷）

介護保険法も施行から約20年経過し、利用者の考え方もずいぶんと変わってきています。制度創設当初は、措置のイメージが残り、利用者側からサービス利用の意向が積極的に示されることは少数でした。その後、介護サービスが社会的にも一般的になり、「○○のデイサービスに行きたい（行かせたい）のだけれど……」といった固有のサービス利用を目的にした相談動機が増えてきています。

また、主体となる世代層も代替わりし、以前は親族などの介護者として介護保険にかかわっていた世代が当事者になっています。すなわち一定の利用経験があり、それなりに制度のことを知っている利用層の登場です。こういったケースで厄介なのは、介護保険制度は3年ごとの改定があり、過去には対象になった（利用できた）サービスが今の制度では利用できない（＝利用対象とならない）ものがあることです。このあたりの制度説明はよほど丁寧に行わないと、なかなか理解が得られず、ひとつ間違うと信頼関係構築において大きなマイナスとなります。たんなる制度説明だけでなく、対象者の背景や心情にも配慮した態度が必要です。

▶ 主訴を特定する

主訴については場面によってさまざまな意味で使われていますが、アセスメントにおいても標準項目のひとつにもなっており、現場では「数ある訴えのうち、もっとも主要な部分」と解しています。

援助者にとって主訴は重要なものです。たいていの利用者は複数の課題を抱えており、混乱のなかにあります。課題同士が対立や葛藤している場合もあります。特にこういった場合、今後の支援の方向性を見極める上で、複数ある訴えのなかで何を一番に訴えたいのかがきちんと言語化され相談者と援助者の間で共有されていなければ、支援や介入が問題をより複雑化させる結果になりかねません。

主訴はある意味、相談者の主観によって決められるものですが、相談者として、こちらが期待するような明確な主訴を持っている（言語化できている）人はほとんどいないと言ってよいでしょう。また、言語化されているからと言って「ヘルパーさんに来てほしい」や「デイサービスに通いたい」などはそのまま主訴と呼べるものはありません。

たいてい、相談のきっかけとなるのは、なんらかの困り事の発生です。困り事の多くはICFの要素ですと主に「活動」に関連した内容が持ち込まれてきます。また、これら困り事は複数あるのが常で、困り事が別の困り事の原因や誘因になったり、困り事やその原因同士が悪循環の関係にあるもの、困り事の原因がひとつに集約されるものなど、それぞれが階層的な関係を作り複雑に関係しあっています。

インテークやアセスメントにおける援助者としてのケアマネジャーの役割は、このように断片的に表出された困り事を整理し、再構築して主訴を特定することにあります※。主訴の特定によって相談者は「私はこういった理由でこういったことに困っているが（こういうことが心配だ

※　ケアマネジメントプロセスではインテークとアセスメントはそれぞれ独立したプロセスですが、通常はプロセスの重層的な進行がなされ、記述のようなやり取りが行われています。

図表3　困り事の階層

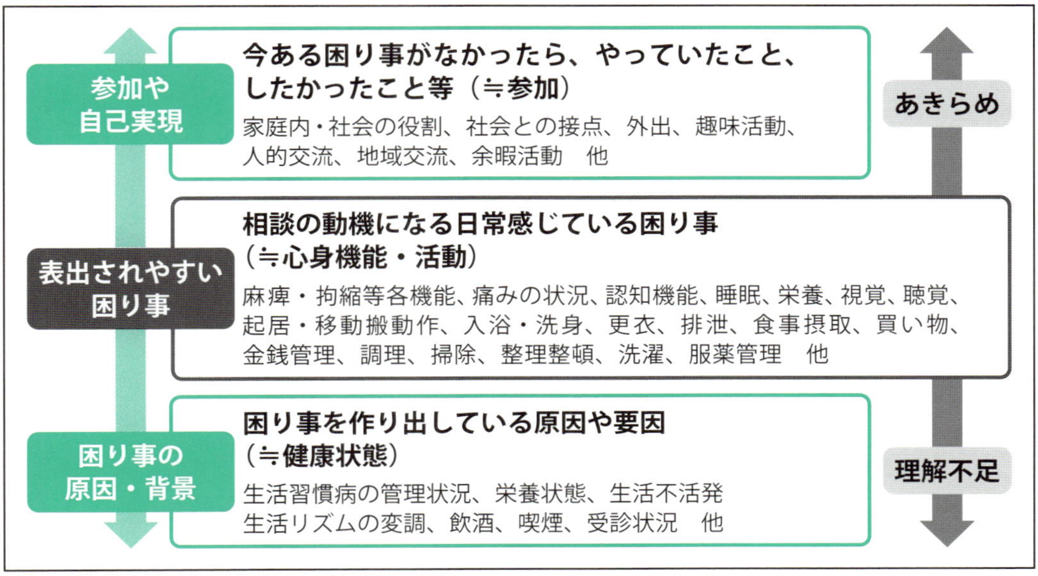

参加や自己実現	**今ある困り事がなかったら、やっていたこと、したかったこと等（≒参加）** 家庭内・社会の役割、社会との接点、外出、趣味活動、人的交流、地域交流、余暇活動　他	あきらめ
表出されやすい困り事	**相談の動機になる日常感じている困り事（≒心身機能・活動）** 麻痺・拘縮等各機能、痛みの状況、認知機能、睡眠、栄養、視覚、聴覚、起居・移動搬動作、入浴・洗身、更衣、排泄、食事摂取、買い物、金銭管理、調理、掃除、整理整頓、洗濯、服薬管理　他	
困り事の原因・背景	**困り事を作り出している原因や要因（≒健康状態）** 生活習慣病の管理状況、栄養状態、生活不活発 生活リズムの変調、飲酒、喫煙、受診状況　他	理解不足

が)、このような支援を受けることで、このような生活をしたい」のような主体的な目標を言語化し、イメージすることが可能となるのです。

主訴の言語化や合意のプロセスは、相談者にとっても、漠然とした不安を整理し再考することになり、その整理の過程で今抱えている問題の本質や原因に気づき、これらが明確になることで、課題に主体的に取り組むことができるようになります。

健康状態の確認

病歴

病歴や治療中の疾病とその内容については、本人や家族からの聞き取りだけでなく、きちんと医療関係者から聞き取ったり、主治医意見書や各種診断書や退院サマリーなどから、必ず裏付けを取りましょう。ケアマネジャーにとって、もっとも身近な情報源は主治医意見書※になりますが、意見書に記載された「1. 傷病に関する意見（1）診断名（特定疾病または生活機能低下の直接の原因となっている傷病名については1. に記入）及び発症年月日」に書かれている病名と発症年月日は、今起きている状況を理解するだけでなく、支援を継続するための大まかな予後予測を行い、日常生活上の留意点をもれなく把握する上で、いずれも非常に重要なポイントです。

また、時間経過（＝発症からどのくらい経過しているのか）も重要な指標のひとつです。例えば図表4のように診断名から予後の特徴を捉え、それぞれの疾病等が生活機能に及ぼす影響が時間経過に沿って、現在、どの時点にあるのか、そして今後どうなっていくかを予測しておくことでプランニングでの大まかな方針はおのずと変化しますし、後のプランニングを成功させる重要な要素になります。

病名

病名を把握し、病名からそれがどのような性質の経過をたどるかを見極めることが重要です。書籍などで医療的知識をケアマネジャー自身が備えることも重要ですが、相談や解説してもらえる専門職を見つけることが早道かもしれません。カンファレンスやサービス担当者会議などを

※　ケースにもよりますが、主治医意見書はケアマネジャーにとってもっとも身近な医療情報と言えるでしょう。ただ、その作成の目的は、あくまで要介護認定のために作成されるものですので、主治医意見書のみで医療情報を収集することは間違いであり、アセスメント段階での主治医からの意見聴取は必須です。対象となるような高齢者は複数の傷病（診断名）を持っていることが多くありますので、他科受診によって意見書には記載されていない傷病を抱えていることは十分考えられます。こういった場合は当該医師から意見聴取するなどの連携を心がけましょう。

活用し、主治医から解説してもらうのも有効な手段です。先をきちんと見極めるためにも、病名を把握するだけに留まらず、必ず予後を予測するよう心がけてください。

また、前記のとおり、進行性の病気などは時間経過を把握することが大切です。時間の経過とともに重症度が変わりますし、脳梗塞や骨折などでのリハビリテーションを考える場合では、期待する効果を見込む際には重要な情報になります。生活習慣病など今後の経過にセルフケアが大きく影響する場合などでは、本人の病識がどの程度あるのかや、セルフケア能力に影響する心身機能が十分なのかもきちんと把握しておかなければなりません。

併せて主治医意見書の「1. 傷病に関する意見(2)症状としての安定性」は、ケアマネジメントにおいては病名より重要な項目です。病名によって大まかな予後は測ることができますが、病状は人により違います。状態が安定している人と違い、不安定な方は医学的管理や必要な治療がより重要になります。ケアプラン作成においてもこれらへの配慮が求められることは当然ですので、「(2)状態としての安定性」は必ず確認しましょう。また、不安定にチェックが入っている場合、その内容にも着目します。この項目は、ケアプランに位置づける療養的なケアを検討するための材料や、すべてのケアにおける留意事項などに直結します。

図表4 疾患と予後、発症からの経過の関係

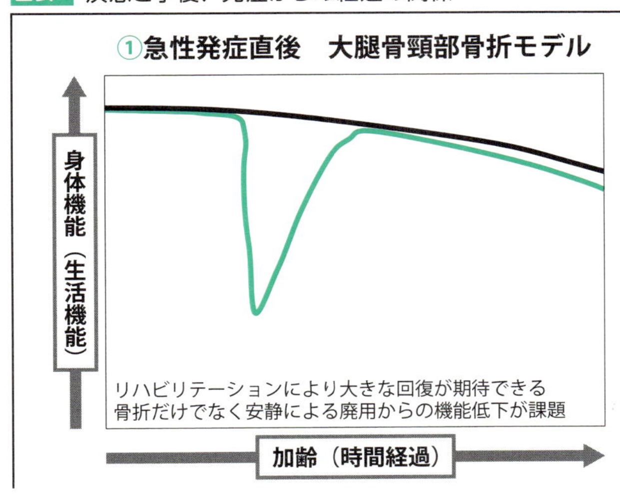

予後・経過の特徴・留意点
発症したときが機能低下のピークで、あとはリハビリテーションなどで回復を目指す。

発症日からの経過
発症から日が浅ければ訓練による機能改善が見込める。発症から日が経つにつれ、期待できる伸びしろは小さくなる。

━：発症なしの自発な機能低下
━：項目ごとにの発症による身体機能の変化

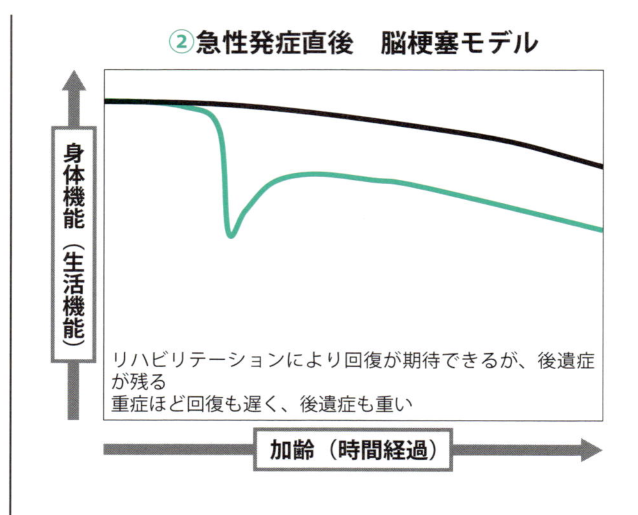

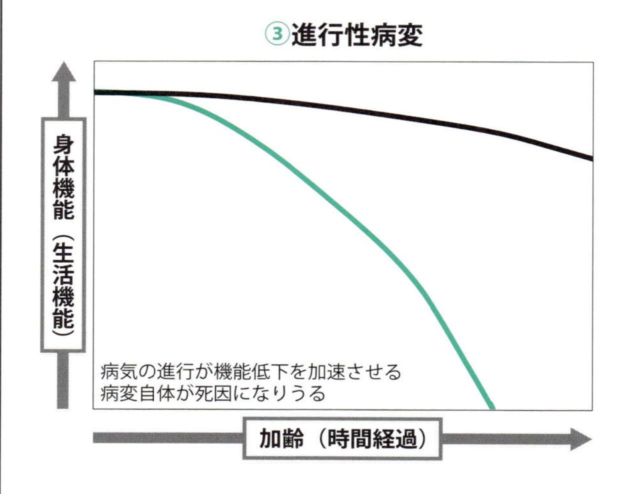

代表的な診断名
アルツハイマー型認知症、パーキンソン病、ALS 等の神経難病

予後・経過の特徴・留意点
びまん性に病気が進行し、症状が悪化し、悪化に伴い生活機能も低下していく。

発症日からの経過
通常、発症からの経過の長さが、疾患の進行や症状の重さに比例することが多い。また、経過の長さは介護者の疲弊や介護力、介護知識とも密接に関係する。

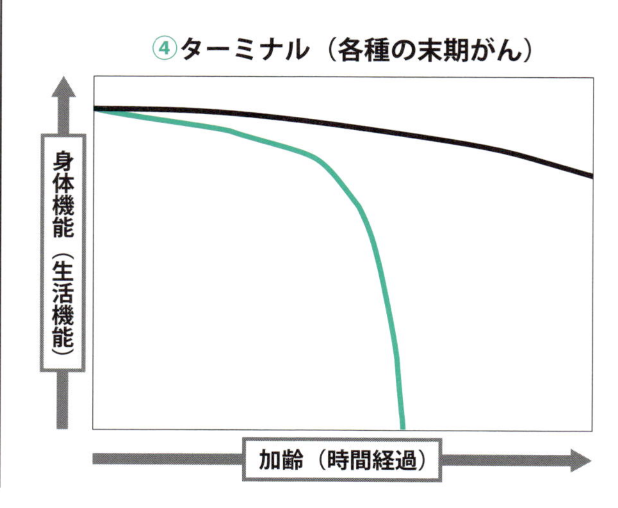

予後・経過の特徴・留意点
急激な機能低下が予測される。

発症日からの経過
発症からの期間よりも、生命的予後の長さや経過が重要。
ターミナルと認識されにくい。

⑤ターミナル（非がん：急変の繰り返し）

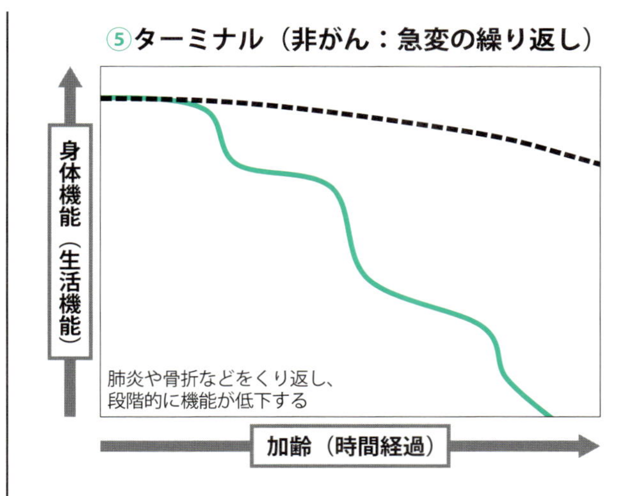

予後・経過の特徴・留意点
がんに比べ低下が緩徐。

発症日からの経過
発症からの期間よりも、生命的予後の長さや経過が重要。
ターミナルと認識されにくい。

⑥重篤な循環器疾患

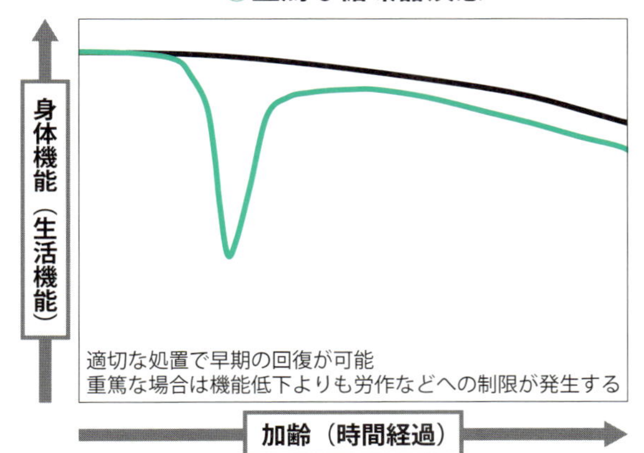

代表的な診断名
心筋梗塞発作後、大動脈瘤

予後・経過の特徴・留意点
日常生活で、著しい運動制限や生活管理が課される場合が多い。生活管理やセルフケアが不十分な場合、容易に急変や合併症を引き起こす。

発症日からの経過
経過の長さと自己管理やセルフケアのためのスキルは関係が深いが、病気に対する認識、管理のためには、本人への動機づけやセルフケアにおけるモチベーションの影響が大きい。

⑦生活習慣病

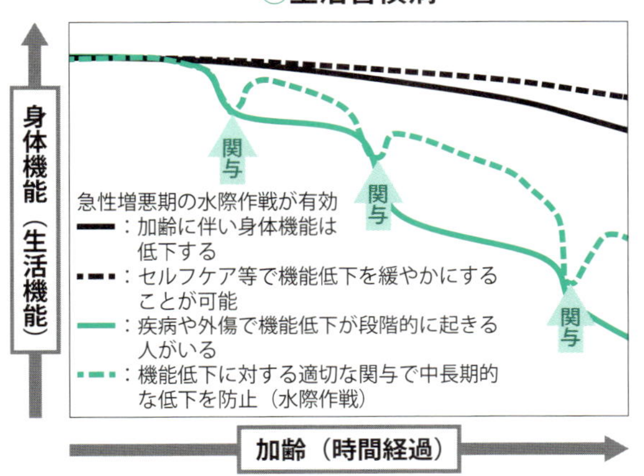

代表的な診断名
高血圧症、糖尿病、脳梗塞後遺症、廃用症候群

予後・経過の特徴・留意点
生活習慣と密接に関係し、セルフケアが重要。セルフケアが不十分になると合併症のリスクが高まる。

発症日からの経過
経過の長さと自己管理やセルフケアのためのスキルは関係が深いが、病気に対する認識、管理のためには、本人への動機づけやセルフケアにおけるモチベーションの影響が大きい。

⑧特別な医療的処置

代表的な診断名
慢性腎不全、慢性閉塞性肺疾患

予後・経過の特徴・留意点
重症化すれば、人工透析や在宅酸素療法のような継続した固有の医療的処置が不可欠になる。

発症日からの経過
医療的処置がある場合、処置に応じた制約が発生する。
⑥⑦同様のセルフケアに加え、経過に比例し病状も進行することが多い。

期間

ケアプランで扱う期間は、図表4のように原因となった傷病により予後は変わりますし、高齢者の場合、加齢に伴う老化が機能低下を引き起こしますので、改善なのか悪化するのかといった方向性も一様ではありません。

相談のきっかけは何かしらの困り事の発生ですが、ケアマネジメントのゴールは困り事からの脱出ではありません。そこには活動や参加レベルなどでの目標を見いだし、目標を達成するという着地点が必要になってきます。

では、その着地点をどこに据えるか。ここで重要なのはケアプランで取り扱う期間です。例えば大腿骨頸部骨折を受傷し、急性期病院で固定手術を受け、回復期リハビリテーション病院を経て退院後の相談を受けるケースを考えてみましょう。このような経過では、地域クリティカルパスなどに則った一通りの訓練などで相応の機能回復は達成していますが、退院による環境変化への適応や環境整備、介護保険サービスのリハビリテーションによる訓練などで機能改善の伸び代は残っています。

図表5の退院から①の間を期間と考えるならば、目標はさらなる機能改善が視野に入ったものになりますし、機能改善のための訓練や環境整備などが支援の中心になるはずです。しかしながら、このような機能改善は際限なく続くものではありません。いつかはピークを迎え、加齢（老化）によって機能は再び衰えていきます。②あたりまでを期間と考えるならば、獲得した機能の発揮や役割の充実などによる廃用の抑止や転倒などの事故防止あたりが重視されます。

図表5 生活機能の時間経過

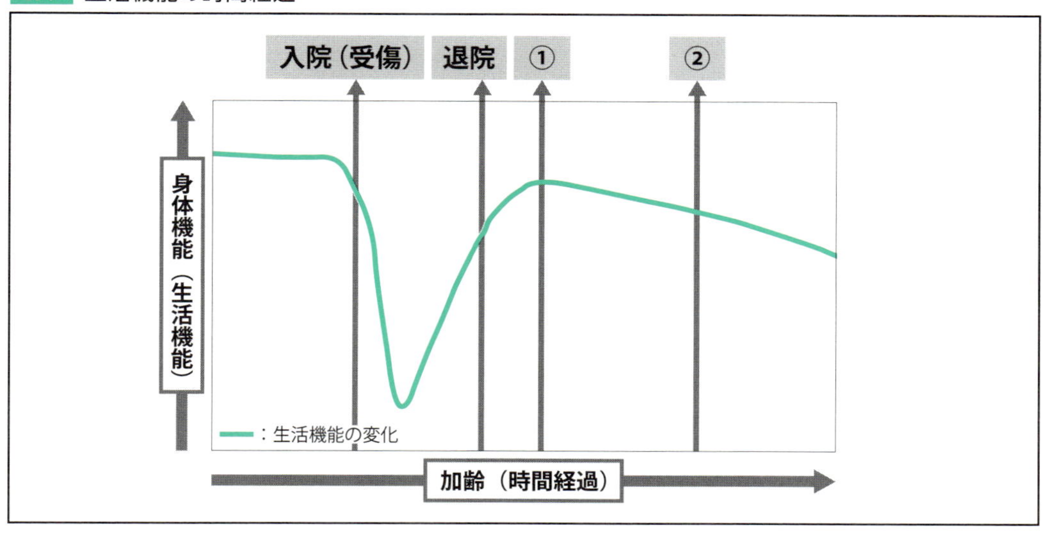

▶ 服薬状況の確認

服薬はその内容によっては健康状態に大きな影響を及ぼすものです。アセスメントを行う上で服薬（投薬）内容や服薬状況は重要な確認事項です。どのような薬が出され、飲み残しなくきちんと飲んでいるか、一人で飲めない場合はどのような支援が誰によって行われているなどが必要な情報になります。

薬の効能を把握する

服用されている薬がどのような効能（作用）を持っているのか。どのような副作用があるのかを知っておくことも重要です。例えば現場でもっともよく出くわす高血圧症に対して投与されている降圧剤は、読んで字のごとく血圧を下げる薬ですが、きちんと飲めていないと高血圧症状が出現し、ふらつきなどが起こって ADL 全般に機能低下を起こします。

また、いわゆる重ね飲みなどで、間違って重複して飲んでしまうと低血圧症状が出現し、同じく ADL 全般が低下します。いずれも転倒などのリスクを高めることになりますし、生活行為全般に影響を及ぼすだけでなく、重篤な場合は救急搬送という事態にもなりかねません。このように服薬状況と生活機能を結びつけて考える視点はリスク回避や生活課題の解決のヒントに直結します。

飲めない理由を確認する

なぜ飲めないのかを確認することも重要なポイントです。たんに「服薬ができていない」という事象の把握だけで終わらず、服薬ができていない理由を確定しないと、プランニングの段階での目標設定や支援内容の確定で具体的な原案が作れなくなってしまいます。

例えば認知機能の低下があって「飲めない」のであれば、服薬支援を検討しなければなりませんし、なんらかの理由で「飲まない」のであれば、なぜ「飲まない」のかを特定しなければなりません。服薬の必要を軽視しているならば、その重要性を主治医などからもう一度説明してもらう必要がありますし、副作用が原因で「飲まない」のであれば投薬内容の見直しが必要となります。このように、アセスメントでどの程度まで掘り下げるかで、その後の支援のクオリティは変わります。

▶ 口腔衛生と食事摂取の確認

栄養状態は服薬と同じく健康状態を左右する重要な要素です。まず気をつけなければならないのは栄養の不良です。リハビリテーションを考える上でも、栄養状態はその結果を左右すると言って過言ではありませんし、栄養状態の不良を放置して訓練などを導入してしまうと事故が起こるリスクが急激に高まります。この栄養状態の鍵を握る重要な要素に口腔衛生と食事摂取の確認があります。

口腔衛生

口腔では、歯（残歯）や義歯の有無だけでなく、噛みあわせなど機能面の確認が重要です。トラブルがある場合は治療をしているか、治療していない場合はその理由などを特定しておく必要があります。

口腔内の不衛生は誤嚥性肺炎の原因になりますので、口腔摂取がない方であっても、衛生状態の状況を把握しましょう。食物残渣や口臭などだけでなく、口腔ケアの方法や頻度、支援の有無も併せて把握しておきます。

食事摂取

義歯が合わないとか歯周病やう歯など、口腔にトラブルがあっても、歯科受診せずにトラブルが放置されたまま、安易にご飯を粥に変えたりおかずを刻んだりと食事の形態を変えることで対応されている場面によく出くわします。こういった場合、必要な歯科治療が放置されていることももちろん問題ですが、このような食形態の変更で、食事量（摂取カロリー）が以前より減ってしまうことにも気づくべきです。形が変わることで食欲が落ち込み、さらに摂取量が減少している場合もあります。食事量の変化はBMIや体重に必ず現れます。単独の数値だけではなく、その数値がどう変化しているかに注目しましょう。

糖尿病でのカロリー摂取制限をはじめ、循環器疾患や腎臓病などの塩分制限、持病のコントロールも食事内容が密接に関係します。量の把握だけでなく今、食べている食事の内容や制限の有無と、その制限の内容も把握します。

家族状況と介護力、経済状況

介護の担い手としては、まずは家族が一番に浮かんできますが、最近は世帯構造も変化し、独居や高齢者世帯が増加しています。家族構成は介護力に直結する重要な要素です。現状、介護を担えていても、そこには介護負担が必ず存在しますし、家族員の年齢構成によっては介護離職やダブルケア問題などが存在するので、構成員それぞれの家庭における役割も把握しなければなりません。

介護力

ケアマネジメントでは利用者の自立支援を目指しますが、居宅の場合、利用者だけでなく、その世帯が地域社会で自立していることが条件です。一般的に、世帯の自立のためには世帯の家計を支えるための経済活動（就労）や、生活維持のための必要物品の調達（買い物）など、必要な地域社会との接点を持たなければなりませんし、家庭内でも調理、洗濯、掃除などいわゆる家事が行われる必要があります。構成世代によっては療養や介護、育児や家庭内教育等の機能も求められるなど、家族が担う役割は多岐にわたります。構成世代の幅が広く、多人数の家族はこれらの役割を分担して生活していますが、独居の場合はすべての役割が１人に集中します。高齢者夫婦のみの世帯でも、個々にそれなりの役割を抱えているはずです。

このように家族を介護者として捉えた場合、本人を介護する社会資源の要素ばかりでなく、個々が担っている役割を把握し、その緊張状態も推し量る必要があります。前述した介護離職やダブルケアなど、昨今の諸問題ももちろんですが、高齢者世帯における老老介護の現場では、家族は本人支援の資源と同時に支援の対象でもあることを忘れないようにしましょう。

経済力

介護力を考えるときに外せないのは経済状況です。社会において世帯が自立するということは、まずは経済的に自立する必要がありますし、自立のために介護サービス等を利用するためには、当然お金が必要になります。経済的余裕の有無は介護力に直結した問題ですし、なかには生活保護制度の活用など経済状況自体が支援の対象にもなります。

例えば親子二人暮らしの世帯で、親が要介護者であった場合、子の世代による役割の違いを考えてみます。親子とも高齢で年金受給者の場合、世帯は老齢年金で自立しているので、介護による支出増はあるものの、余程のことがない限り、介護に費やす時間的余裕という点での子の介護力に期待することは可能かもしれません。ただ、年金受給者という年齢層なので、体力的な問題はついてきます。一方、子がもう少し若く、現役世代の場合では、子は世帯における経済的な担い手としての役割が大きく、就労のため介護にあてられる時間はおのずと限られるはずです。介護力としては体力的な問題が少ない分、時間的な制約が厳しくなることが予測できますし、介護離職などの問題に発展する可能性もあるわけです。

このように生活機能の自立を家庭内での役割を加味して見ると、求められる生活機能は利用者の家族構成でおのずと変わってくることがわかります。独居の場合などはこういったすべての役割を、自分１人で自立させなければならず、できない部分は外部の支援が必要となりますが、例えば離れて暮らす子などでも、それぞれの家庭での役割がありますし、担う役割が大きすぎて（役割緊張）、介護や社会生活が破綻しないかも気に留めておく必要があるでしょう。

精神面

ここまでは、物理的な介護力と言った切り口で家族について述べましたが、家族が保つ機能には本人の精神面での支え的な側面があります。ケアプランのニーズ欄でよく見かける「妻の負担にならないよう○○が1人でできるようになりたい」や「孫の結婚式に出席したい」などは家族や親族が目標達成のためのモチベーションを間接的に支えている一例です。独居であっても離れて暮らす子や孫が、たとえ直接的な介護の担い手になれなくとも、このように精神的なモチベーションサポートの担い手になってくれるかもしれません。これとは真逆に、妻の死別のような家族や親族との別離や不仲が意欲を消沈させ、生活機能を著しく低下させている場合も珍しいケースではありません。アセスメントで今ある生活機能を見る場合、このような家族との関係性にも着目し、影響の確認をすることは必須ですし、後のプランニングの際の参加レベルでの目標設定のために、モチベーションサポート役としての家族や親族との関係の把握は必須となります。

居住環境

屋内環境

環境は、ICFでは「背景因子」のひとつである「環境因子」の一部になります。大まかに分けて屋内と屋外に別れます。生活の場である屋内の環境は、「生活機能」のなかでは「活動」と密接な関係にあります。今ある「心身機能・身体構造」の状況（身体状況）と屋内の環境がどのようになっているかを見極めることが、環境をアセスメントするときのポイントです。

「活動」のなかでも生活上の基本的な行為が排泄や入浴です。例えば入浴であれば今の身体状況で、浴室までの移動、脱衣場での更衣、浴室内での移動や洗身等の入浴固有の動作に関して、浴室や脱衣場、廊下などの動線上に障害となるものの有無を確認します。

また、屋内であっても、例えば主婦としての役割の発揮のような観点に立てば、「参加」とも関係が深い要素も見逃せないポイントです。趣味活動などでも屋内にその場が想定されることも多いでしょう。これら参加レベルの再開（復帰）に向け、住環境のなかでその障壁になるものをピックアップすることや、プランニングのなかでの住宅改修や福祉用具導入等の可能性（必要性）及び動線を考えた家具などの配置変更が可能か否かの情報収集はここで行っておかねばなりません。

屋外環境

住宅の立地など屋外の環境は、生活機能のなかでは「参加」に密接に関係してきます。坂道など近隣の地形や、通院先の医療機関や買い物のための商店や商業施設、その他、生活に不可欠なさまざまな施設が居宅からどの程度の位置にあるのか、そこまでの移動手段はどうなっているのかなど、自身で移動する必要があるならば交通インフラも含めた立地の把握は欠かせません。「参加」の視点を重視し、役割の再開や再構築を模索することは意欲の復活に直結しますし、意欲を引き出すことで潜在的な身体機能が発揮され「生活機能」も高まることを忘れてはなりません。

図表 6 構成要素間の相互作用（ICF）

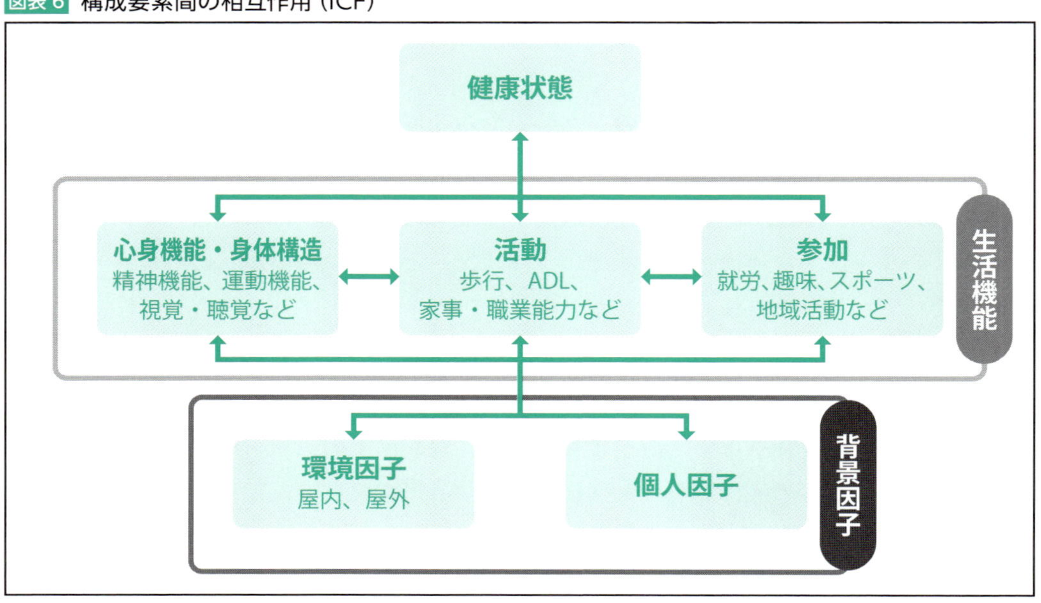

その他の背景因子（個人因子）

「生活機能」はたんに身体状況だけでなく、個々の性格や気質に大きく影響を受けています。その性格や気質も一朝一夕に作られるものではなく、これまでの生活スタイルや習慣といったような生活歴によって作り出されるものです。「個人因子」もまた「生活機能」に大きく影響します。脳梗塞の急性発症や骨折などで後遺症が残った場合、大きな負の出来事をどのように受容し立ち直るのか、また、立ち直る早さは個人の性格や気質に大きく左右されます。生活習慣病は生活管理上のセルフケアができず、大雑把な気質などによって放置された結果、発症することは珍しくありません。その後の服薬管理などが同様の理由で放置されて、疾患が悪化したり、他の合併症を併発してしまうこともよく見受けられます。

「生活機能」に関しては、今ある「できていない状況」がなぜ起こっているのかを確認することが重要です。できていない理由が「できない（＝能力を100％発揮している）」のか「やらない（＝能力を十分発揮していない）」のかでは後の支援の方向性が大きく変わります。後者の場合、前述した負の出来事が受容しきれず、意気消沈し、（生活）意欲を喪失している。もともとが周囲に依存的で役割としての意識が弱い（≒意識がない）。など、「やらない」理由は個人の性格や気質が大きく関与している場合がほとんどです。こういった場合、リハビリテーションでいう、できる活動（＝最大限の能力）と、している活動（＝日頃発揮している能力）の差を埋めて、する活動（＝日常生活での100％能力発揮）へのアプローチが重要になりますが、このような働きかけに対しても個人の性格や気質が大きく関与してきます。

「ケアプラン点検支援マニュアル」に基づくセルフチェック（アセスメント）

質問１＜アセスメントの基本＞

介護支援専門員として、アセスメントを行う理由についてどのように理解していますか。またアセスメントを行う専門職として、その役割を十分に果たせていると感じていますか？

■確認ポイント

□利用者及び家族にアセスメントの必要性を理解してもらうことができた。
□利用者及び家族に必要な情報収集を包括的に行い、主観的事実と客観的事実の両方を押さえ、アセスメントに活かすことができた。
□利用者の生活課題（ニーズ）の内容を明らかにすることができた。
□利用者の能力（可能性）を明らかにすることができた。
□現状に関する予後予測とサービス導入後の予後予測を行った。
□利用者の負担にならないよう適切な時間でアセスメントができた。

■類似及び補足質問

□利用者の基本情報を十分把握できたと感じていますか？
□利用者や家族が抱えている課題をある程度把握できたと感じていますか？
□アセスメントがうまくできていないと感じている部分はありますか？
またそれは、どのような理由からですか？
□利用者がどのような生活を送っているか、十分把握できたと感じていますか？

質問２＜情報収集＞

アセスメントに必要な情報をどのような方々から得ましたか？

■確認ポイント（どのような方々から情報を得たかを確認する）

□利用者
□同居家族
□それ以外の家族
□主治医
□医療機関のスタッフ（入・退院時など）
□サービス提供事業所など
□行政（主治医意見書・認定調査票）
□地域包括支援センターなど
□民生児童委員
□インフォーマル資源（近隣・自治会長・老人クラブ会長・ボランティアなど）
□その他

■類似及び補足の質問

□アセスメントの情報を得るにあたり、どのような視点で収集していますか？
□利用者のマイナス面の情報だけでなく、プラス面の情報も活用していますか？
□アセスメントにおける情報はどのようなものが重要だと考えていますか？

質問 3 <基本情報>

アセスメントを行う上で必要だと思われる基本情報について、特に何を重要な情報として押さえましたか？

■確認ポイント

□最低限必要な項目【課題分析標準項目（23 項目）】に沿った情報の収集及び整理ができている。

□必要に応じて利用者及び家族以外の関係者からも情報を入手するように努めている。

□介護支援専門員として、個人的な価値観をアセスメントに持ち込まないよう努めている。

■類似及び補足の質問

□基本情報に関して、特に再確認する必要があると感じている項目はありますか？　また、それはなぜですか？

質問 4 <相談>

どのような相談経緯だったのでしょうか？

■確認ポイント

□居宅サービス計画作成についての利用者受付情報（受付日時・受付対応者・受付方法等）の内容を確認している。

□利用者の基本情報（氏名・性別・住所・電話番号等）や利用者以外の家族などの情報についても必要に応じた記載がなされている。

□相談者・相談方法・相談の経緯が明確に記載されている。

□主たる相談者が利用者以外の場合、利用者が主たる相談者になり得なかった理由や背景が押さえられており、全体のアセスメントに活かすことができている。

■類似及び補足質問

□アセスメントの際、直接、利用者と話ができましたか？　もしできなかった場合は、その理由を聞きましたか？

□主たる相談者はどなたで、相談に至るきっかけにはどのようなものがありましたか？

□アセスメントの際の非言語的なこと（利用者・家族の表情、身なりなど）から気付いたことはありましたか？

質問 5 <生活状況>

利用者の「個別性・その人らしさ」を大切にするためにも、大切な情報である生活歴や生活状況をどのようにして聞き取りましたか？

■確認ポイント

□利用者や家族に対し、不快や不信感を与えることなく、聴き取りができている。

□利用者が生活してきた中で大切にしてきたものやエピソード、価値観、趣味、得意なことや苦手なことなど、その人らしさを象徴する情報が簡潔に記載されている。

□利用者本人からの聴き取りができている。

□利用者以外の家族などからの聴き取りができている。

■類似及び補足質問

□アセスメントを通じて、一番印象に残ったエピソードはどのようなことでしたか？

□アセスメントを通じて、介護支援専門員として利用者や家族の思いを尊重することができましたか。またどのような思いに共感しましたか？

質問6＜サービスの把握＞

現在利用しているサービスについて、その利用状況・満足度などを把握していますか？　また、その上で介護給付以外のサービスについても把握ができていますか？

■確認ポイント

□介護保険給付に限らず、利用者が現在受けているサービス全般の状況について把握している。

□利用者の居住地である市町村の福祉サービスや地域の社会資源が把握されている。

■類似及び補足質問

□介護給付以外のサービスについても検討しましたか？

□現在利用しているサービスについて、利用者は満足しているようですか？

質問7＜日常生活自立度＞

障害高齢者の日常生活自立度や認知症高齢者の日常生活自立度について、最新の状況を把握していますか？

■確認ポイント

□最新の情報を介護支援専門員が把握し、記載している。

□認定調査表や主治医意見書等から転記している。

□介護支援専門員が判断した日常生活自立度と情報から得た日常生活自立度に大きな差があった場合、主治医等への確認をしている。（介護支援専門員が見立てた内容と大きな差があった場合）

□毎月のモニタリングの際にも状態の変化を把握し、自立度の変更がある場合などについては、最新の状況を追記し記載内容を変更している。

■類似及び補足質問

□主治医意見書や認定情報の情報と現在では、状態像に差はありましたか？

□障害高齢者の日常生活自立度や認知症高齢者の日常生活自立度について、現在の利用者のレベルと判断のレベルについて、どのように考えましたか？

質問8＜主訴＞

利用者・家族は主にどのようなことに困って来られたのですか？

■確認ポイント

□利用者及びその家族の主訴や要望については、利用者及び家族が表現したありのままの言葉を用い、具体的な記載がされている。

□サービス利用により、利用者や家族がどのような生活を送りたいと考えているかが記載されている。
□利用者本人から確認できなかった場合の理由と代弁者が伝えた内容を具体的に記載している。
□緊急性の高い主訴に関しては、適切な関係者・関係機関等につなぐなど、連携やその対応ができている。
□利用者本人から確認できなかった場合の、介護支援専門員としての役割を理解できている。

■類似及び補足質問

□緊急性の高い主訴でしたか？
□最初の相談に来た時に、利用者（家族）はどのような様子でしたか？
□主訴を明確に理解し、整理することができましたか？

質問９＜認定＞

認定情報の内容を確認しましたか？

■確認ポイント

□利用者の認定結果（要介護状態区分・介護認定審査会の意見・支給限度額・認定有効期間等）についての記載がされている。
□認定調査表の内容も参考にするとともに、介護支援専門員自身がそれらの内容について、自分の目で観察・確認を行ったうえで、記録として残しアセスメントに活かしている。
□必要に応じて利用者の了解を得て、主治医に意見をうかがうなど、新たな情報収集を行っている。
□認定の有効期間等も配慮した計画書の作成が行われている。

■類似及び補足質問

□認定調査票や主治医意見書等を入手して情報として活かしましたか？
□介護認定審査会の意見を、ケアプラン作成時に勘案しましたか？
□認定調査票の記載内容と自分の目で見て感じた内容とに差異はありませんでしたか？

質問 10 ＜理由＞

今回のアセスメントを行うきっかけとなった理由について教えてください。

■確認ポイント

□どのような経緯でアセスメントに至ったのか、申し込みの経路などについて記載されている。
□アセスメントの理由（初回・更新・退院退所時・区分変更等）について具体的に記載されている。
□アセスメントの理由によっては、聴き取る情報量や情報の入手先にも差がでてくることを押さえられている。

■類似及び補足質問

□以前のニーズと大きく異なるようなニーズはありましたか？

□今回のアセスメントを通して、特に印象に残っているニーズは何ですか？　またそれは、これまでのニーズと異なりますか？

質問 11 ＜健康状態＞

利用者の健康状態について、ケアプラン作成にあたり重要だと考えている事を教えてください。

■確認ポイント

□疾患名と症状・障害とその程度が、ADL（入浴・食事、排泄、移動等）や IADL（買い物・調理・掃除・金銭管理・コミュニケーション手段等）に与える影響について把握している。

□介護支援専門員が普段の体調を把握し家族と共有することができている。（一日の生活リズム・天候等の変化に伴う体調の変化、またそれに伴う ADL や IADL の日内変動・血圧・食事の量・排泄等）

□治療方針や内容を把握している。（往診・通院、服薬、疼痛の管理、生活改善一管理等）

□利用者及び家族が健康状態をどのように捉えているかを把握している。

□人間関係（家族、友人等）や社会参加への影響について把握している。

□健康面についての本人の役割（セルフケア等）・家族の役割について把握している。

□疾患が及ぼすリスクや将来の予測の理解に努めている。

■類似及び補足質問

□利用者の方の疾患や障害が ADL や IADL にどのような「困難さ」を生んでいますか？

□ケアプランには疾患や障害の治癒・改善をどのように「課題化」していますか？

□疾患や障害がこれまでの暮らしにどのような困りごととなっているか、利用者（家族）にどのように尋ねましたか？

質問 12 ＜ ADL・IADL ＞

利用者の ADL・IADL の現状を把握するにあたり、何に気をつけてアセスメントしましたか。またその手法・経路について教えてください。

■確認ポイント

□ ADL（移動・立ち上がり・排泄・入浴・更衣・整容等）や IADL（調理・掃除・洗濯・金銭管理・買い物等）について、具体的に誰がどのように行っているかを把握している。

□把握した ADL や IADL の状況から、どのような支援を行えば現在の状態の維持・改善・向上につながるかなど、予測をたてた「見立て」ができている。

□ ADL・IADL の実態について、利用者の状態、周囲の環境の両方からアセスメントを行い、課題を導き出すことができている。

□利用者が認知症や精神疾患等で十分に ADL や IADL について意思伝達ができない場合、家族や関係者から情報を得るなどして状況を把握している。

□本人及び家族からの情報収集では、対話以外に筆談や環境の目視などからも情報を入手するなど、個別に応じた把握の仕方を実践できている。

■類似の質問

□本人及び家族等に実際の日常生活動作を行ってもらうなどして観察をされましたか？

□要介護状態になる前のADL（日常生活動作）やIADL（日常生活関連動作）について聞き取りをしましたか？
□家族はどの程度現状と原因を把握され、今後どのようになれば良いと望まれていますか？

質問13 ＜認知症＞

もの忘れや認知症について、何か気になることはありましたか？

■確認ポイント

□もの忘れや認知症の程度を把握し、日常生活上で支障となっている事柄についてADLやIADLの視点もふまえて把握を行い、整理ができている。
例：移動面（目的地に行って、帰ってくることができる、目的地は忘れたが何とか帰ってくることができる、いったん出てしまうと帰ってくることができないなど。）
□調理面（得意な料理は、まだなんとか作ることができる。調味料の順番や量、入れるタイミングなどがわからず、味付けはすでにできなくなっている。調理の手順すらわからず、台所に立つこともない。）
□食事面（出されたものをきちんと食べることができる、食べたことを忘れて何度も食事を欲しがるまたは勧めても食べないなど。）
□その他（排泄・入浴・整容・更衣・健康管理・金銭管理・買い物・コミュニケーション・火の不始末・他人への認識・言語理解等）
□本人が問題行動を起こす時のくせやその傾向を家族や支援者から情報を得て把握している。
□家族の認知症についての理解度や利用者の認知症に関する病気の受容がどの程度できているかを把握している。
□利用者個人の尊厳の保持や介護負担の軽減という視点を持ち、今後さらに症状が悪化した場合の起こり得る生活障害について把握し先の対応も含めて考えられている。
□認知症について、利用者及び家族の混乱がひどい場合には、専門家受診や認知症を支える家族の会などを紹介するなどの情報提供を行っている。

■類似の質問

□もの忘れ（認知症）について、本人（家族）はどのような不安をお持ちですか？
□認知症について本人（家族）はどれくらいの理解をされていますか？
□今後もの忘れや認知症が進むと、どのようなことに支障がでてくると思われますか？

質問14 ＜コミュニケーション＞

友人や家族、地域の方とどのようにコミュニケーションをとっているか確認しましたか？

■確認ポイント

□コミュニケーションが円滑に図れない要因を機能的一気質的・環境的側面から把握し、アセスメントができている。
□負担のないコミュニケーション手段の方法等を、アセスメントを通して利用者及び家族とともに考えることができた。

□必要に応じて専門家等の意見を聴くなどして、アセスメントに活かすという視点をもっているか確認する（例：口腔機能に問題→歯科医師、歯科衛生士など）。

■類似の質問

□どのようなことが原因でコミュニケーションに困っているのですか？

□コミュニケーションに支障があるために人間関係にどのような影響がありますか？

□友人や家族、地域の方との関係（コミュニケーション）で何か困っていることはありますか、またコミュニケーションに関する本人、家族の意向は把握していますか？

□コミュニケーションに関するエピソードがあったら教えてください。

□コミュニケーションのとり方で、この人らしいと思うことはありましたか？

質問 15 ＜社会参加＞

利用者の友人や家族、地域の方との関わり方は良好ですか？　また最近変化したこと（例：友人の入院・入所、他界等）はありませんか？　利用者が自らすすんで行っている活動や趣味などはありますか？

■確認ポイント

□介護サービスを利用する以前の生活において、利用者は地域でどのような活動を行っていたのかを把握している。

□以前は行っていたが、現在はあきらめてしまっていることや状態が改善されれば、またやってみたいと思えることがあるかなどの意向を把握している。

□友人、家族の入院や入所、かわいがっていたペットの死など環境の変化があったかどうかを把握している。

□利用者は、友人や家族、地域の方々とどのようなかかわりを今も維持しているかを把握している。

■類似の質問

□60 代以降、地域とはどのようなかかわりをされてきましたか？

□どのようなきっかけで社会的な活動に変化があらわれてきましたか？

□本人の心理状態と社会活動への参加はどのように影響していますか？

質問 16 ＜排泄＞

利用者の排泄に関しての意向や困っているところは何ですか？　またその原因や背景を把握していますか？

■確認ポイント

□排泄に関する意向や困りごとについて確認し、その原因や背景を把握している。

□尿漏れや失禁の頻度やどういった場面で起こるかなどについて把握している。

□尿漏れや失禁に対して、利用者及び家族が工夫していること（失禁用パンツの着用やパットの利用・失禁体操の実施など）を把握している。

□排泄に関するADLの状況（下肢筋力・ふらつき・握力「手すり」・つかまり立ちの持続時間「秒」など）を把握し、介護力等に合わせた排泄の方法を 24 時間の時間軸で把握ができている。

（トイレ・ポータブルトイレ・リハビリパンツ・尿とりパット・おむつ・手すりや洋式トイレ等に変えるなどの環境整備等を含む。）

□排泄物の後始末等に関することや衣類の着脱（脱ぎ着しやすい下着やズボン）に関することを把握している。

■類似の質問

□外出先では、排尿・排便にどのように困っておられますか？

□日中や夜間では、排尿・排便にどのように困っておられますか？

□ご家族はどの程度把握され、どのような介助がよいかご存知ですか？

□排泄に関して、家族・介護者はどのように考えているか確認してみましたか？

質問 17 ＜食事・口腔＞

食事や口腔の状態について、何か気になる点がありましたか？

■確認ポイント

□食事を食べるうえでの困りごとについてその原因や背景について把握している。（入れ歯が合っていない、固いものが食べられない・唾液の分泌量が減って、カステラやパンなど、ぱさつくものが食べられない・嚥下障害があり、刻み食や流動食・経管栄養等にて食事を摂取している・糖尿病や腎臓病等にて制限食を食べているなど。）

□食事に関する過度の欲求があるなど、家族が抱く困りごとを把握している。（認知症等にて再三の食事の要求・異食・偏食・小食等、好き嫌いが多く、献立に困る等のストレスを家族が抱えているなど。）

□調理形態や味付け等の工夫が必要等、介護者のストレスになっている事柄を把握している。

□専門家に相談したほうがよいだろうと思われるものについては、受診の勧奨等必要に応じて行うなどの視点を持っている。

□食事時の食べ方や日ごろ利用者は誰と食事を共にしているかなどの情報についても把握している。

■類似の質問

□今後、さらに機能低下すると、どのようなことに困ると思いますか？

□以前どのような食習慣だったか聞かれましたか？

□食事はおいしく食べることはできていますか？

□食事や口腔のことでどのように困っていますか？　またその原因を把握していますか？

□生活の支障が食べることや口腔のトラブルに原因があると思われることありますか？

質問 18 ＜問題行動＞

利用者が周囲を戸惑わせたり、介護者が負担に思っている行為は起こっていませんか？

■確認ポイント

□誰が（家族、近隣、専門職）問題行動と感じているのか把握している。

□具体的な問題行動をいつどのように起こしているか把握している。

（例）暴言（喚く、怒鳴る、ののしる、叫ぶ等）、暴行（叩く、殴る、蹴る等）、徘徊（時間帯、きっかけ、エリア等)、介護の抵抗（食事、入浴、排泄、移動、着替え等)、収集癖（廃棄家具、ゴミ、新聞等)、火の不始末（調理、暖房、タバコ等)、不潔行為（弄便、唾かけ等)、異食行動（石鹸等）

□家族がどのように対応しているか（説得、会話、無視、放棄等)、近隣の対応（声がけ、無視等）はどのようになっているか把握している。

□家族の不安（身体の危険・虐待の可能性等)、近隣の不安（暴行、暴言、徘徊、失火、虐待等）について把握している。

■類似の質問

□家族、近隣にとって「迷惑」と思われる行為にどのようなものがあったと把握していますか？

□これまでの困った行為にはどのようなものがあったか把握していますか？

質問 19 ＜家族の心身の状況＞

家族の方の心身の状況は把握していますか？　特にどなたか心配な方はいらっしゃいますか？

■確認ポイント

□主たる介護者（夫、妻、息子、娘、親など）の心身状況、健康状態（腰痛、膝痛、肩こり、便秘、頭痛、うつ・不眠・食欲の低下など）を把握している。

□介護者のストレス（イライラ、落ち込む、眠れない、意欲低下、利用者に対する暴言など）を把握している。

□介護者の介護の状況（介護の分担（移動、入浴、排泄、食事、家事・余暇・通院・内服薬の管理等)、介護技術（利用者に安心・安楽な介護ができる・おおよそできる・できないなど)、家事力（炊事・調理・掃除・洗濯・買い物等の家事能力）を把握している。

□介護者の通院の有無（通院状況、禁止されている行為）を把握している。

■類似の質問

□いまの状態が続いた場合、今後困った事が起こるとしたらどのような事が想定されますか？

□介護にかかわっている主たる介護者の状況と実際に行っている介護の内容を教えていただけますか？

質問 20 ＜家族の介護力＞

家族の方の介護に対する思いをどのように捉えましたか？　家族の方が話した言葉で印象に残った事があれば教えてもらえますか。

■確認ポイント

□主たる介護者（夫、妻、息子、娘、親など）の心身の状況や介護に対する意向などを踏まえ、介護力を把握している。

□近距離家族（息子、娘、親、孫など）や遠距離家族（息子、娘、親、孫など）などの介護力を把握している。

□介護のストレス（イライラ、落ち込む、眠れない、食欲低下など）の状況を把握している。

■類似の質問

□介護にどの家族がどのように具体的にかかわっていますか？
□家族の方はどのようなことがきっかけで介護への姿勢に変化がありましたか？

質問 21 <居住環境>

在宅生活を続ける居住環境として、気がかりな点はありませんか？　利用者・家族の意向はどうですか。

■確認ポイント

□室内の環境の微調整（物の配置を変えることでできることを増やす視点）
□段差の解消（玄関、階段、敷居など）
□移動能力に応じた工夫（廊下、階段など）
□安心できる入浴動作の確保（脱衣室、浴室、浴槽など）
□安定した排泄動作の確保（トイレ、廊下、手すりなど）
□寝室の工夫（ベッド、空間、閉じこもり、臭いなど）
□台所の工夫（調理、洗い、片付けなど）
□買い物の工夫（道路の距離・傾斜・幅等と移動能力の関連）
□室内の動線確認（家具など障害になるもの、活かせるもの）

■類似の質問

□利用者の方がもっとも困っている（将来困る）場所はどこですか？
□家族が介護をするにあたり困っている（将来困る）場所はどこですか？
□利用者の残存能力を最大限に生かす環境整備を行うとしたら、どんなところに視点をおいて考えていきますか？

質問 22 <特別な状況>

プランを作成する上で、特別に配慮したほうがよいと思われたことがあれば教えてください。

■確認ポイント

□本人の事情
□介護者の事情
□終末期
□家族の事情
□家族の介護力
□虐待
□家計の事情
□認知症
□介護スタイル
□近隣との関係
□精神疾患
□宗教

■類似の質問

□特別に配慮すべきことで、利用者、家族への説明で困ったことはありませんか？

□このプラン作成にあたり、「特別に配慮すべきこと」として記載するかどうか迷ったことはありませんか？

□特別に配慮すべきことで、表現に困ったことはありませんか？

質問 23 <尊重>

アセスメントを通じて、利用者・介護者に現状を認識してもらえましたか。また、介護支援専門員として利用者の自己選択や自己決定などの主体性を尊重することができましたか。

■確認ポイント

□利用者の自己選択・自己決定を尊重している。

□利用者・家族のプライバシーに配慮した言葉づかい等を行っている。

□利用者の年齢、経歴、性差を意識した言葉づかい、態度などを行っている。

□アセスメントのやり取りで、排泄や入浴、清潔の維持など、本人にとって答えづらい質問に配慮している。

□現状への認識、望む暮らし（ADL、IADL、生きがい）を把握している。

□これまでの暮らし（生活習慣、生きがい、役割等）を把握している。

■類似の質問

□アセスメントを通じて利用者・介護者の方の現状への見方は変わりましたか？

□アセスメントを通じて利用者・介護者の方は何をやればよいかが明らかになりましたか？

情報の分析と再構築 ～課題整理総括表

課題整理総括表の記載要領と留意点

課題整理総括表については「「課題整理総括表・評価表の活用の手引き」の活用について」(介護保険最新情報 Vol. 379(平成 26 年 6 月 17 日))から一部を抜粋して説明します。

「「課題整理総括表・評価表の活用の手引き」の活用について」から一部抜粋

平成 25 年 1 月に「介護支援専門員の資質向上と今後のあり方に関する検討会」において中間整理がとりまとめられ、「適切なアセスメント(課題把握)が必ずしも十分ではない」、「サービス担当者会議における他職種協働が十分に機能していない」、「ケアマネジメントにおけるモニタリング、評価が必ずしも十分ではない」といった課題が指摘されたところです。

このため、

① 利用者の状態等を把握し、情報の整理・分析等を通じて課題を導き出した過程について、多職種協働の場面等で説明する際に適切な情報共有に資することを目的とした「課題整理総括表」(中略)を策定し、活用にあたっての手引きを作成いたしました。

「課題整理総括表・評価表の活用の手引き」から一部抜粋

2. 課題整理総括表の様式と記載要領

(2) 課題整理総括表(図)

(3) 課題整理総括表の記載項目及び記載要領と留意点

①「利用者名」欄

利用者名を記入する。

②「状況の事実」の「現在」欄

この欄には、事前に利用者宅の訪問や利用者・家族との面談、関係者や他の専門職からの申し送り等で把握した情報(事実)に基づき、各項目について、それぞれ日常的にしているかどうかを判断し、「自立」「見守り」「一部介助」「全介助」(項目によっては「支障なし」「支障あり」)のいずれかに○印を記入する。「見守り」は「見守りや声かけを受けるが、一連の動作のほぼ全てを支障なく実施している」、「一部介助」は「一連の動作の一部について介助を受けて行為を実施している」、「全介助」は「一連の動作の全てあるいはほぼ全てについて介助を受けて行為を実施している」ことを目安にしていただきたい。

(中略)

一方、ADL/IADL 以外の項目について、「支障あり」に○印を記入した場合は、必ずその具体的な状況を備考欄に補記する。

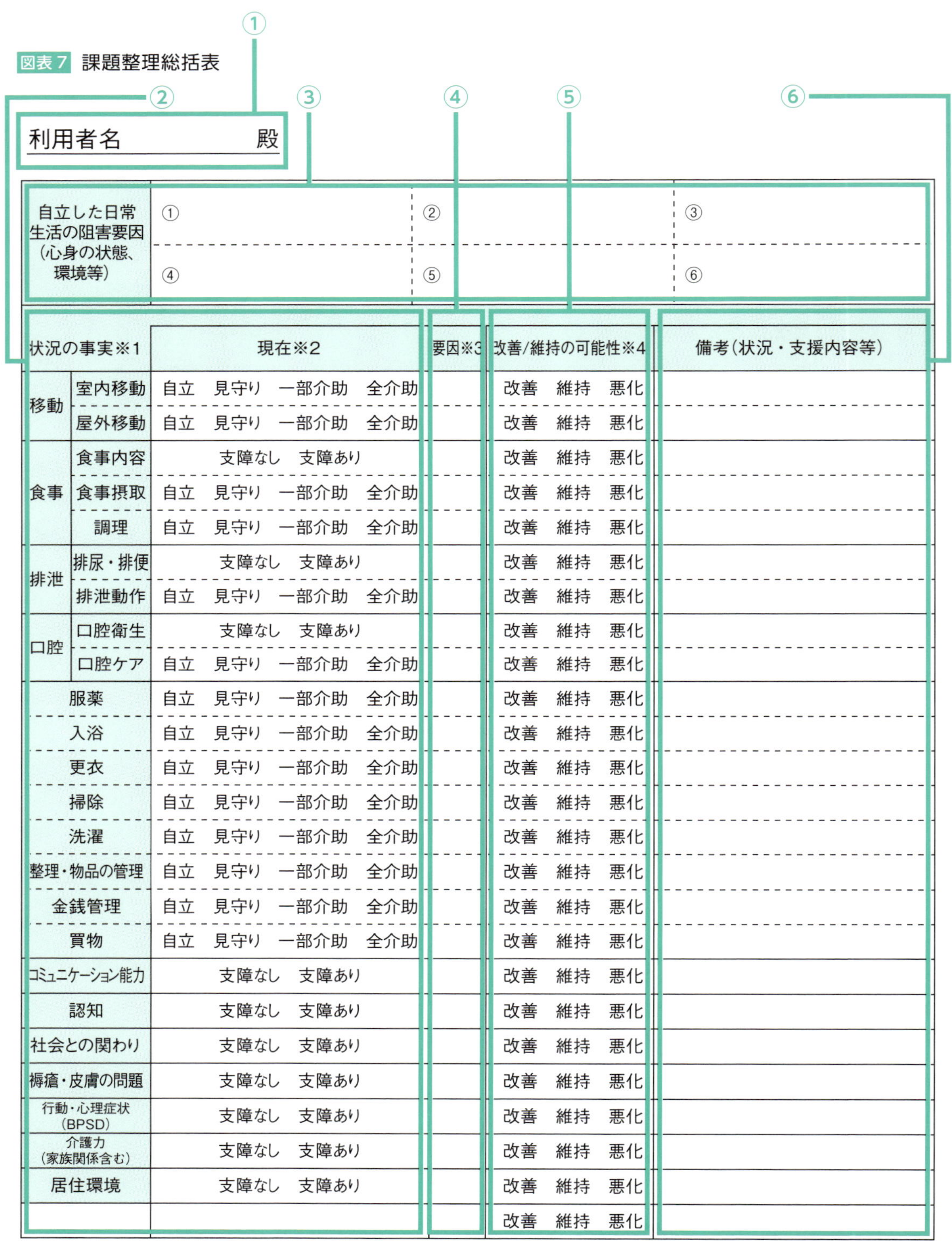

図表7 課題整理総括表

利用者名　　　　　　　　殿

自立した日常生活の阻害要因（心身の状態、環境等）	①	②	③
	④	⑤	⑥

状況の事実※1		現在※2	要因※3	改善/維持の可能性※4	備考（状況・支援内容等）
移動	室内移動	自立　見守り　一部介助　全介助		改善　維持　悪化	
	屋外移動	自立　見守り　一部介助　全介助		改善　維持　悪化	
食事	食事内容	支障なし　支障あり		改善　維持　悪化	
	食事摂取	自立　見守り　一部介助　全介助		改善　維持　悪化	
	調理	自立　見守り　一部介助　全介助		改善　維持　悪化	
排泄	排尿・排便	支障なし　支障あり		改善　維持　悪化	
	排泄動作	自立　見守り　一部介助　全介助		改善　維持　悪化	
口腔	口腔衛生	支障なし　支障あり		改善　維持　悪化	
	口腔ケア	自立　見守り　一部介助　全介助		改善　維持　悪化	
服薬		自立　見守り　一部介助　全介助		改善　維持　悪化	
入浴		自立　見守り　一部介助　全介助		改善　維持　悪化	
更衣		自立　見守り　一部介助　全介助		改善　維持　悪化	
掃除		自立　見守り　一部介助　全介助		改善　維持　悪化	
洗濯		自立　見守り　一部介助　全介助		改善　維持　悪化	
整理・物品の管理		自立　見守り　一部介助　全介助		改善　維持　悪化	
金銭管理		自立　見守り　一部介助　全介助		改善　維持　悪化	
買物		自立　見守り　一部介助　全介助		改善　維持　悪化	
コミュニケーション能力		支障なし　支障あり		改善　維持　悪化	
認知		支障なし　支障あり		改善　維持　悪化	
社会との関わり		支障なし　支障あり		改善　維持　悪化	
褥瘡・皮膚の問題		支障なし　支障あり		改善　維持　悪化	
行動・心理症状（BPSD）		支障なし　支障あり		改善　維持　悪化	
介護力（家族関係含む）		支障なし　支障あり		改善　維持　悪化	
居住環境		支障なし　支障あり		改善　維持　悪化	
				改善　維持　悪化	

※1　本書式は総括表でありアセスメントツールではないため、必ず別に詳細な情報収集・分析を行うこと。なお「状況の事実」の各項目は課題分析標準項目に準拠しているが、必要に応じて追加して差し支えない。
※2　介護支援専門員が収集した客観的事実を記載する。選択肢に○印を記入。
※3　現在の状況が「自立」あるいは「支障なし」以外である場合に、そのような状況をもたらしている要因を、様式上部の「要因」欄から選択し、該当する番号（丸数字）を記入する（複数の番号を記入可）。

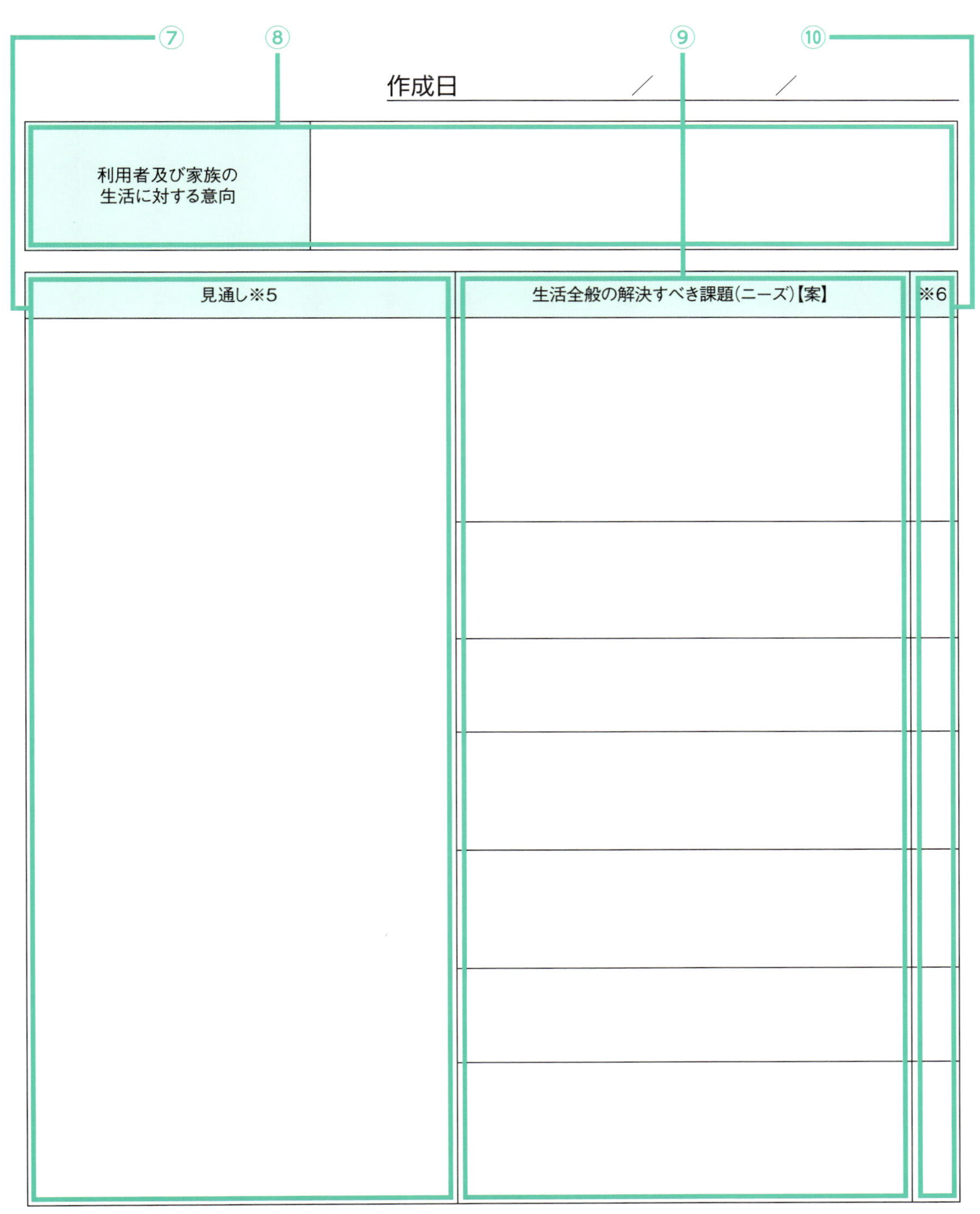

⑦ ⑧ ⑨ ⑩

作成日　　／　　／

利用者及び家族の生活に対する意向	

見通し※5	生活全般の解決すべき課題(ニーズ)【案】	※6

※4　今回の認定有効期間における状況の改善 / 維持 / 悪化の可能性について、介護支援専門員の判断として選択肢に○印を記入する。

※5　「要因」及び「改善 / 維持の可能性」を踏まえ、要因を解決するための援助内容と、それが提供されることによって見込まれる事後の状況(目標)を記載する。

※6　本計画期間における優先順位を数字で記入。ただし、解決が必要だが本計画期間に取り上げることが困難な課題には「ー」印を記入。

③「自立した日常生活の阻害要因（心身の状態、環境等）」欄

収集した情報に基づき、利用者の自立を阻害している根本的な要因、特に「状況の事実」の「現在」欄で「自立」あるいは「支障なし」以外が選択されている項目の要因を分析した上で、より根本的で重要な要因を最大6項目程度に絞り込み、「自立した日常生活の阻害要因」欄に記載する。なお、本欄に振られている番号は便宜的な通し番号であり、要因の重要度等による優先順位を示したものではない。

繰り返しになるが、課題整理総括表は、情報の収集・分析が終わった後に作成することを想定しており、本様式を作成する前に、介護支援専門員として、利用者の自立した日常生活を阻んでいる要因を具体的に捉えられていることが求められる。

なお、要因として疾患が捉えられる場合も多いと考えられるが、疾患それ自体だけでなく疾患に応じた療養や健康管理が十分にできていないという状況が生活に影響を及ぼすものである。つまり、本欄には疾患名だけでなくその疾患に応じた療養や健康管理等も含めて整理し、必要に応じて記載することが望ましい。例えば、要介護状態となった原因疾患が「糖尿病」である場合で言えば、糖尿病そのものは診断名であって、むしろ糖尿病の管理ができないこと、例えば「食事管理ができない」ことや「インシュリンの自己注射の管理ができない」ことが要因として記載されることとなる。

また、生活の状況には利用者の心身の状態だけでなく、生活の環境（住環境等の物理的なものだけでなく、家族関係等の社会的な環境も含む）も影響する。したがって、利用者の心身の状態のほか、環境に関する要因が含まれる場合もありうる。

なお、本欄には、利用者の心身の状態あるいは生活の環境等について、客観的事実を記載する。客観的事実を記載することが困難な場合は、引き続き情報の収集・分析が必要である。

④「状況の事実」の「要因」欄

「状況の事実」の「現在」欄で、「自立」あるいは「支障なし」以外を選択した項目について、その要因として考えられるものを、「自立した日常生活の阻害要因（心身の状態、環境等）」欄から選択し、その記載した番号（丸数字）を記入する。複数の要因が考えられる場合は複数の番号（丸数字）を記載して良い。

本欄の記入は、前項③「自立した日常生活の阻害要因」欄の内容と関連することから、「要因」と「自立した日常生活の阻害要因」欄は相互の整合性を確認しながら、記入と修正を進めることが望ましい。

⑤「状況の事実」の「改善／維持の可能性」欄

「状況の事実」の「現在」欄で、「自立」あるいは「支障なし」以外を選択した項目について、現在の認定有効期間を見通して、必要な援助（介護保険サービスだけでなく、インフォーマルな支援を含む）を利用した場合に「現在」の状況が改善／維持する可能性の有無を検討し、「改善」「維持」「悪化」のいずれかに○印を記入する。

なお、介護保険法では、保険給付は「要介護状態等の軽減又は悪化の防止に資するよう行われる」こととされている。したがって、「悪化」が見込まれる場

合においても、本欄を記入するにあたり、その分析の過程で「維持」の可能性も十分に検討することが重要である。

この欄は、主治医意見書等の多職種からの意見を踏まえた上で、あくまでも専門職たる介護支援専門員としての判断に基づいてその考えを記入する。なお、ここでどのような可能性を選択したかを以て、その介護支援専門員の判断の良し悪しを評価するものではない。むしろ、ここで判断した可能性に基づいた上で、利用者・家族の生活を支えていくために必要な課題と援助内容を整理することこそが、介護支援専門員の専門性に期待されることである。

⑥「状況の事実」の「備考（状況・支援内容等)」欄

この欄には、「状況の事実」欄の「現在」あるいは「改善／維持の可能性」に関して補足すべき情報を記入する。例えば、「現在」欄において「支障あり」とした場合にその具体的な支障の内容を補記したり、「一部介助」や「全介助」とした場合に支援の内容を補記したりすることが考えられる。また、「改善／維持の可能性」欄において「維持」や「悪化」が見込まれる項目に関して、現在利用しているサービス内容や必要な生活環境を補記するといった活用も考えられる。

さらに、「改善／維持の可能性」に関して、なぜそのような可能性があると判断したかの根拠を補記することも有効である。介護支援専門員が、利用者の状況をどのような方向性で捉えているか、その判断根拠（利用者本人の心身の状況や生活の環境だけでなく、家族等から援助を受けて日常生活を送っている場合の具体的な援助内容や介護者が有する介護知識の状況等）を記入し、それをサービス担当者会議等で共有することで、チームケアに参加する個別のサービス担当者が、利用者・家族等の状況や総合的な援助の方針を理解しやすくなることが期待される。

⑦「見通し」欄

本欄には、「利用者の自立した日常生活を妨げている要因」の解決に向けて、多職種からのアドバイスを受けつつ、当該ケアプランの短期目標の期間を見据えて、「どのような援助を実施することにより」（要因の解決のために必要と考えられる援助内容)、「状況がどのように変化することが見込まれるか」（援助を利用した場合に到達が見込まれる状態）を記入する。

本欄にはこれから実施しようとする援助による改善や維持の予測を記入することから、本欄の記載内容は、あくまでも介護支援専門員として判断した仮説を記載することになる。

他の介護支援専門員や他の職種と共有した際に分かりやすく簡潔な内容とするため、「要因」―「要因の解決のために必要と考えられる援助内容」―「援助を利用した場合に到達が見込まれる状態」を、ひとつの「要因」に対して数行でまとめることを目安とすると良い。

なお、介護保険法に掲げられている「要介護状態等の軽減又は悪化の防止」という考え方に沿って言えば、まずは「改善／維持の可能性」欄において「改善」に○印をつけた項目について、その項目の「要因」を解決するための見通しを必ず記入することが重要である。そのうえで、「維持」や「悪化」に○印をつけた項目のうち、特に取り組むべきと考えられる項目について、維持のための日常生活における取り組みの視点や悪化・重度化防止のためのリスク軽減の視点から「どのような援助を実施すること」が必要かを記入する。（以下、略）

⑧「利用者及び家族の生活に対する意向」欄

利用者宅の訪問や利用者・家族との面談等を通じて把握した利用者及び家族が望む生活の意向のうち、課題を抽出する上で重要と思われる情報を整理して、簡記する。

本欄に記載する情報はあくまでも課題の抽出に関わりが大きいと思われる内容のみで良く、ケアプラン第１表の「利用者及び家族の生活に対する意向」欄に記載する内容と同一である必要はない。

⑨「生活全般の解決すべき課題（ニーズ）【案】」欄

「見通し」欄の記入内容を踏まえて記入する。情報の収集・分析が終わった後に課題整理総括表を作成することから、利用者・家族等からの聞き取りにより、「利用者が望む生活」が捉えられていることが前提である。

なお、介護支援専門員が課題整理総括表を作成するのは、サービス担当者会議（ケアプラン原案を利用者と合意する）前であるから、ここで記載する生活全般の解決すべき課題（ニーズ）は、利用者・家族等から収集した情報の分析に基づいて介護支援専門員が捉え、専門職としての判断で利用者に提案する、合意前の案であって差し支えない。

⑩「優先順位」欄（「※ 6」欄）

課題の優先順位を踏まえて、数字を記入する。利用者とすり合わせた結果、当該期間のケアプランに反映しないこととした（反映できなかった）課題については、「－」印を記入する。

課題整理総括表の活用

以下、「「課題整理総括表・評価表の活用の手引き」の活用について」及び図表７の番号にそって留意点と活用の仕方を説明します。

②「状況の事実」の「現在」欄

アセスメントで収集した情報を元にチェックを入れますが、自立・見守り・一部介助・全介助を選択する項目、例えば掃除、洗濯、整理、物品の管理、金銭管理、買い物などは、能力はあるが習慣的に妻が行っているケースなどはよくあることです。こういった場合、実際に介助を受けていて新たに役割を持たせる方針がないときは、能力を勘案するのではなく、実際の状況を記入しておくほうが後の展開で作業が混乱しません。時間帯や場面で介助の方法が異なる場合は頻度が高いものを選択します。このあたりは要介護認定における訪問調査で「介助の方法」が評価軸になっている設問の選択方法と同じです。

③「自立した日常生活の阻害要因（心身の状態、環境等）」欄

②「状況の事実」の「現在」欄の各項目について、「見守り」「一部介助」「全介助」（項目によっては）「支障あり」に○印を記入した項目について、介助が必要な理由や支障の阻害要因を分析していくのが早道です。

これらのほとんどは本人の心身の状況と置かれている環境の摩擦から起こっているはずなので、心身の状況側と環境側それぞれの阻害要因を一通り洗い出してみます。ここで出てきたものをざっと見直し、阻害要因が7個以上ある場合、内容の重複がないか確認し、重複がある場合は、共通する内容で統合するなどで6個以下に整理していきます。必ず6個必要というわけではありませんので、6個以下でも同様の重複があれば同様の作業を行います。

ただ、ここで記載された阻害要因を解決するためにどのような方法があるかを検討していくわけですから、解説にもあるように原因となる傷病名のような大きなものにまとめてしまうと後の作業で必ずつまずきます。決まった書き方があるというわけではないのですが、後の作業も意識して「脳梗塞後遺症による左片麻痺（がある）」や「屋内の生活動線に段差がある」など、解決方法が特定できるような記述に心がけましょう。

④「状況の事実」の「要因」欄

「見守り」「一部介助」「全介助」（項目によっては）「支障あり」となっている②「状況の事実」の「現在」欄各項目について、自立した日常生活の阻害要因（心身の状態、環境等）をあてはめていく作業です。これによって、その阻害要因ごとにグループ分けした場合、複数の番号が同じ組み合わせで毎回再掲されるようであれば、これらを統合してひとつの阻害要因として再整理することも必要かもしれません。

⑤「状況の事実」の「改善／維持の可能性」欄

⑤「状況の事実」の「改善／維持の可能性」から右に⑥「備考（状況・支援内容等）」〜⑦「見通し」〜⑧「利用者及び家族の生活に対する意

向」〜⑨「生活全般の解決すべき課題（ニーズ）【案】」の一連の流れこそ、総括表の要の部分です。

ケアマネジャーがどのような考え方でニーズを抽出しケアプランを作ったか？ 「利用者の状態等を把握し、情報の整理・分析を通じて課題を導き出した過程について、多職種協働の場面で説明する際に適切な情報共有」のため、これまでブラックボックスだったケアマネジャーの思考を見える化した部分になります。

⑤「状況の事実」の「改善／維持の可能性」欄の「改善」「維持」「悪化」のいずれを選択するかは、後の⑦「見通し」欄と密接な関係にありますし、ニーズの選定にあたっても同様に、ケアマネジャーがどのような見通しを持っているかで変わってきます。

「改善」「維持」「悪化」の考え方ですが、特に高齢者の場合、加齢に伴う老化で生活機能やそれを支える心身機能は低下していく傾向があります。加えて、ケアマネジャーがかかわる利用者はケアマネジメントを必要とするに至ったきっかけとなるなんらかの傷病等を抱えていることも多く、いずれも放置すれば「悪化」の道を歩むことはおおよそ予測がつきます。状況を「改善」させるためには当然のこと、「維持」させるためにもなんらかの方策が必要です。この方策こそが後の⑦「見通し」欄に記載される内容になります。

「維持」や「改善」へのアイデアがなければ、当然ながらすべて「悪化」となってしまいます。アイデアの有無についてはケアマネジャー個人の力量が問われる場面です。今の状況を悪化させるリスクにはどのようなものがあって、それを減じるためになにか方策はないか？ 対象者の生活習慣に改善すべき課題はないか？ これまでの役割が果たせているか、果たせていない場合、今後、新たな役割にできるものはないかなどの切り口で検討する必要があります。アセスメントの段階でこれらの判断に必要な情報が収集されている必要がありますし、収集された情報をきちんと分析していかなければなりません。

⑦「見通し」欄

「「課題整理総括表・評価表活用の手引き」の活用について」の①にある「利用者の状態等を把握し、情報の整理・分析等を通じて課題を導き出した過程について」は、⑨「生活全般の解決すべき課題（ニーズ）【案】」

図表8 「見通し」の基本

役割・活動場所の拡大

現状の改善

①動作の自立
▶ 機能改善、環境整備
②介護負担の軽減
▶ 能力と介護状況のミスマッチ（できる活動としている活動の関係）
▶ 動作能力の向上
▶ 介護方法の改善、環境整備
▶ ケアチームの支援（フォーマル、インフォーマル）

事故防止

を導き出した根拠となるケアマネジャーの思考です。⑤「改善／維持の可能性」欄において「改善」に〇印をつけた項目について、その項目の「要因」を解決するために、どのような援助をして、どのような解決を考えているかがこれにあたりますが、言い換えると、⑤「改善／維持の可能性」の欄で「改善」や「維持」にチェックするためには、ケアマネジャーにはそうなるためのアイデアがある程度、頭の中に描かれている必要があるということです。要はこのアイデアを言語化して記述するのが「見通し」欄です。

この先の行程で⑨「生活全般の解決すべき課題（ニーズ）【案】」を確定していく際に、いわゆるポジティブプランにある「〇〇したい」や「〇〇できるようになりたい」といった考えを導き出すためにはそれなりのニーズのすり合わせが必要ですし、すり合わせのためにはケアマネジャー側も、例えば自立支援のためにはこうあるべきといった、それなりに理論立てた自立の形や解決のアイデアを複数持っておく必要があります。

目指す指標のひとつは障害高齢者の日常生活自立度（寝たきり度）のレベルアップです。そのためには訓練などの身体機能の向上と機能発揮の場の拡大が必要になります。また、これらを助ける環境整備などを組み合わせ、生活の場の拡大を図らなくてはいけません。

排泄における「排泄動作」の項目で、排尿がオムツによる「全介助」

の場合を例に考えてみます。まずは現状が続くことで高まるリスクについて、どのようなものがあるか。オムツでの失禁はムレなどの皮膚トラブルの原因にもなりますし、交換がおろそかになると尿路感染のリスクも高まります。排尿は日に何回も繰り返される行為ですので、排泄動作をする人、しない人では筋力低下や関節可動域の縮小など、廃用症候群のリスクが大きく異なります。褥瘡に関しても同じようなことが言えるでしょう。また、介護者にとっても排泄の介助は肉体的だけでなく精神的にも大きいものがありますし、老老介護など、介護力が低い環境下では容易に介護破綻や虐待のリスクをはらんでいます。

改善のアイデアですと、目指すべきはオムツが外れ、トイレに１人で行って排泄できるようになることでしょうが、現状からそこに至るまでは大きな隔たりがあります。可能性のあるアイデアとしては、介助でポータブルトイレに移乗し、排泄するあたりでしょう。排尿がどの程度自立するかは、原疾患の状況など、医療的見地からの評価が重要です。着目するのは、尿意や排尿（機能）自体に関して医学的になんらかの問題があるのか。もし、「排尿・排便」が「支障あり」だとすると、泌尿器系の器質的な異常の有無、機能や尿意に影響を与える疾患や傷病の有無とその状況（症状）を確認し、これらの治療が改善を見込めるひとつの方策となります。（失禁の種類は 90 ページ参照）

また、機能性失禁の場合では排泄動作の訓練をはじめとする機能訓練的なアプローチによる必要な排泄動作の回復、福祉用具や住宅改修などによる排泄のための環境整備、ポータブルトイレなどの導入による排泄場所の変更などで解決の幅も広がります。このような自立の形や解決方法がイメージできるかは重要です。例のような状況で自立に向けた形がイメージできなかった場合、排尿に関する課題はオムツ交換などの排泄にかかわる負担や感染症予防にとどまり、⑨「生活全般の解決すべき課題（ニーズ）【案】」は今ある困り事の域から脱することなく「オムツ交換の負担を軽減したい」「排泄トラブルによる感染症を予防したい」などに留まってしまうかもしれません。他方、解決のためのアイデアがあると、排泄の自立に向けた取り組みによって「トイレで排泄できるようになりたい」「ポータブルトイレを使って排泄したい」などが引き出せるかもしれません。

⑦「見通し」欄は課題解決のアイデアですし、支援者側からの提案で

すので、複数あればそれに越したことはありませんが、年齢、性別、これまでの習慣、行為自立に向けた意欲（意向）、自尊心などの個人因子や、行為が自立することで獲得できる「参加」レベルでの役割などの回復や復帰できる社会参加の内容などで、その人らしい自立の形は絞られてきます。

なお、第4章第3節で解説する第2表「居宅サービス計画書(2)」の「生活全般の解決すべき課題（ニーズ）」における支援内容の展開は、課題整理総括表の「見通し」欄での思考とほぼ同じものになります。134ページの「第2表の展開に役立つ課題整理総括表に基づく「見通し」のヒント」（図表11）も参照してください。

図表9 「見通し」からニーズを引き出す

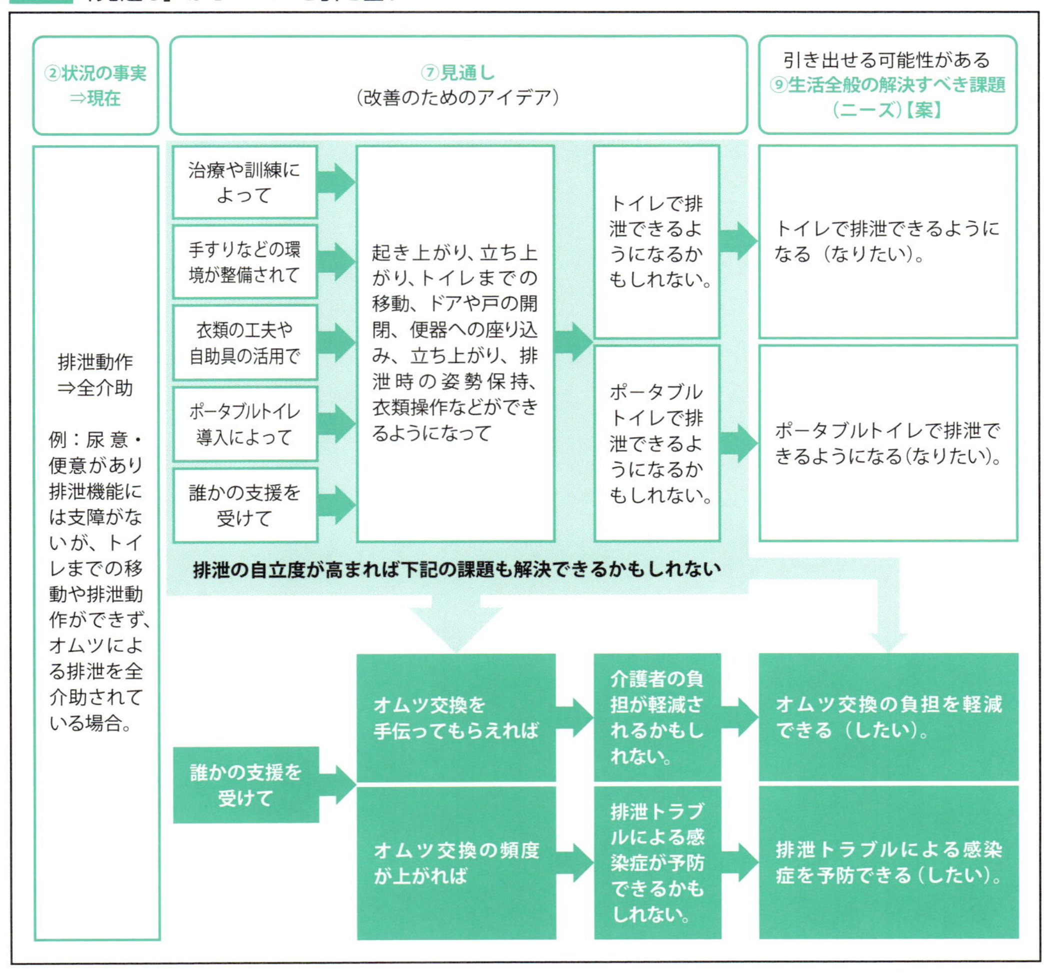

⑧「利用者及び家族の生活に対する意向」欄

利用者や家族から収集した情報にはさまざまなものがあるはずですが、この欄では、その中でも利用者や家族の主観的な情報を集約することになります。ただし、66ページの「手引き」の解説にも「課題を抽出する上で重要と思われる情報」とされていますので、利用者や家族から発せられた主観的情報をたんに羅列すればよいというわけではありません。

②「状況の事実」の「現在」欄までの作業でADLやIADLの状況が一通り明らかになっていますので、それらについてどのようになりたいと考えるかがここで取り扱う意向の中心になります。一つひとつを別々に記載するのではなく、個々の項目にそれぞれ示された意向が総じてどのようなものかを要約する必要も出てきます。

居宅サービス計画書第1表にも同様の項目があります。いずれも同じ内容にする必要はありませんが、本表を使って課題を整理し居宅サービス計画書を作成する場合、ここできちんと作業ができていれば後の作業は楽になります。

⑨「生活全般の解決すべき課題（ニーズ）【案】」欄

これまでの作業を通して専門家として捉えた課題や⑦「見通し」欄での「こうなれば良いのではないか？」と考えたアイデアの提案的な内容になります。居宅サービス計画書第2表にある「生活全般の解決すべき課題（ニーズ）」欄は利用者とのニーズのすり合わせの結果であることを考えると、本欄はそのすり合わせのための原案にあたります。

第3章

ICF・ICIDHとADL・IADLの視点からの分析

第1節 ICFとICIDHの要素の関係

ICIDHからICFへ

ICIDHとは

ICIDHはInternational Classification of Impairments, Disabilities and Handicapsの略で、「機能障害・能力障害・社会的不利の国際分類（以下、国際障害分類）」と訳されます。20世紀の後半より、先進各国では寿命が延長し、慢性疾患を持つ方や障害を持つ方が増えたことを受け、傷病そのものだけでなく、傷病が生活や人生に及ぼす影響を考える必要が出てきました。

障害を考え、論じるためにはその分類が必要になり、1980年にWHOはICIDHを採択しました。ICIDHの考え方は、疾患・変調は単独で存在するのではなく、それが原因となって心身に機能・形態障害が起こり、これらから能力障害が生じ、それが社会生活を送る上でさまざまな社会的不利をひき起こすというものです。障害を機能障害→能力障害→社会的不利というように、3つの障害の階層性を説いた点で、ICIDHは画期的なものでした（図表1）。当時のわが国では、寝かせきりによる寝たきりなどが社会問題となっており、リハビリテーションの考え方が広まりつつあったこともあって、一部では、「顕在化した社会的不利の解決には、能力障害を改善する訓練が必要である」といった説明がなされました。

ICIDHは「障害の分類」としてマイナス面を見ることが多かったこともあり、これらの考え方がICIDHの本意として受け取られながら広まっていきました。しかし、障害者は障害以外の健常な部分やその人それぞれに備わる個性などにも由来した、いわゆるストレングスが備わった存在です。また、心身に同じ障害を抱えていても生活する場の環境の違いで、社会的に被る不利の度合いはおのずと変わります。これらの要素や考え方を加味してICIDHを改定したものがICFとして2001年に採択されました。

図表1 ICIDH（国際障害分類）

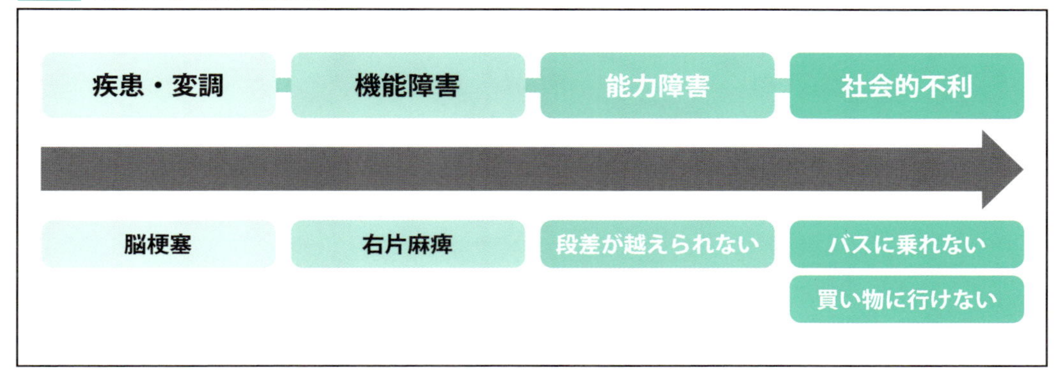

図表2 ICFとICIDHの要素の関係

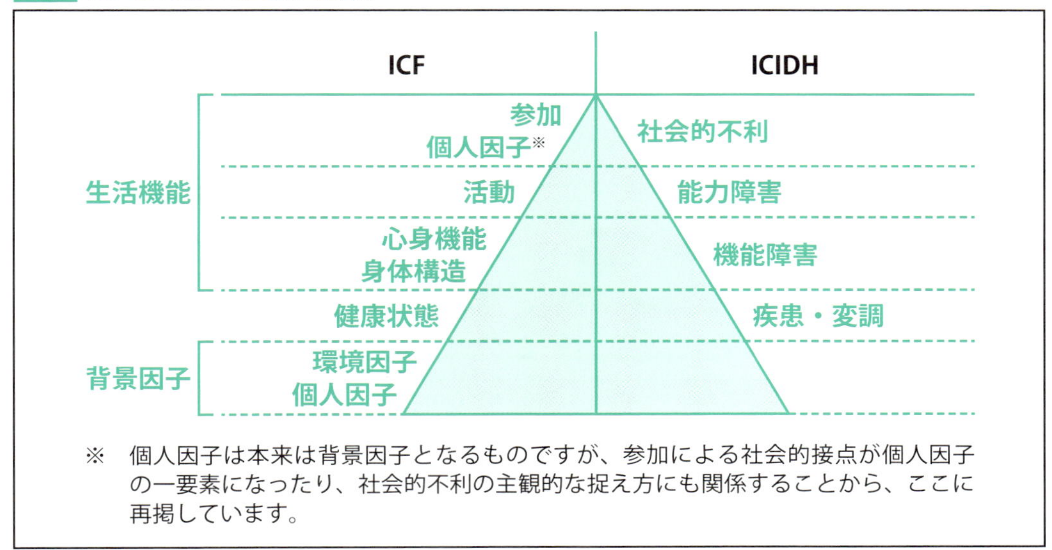

ICFとは

ICFは、International Classification of Functioning, Disability and Healthの略で、「国際生活機能分類」と訳され、ICIDHで「疾患・変調」と取り扱ったものは、ICFでは妊娠、高齢、ストレス状態、遺伝的素因など広範囲のものを含む「健康状態」という中立的な表現になっています。

機能障害は「心身機能・身体構造」、能力障害は「活動」、社会的不利は「参加」という表現を用いこれらの相関関係をまとめて「生活機能」と捉え、それぞれが障害された状態は「機能障害」、「活動制限」、「参加制約」としています（図表2、3）。

図表3 ICIDHからICFへ（ICIDHとICFで用いられる各要素）

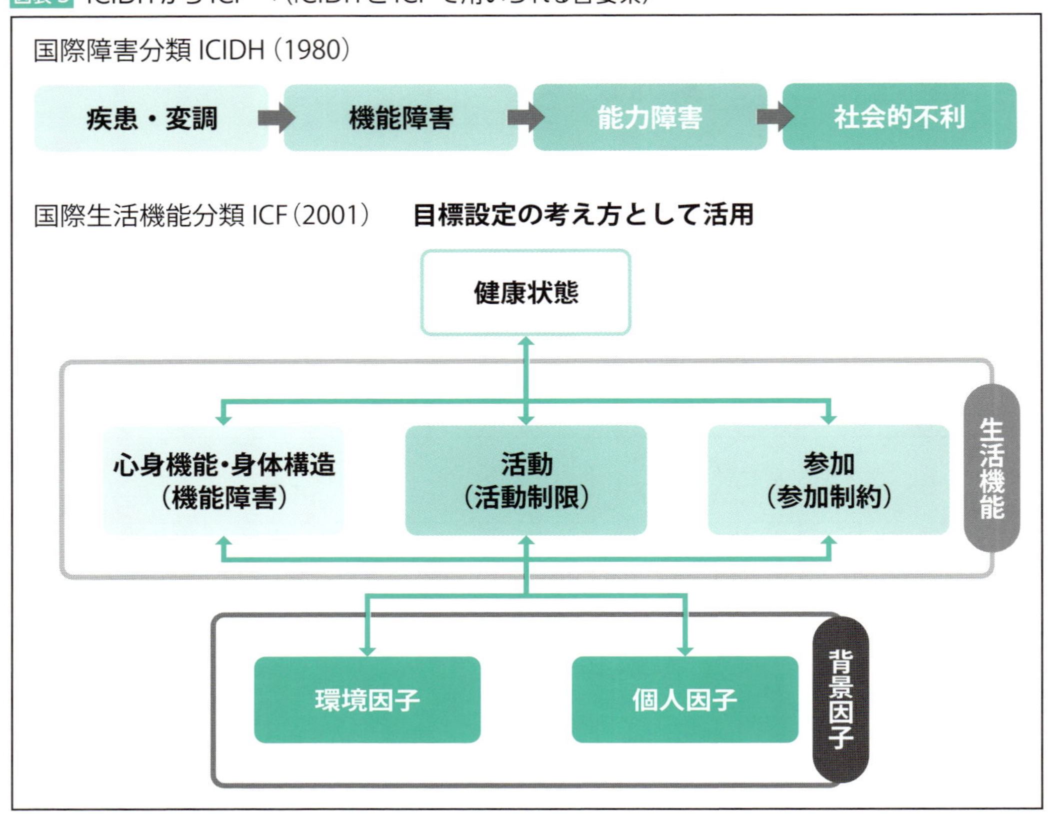

また、これらに影響を及ぼすものとして、「環境因子」と「個人因子」を「背景因子」として取り上げています。健康状態と生活機能の3レベル、背景因子のそれぞれの関係は、すべて両方向の矢印でつないだ相互作用モデルとなり、障害という枠組みだけでなく、環境や個人の持つ背景のなかで「生活機能」を捉えるといった考え方です。この考えはケアマネジメントにも有効なものであり、実務研修などでもアセスメント段階での情報の整理や、目標設定のための見通しを立てる際に活用されています。

ICF・ICIDH をアセスメントに活かす

アセスメントでは、詳細に情報を収集しますが、一つひとつの状況がどのように関連して困り事を作り上げているのかを理解することが必要になります。介護支援専門員実務研修ではICFのロジックで収集した情報の相互関係から困り事が起こるプロセスを理解しますが、課題整理総括表の「改善」のための「見通し」につながるアイデアは、このプロセスの逆順をたどることで見出すことができます。

しかし、実務研修ではICF思考による情報整理関連の演習を苦手とする受講生が多くいます。2016年のカリキュラム改定で新たに課題整理総括表も導入されましたが、考え方の基本は同じです。収集した情報をICFの各構成要素にあてはめ、要素の特徴からそれぞれの相関関係を考察して、解決の糸口を探ります。この演習での最初のつまずきは、収集した情報がICFにおける構成要素のどこにあたるのかに迷ってしまうことです。この作業に時間をとられて次の作業に進めない方(グループ)が多くいます。テキストや解説書などでは図表3のような図を示して解説しますが、演習中の質問では「心身機能・身体構造」と「活動」の区別がつきにくい、同じく「心身機能・身体構造」と「健康状態」の区別がつきにくい、「参加」がイメージできないなどが多くを占めます。演習の目的は各要素の相関関係を明らかにすることなので、ここにばかりこだわるのも考えものなのですが、収集した情報がどのような意味をもち、それぞれがどのような関係なのかを知っておかなければ、その後の作業でさらなる混乱を招きます。

ICFのロジックの特色は、図表3のように各構成要素が双方向の矢印で結ばれていることですが、いきなり双方向が難しいと思われるならば、まずはICIDHのように一方向で、今起きている事象を捉えてみるのも一案かもしれません。ICIDHは非常にシンプルです。医学的見地からの機能の観点から、機能障害→能力障害（活動制限）→社会的不利（参加制約）へと一連の関係を説明しています。

第2節 ADL・IADLに関連した課題

ADL・IADLとは

ADLとはActivities of Daily Livingの略で、直訳すると「日常生活動作」となります。文字通り日常生活を送るために最低限必要な動作群で、「起居動作・移乗・移動・食事・更衣・排泄・入浴・整容」動作がこれにあたります。

一方、IADLはInstrumental Activities of Daily Livingの略で、「手段的日常生活動作」と訳されます。買い物で食材を調達し、食事の準備・調理・配膳を行い、食べて片付ける。季節や場所にふさわしい衣服を選んで、身だしなみを整えて着るなど、ADL動作を活用したより高度な日常生活動作のことを指しています。掃除、料理、洗濯、買い物などの家事や交通機関の利用、電話対応などのコミュニケーション、スケジュール調整、服薬管理、金銭管理、趣味活動がこれにあたります。いずれもケアマネジメントにかかわらず、医療や介護の現場ではその人の客観的な機能評価を行う上で必要な項目（群）になります。

厳密にはADLは、basic ADL=BADL（基本的日常生活動作）とinstrumental ADL=IADL（手段的日常生活動作）とに分類されますが、一般的にはADLといえばBADLのことを指します。ADLは生活を送る上で、誰もが必要となる動作ばかりですので、動作が自立していない（＝介助を受けている）場合は、ケアプラン作成において、これらの動作の自立が目標に設定されることも一般的です。

ADL・IADLをアセスメントに活かす

ADLやIADLの情報は、アセスメントでは一括りにされがちですが、本来は区別するものです。ADLとIADLは階層的な関係をもっていますし、ADLやIADLの一つひとつを実行するために複数のADLやIADLに関する機能が必要になります（図表4）。ADLだけをとってみても、その中身も移動や移乗、起居動作など汎用性が高いものは、入浴や排泄などの固有の動作に非常に関連が深く、ときには入浴や排泄行為

図表4 ADLとIADLの階層的な関係

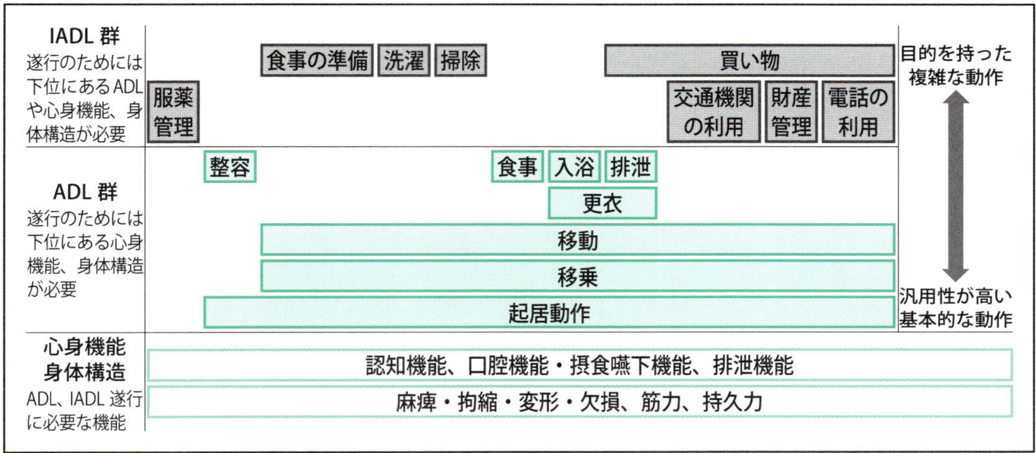

それぞれの自立の条件にもなります。加えて自宅の立地や支援者（介護者）の有無などの環境因子、これまでの経験や自己肯定感などの個人因子も影響しています。

このような意味では、アセスメントの段階でICFの「活動」における状況がそれぞれどのように関連しているのか、また「健康状態」「心身機能・身体構造」や「環境因子」「個人因子」に関連する項目では、それぞれが「活動」にどのような影響を与えているのかを意識しながら掘り下げた情報収集をしておく必要もあります。

IADLに関連した課題

前述のとおりIADLはICFではADLと同じく「活動」を構成する要素で、手段的という言葉が表すようにADLよりも複雑で高度な動作となります。

IADLもADLと同様に動作自立のためには他のIADL能力が必要になるものもありますし、当然ながら関連する複数のADL機能も必要ですので、比較的軽い介護度であっても早期より支障が発生することもあります。ただ、代替の方法による遂行や家族などが代行しているケースも多くあり、独居のケース以外ではニーズの上位に挙がることはあまりありません。とはいえ、これらの「活動」から離れてしまうことは、活動量の低下に直結し、関連するADL機能を低下させますし、いわゆる主婦のように、これらを役割としていた方にとっては「参加」レベルでの役割の喪失に直結し、極端に意欲を低下させてしまいます。

IADLにICFのロジックをあてはめる

IADLのなかでも多くの要素を必要とする「買い物」というIADLに関しての自立を、ICFのロジックを使って考えてみましょう。「買い物」の行為自体はICFの構成要素では「生活機能」の「活動」にあてはまります。自立するためには同じ「活動」のIADLである「金銭管理」ができなくてはなりませんし、状況によっては「交通機関の利用」などの能力も求められます。また、この能力の発揮のためには移動や移乗、それに必要な起居動作などのADL動作も必要であり、「心身機能・身体構造」面での四肢体幹に必要な筋力などの機能が備わっていることが求められます。また、支払いのための「金銭管理」や何を買えばいいのか（何が必要か）を見極めたり、買い物先での商品の選択ができなくてはなりません。

これらを遂行するためには、同様に「心身機能・身体構造」面での認知機能やコミュニケーション能力も必要になってきます。加えてこれらすべての機能に影響する「健康状態」も一定の良好さが求められるのももちろんのことです。自宅から敷地外までの段差等のバリア、敷地から出られても坂道や凸凹した不整路などのバリアに対応するためには高い身体機能が求められます。階下のテナントにあるスーパーに買い物に行くのと、バスを乗り継いで買い物に出かけるのでは求められる能力はおのずと変わりますし、自宅やその周辺の環境は買い物に限らず、すべての外出に影響を及ぼす環境因子です。商店との位置関係を含む立地や交通インフラなどの環境因子も自立に深く関係しています。

これまで妻に買い物を依存していた90歳の男性と買い物を役割として担ってきた70歳の女性の対比のように、個人因子における年齢や性差、これまで「買い物」を役割としてきたか否かの経験などで、自立のために超えなければいけないハードルは変わっていきます。また、「買い物」をしようとする意欲も自立のためには必須かもしれません。

このような分析を行うと「買い物」が自立するためには膨大な条件がそろう必要があり、それらが複雑に関係しあっていることがわかります。「買い物」ができないという状況であっても、さまざまな原因背景がありますし、原因によってアプローチが変わります。

図表5 ICFによる買い物の整理

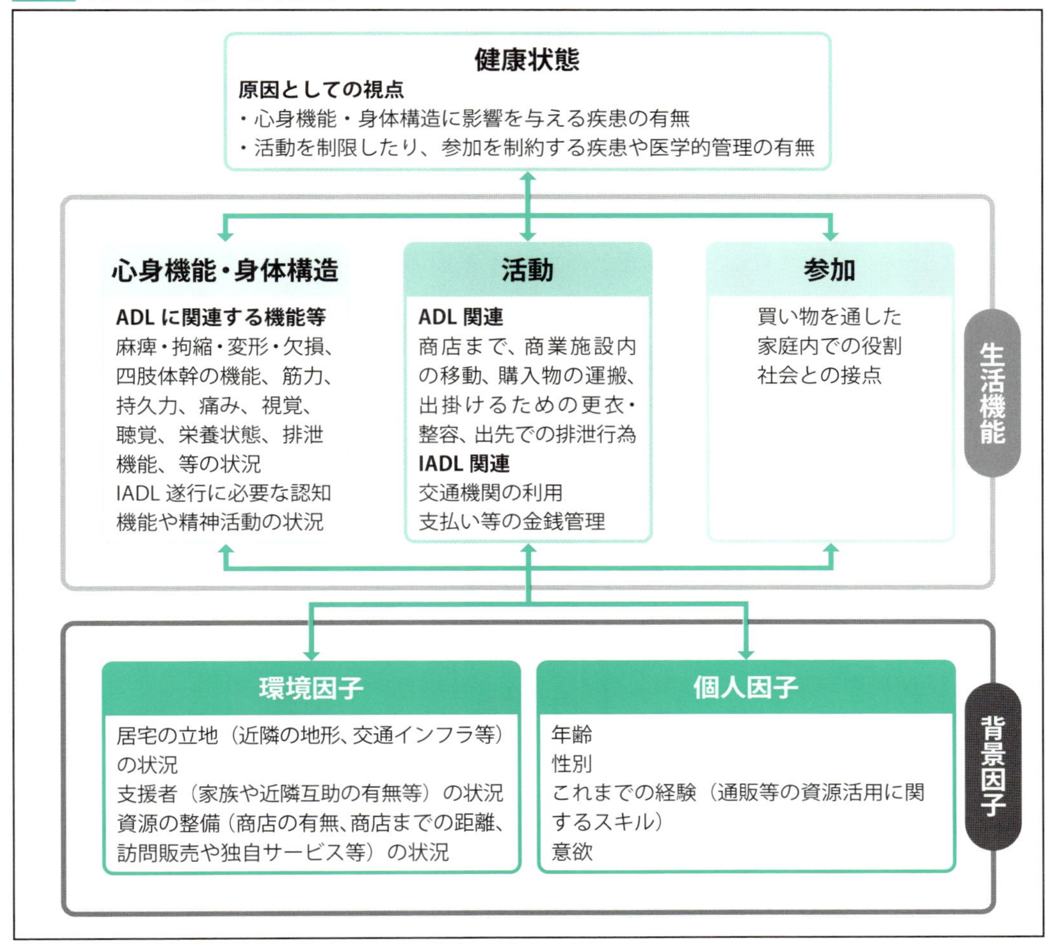

課題整理総括表のアイデアとして活かす

自立のためには、支障をひき起こしている箇所への対応や、支障につながる関係を断ち切るアプローチをケアプランに盛り込んでいくことが必要となりますが、これら一つひとつが課題整理総括表の「改善」のための「見通し」につながるアイデアになります。「状況の事実」の項目のうち「現在」欄で「自立」ないし「支障なし」以外にチェックが入った項目それぞれについて、改善のためのアイデアが見つかって初めて「改善／維持の可能性」欄の「改善」や「維持」にチェックすることができますし、そのアイデアいかんで「見通し」や「生活全般の解決すべき課題（ニーズ）【案】」も変わってきます。

第3節 三大介護（食事、排泄、入浴）に関連した課題

ここはいわゆる三大介護とされている食事、排泄、入浴について第1節・第2節で説明したICFやADLの考え方をふまえて解説してみます。

これらは三大介護とされ、中重度者の多くのケースで出くわします。いずれも生活において誰もが外せない重要な要素で、軽度や中度者等ではこれらの自立が単体でニーズのひとつとして挙げられることもあります。また、課題整理総括表の「改善／維持の可能性」において、「改善」「維持」を選択するためには、どのような支障があるのかや課題となる支障が起きている原因を明確にし、それぞれに対応した解決策を検討してみなければなりません。

食事

食べることは生命維持のための必須条件でもある栄養摂取を担っており、食欲は欲求のなかでも基本的な生理的欲求に属します。これは性欲、睡眠欲と並んで人間の三大欲求にも挙げられるもっとも大切で、人間だけでなくすべての動物の本質的欲求と言っても過言ではありません。また、美食家だけでなく、多くの人はごちそうが食べたい、美味しいものを食べたいと思うように、何を食べるのかは、たんなる栄養補給以上の意味があります。そして、食を通したコミュニケーションは文化でもあり、誰と食べるのかも社会との接点のひとつの形として「参加」と深い関連を持ち、人によっては自己実現に近い高次な欲求に重なっています。

これだけでなく、医食同源と称されるように、食事はその量や内容自体が疾病の原因にもなりますし、回復の条件にもなります。生きていくための条件から、生きる目標にまで波及する食事は、マネジメントでも大切に取り扱う必要があります。

食事におけるマネジメント

一言で「食事」といっても、その自立のためにはさまざまな要素が含まれています。食卓で食事を摂るならば、そこにたどり着くための起居、

歩行、移動、移乗、座位や立位保持など、他のADL機能が求められますし、食事を前にしてからでも、食べるものを選ぶための視覚（機能）や認知機能、箸やスプーンで口に運ぶための上肢や手指機能と巧技性、咀嚼から嚥下するための口腔機能や嚥下機能が備わっていなければなりません。食事が自立するためには、これらの要素すべての自立が条件になるわけですので、できない要素をもう一度できるように仕向けることや、なんらかの介助を入れることがケアマネジャーの「食事」に関するマネジメントになるわけです。

図表6 食におけるマネジメント

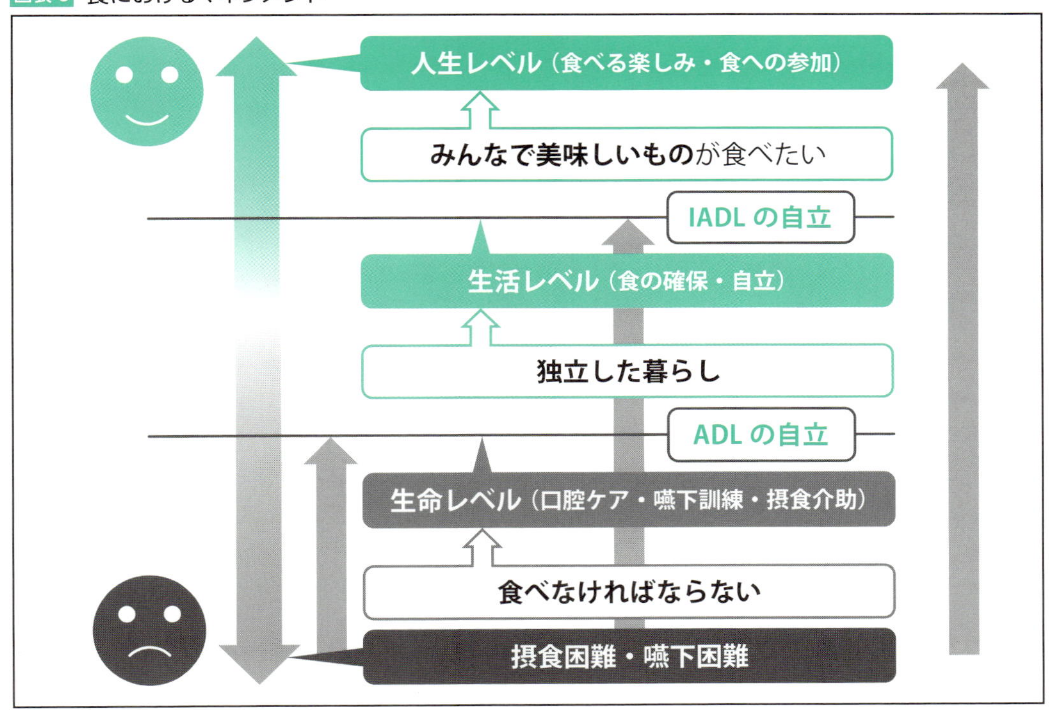

適切なマネジメントのためには、アセスメントの段階で、これらの要素のうち、何ができて何ができないのかを明確にしておく必要があります。食事が一部介助であったとすれば、どこを介助されているのかが重要になりますし、全介助であったとしても、実はできる部分も介助されている場合もあります。自立支援のためには、できることはできる限り自分でやる（やっていただく）ことが条件になりますし、ケアプランでは、できないことにきちんと介入していかなければなりません。加えて食事制限や経管栄養など、医療側からのオーダーがある場合は、これら

図表7 食事の自立

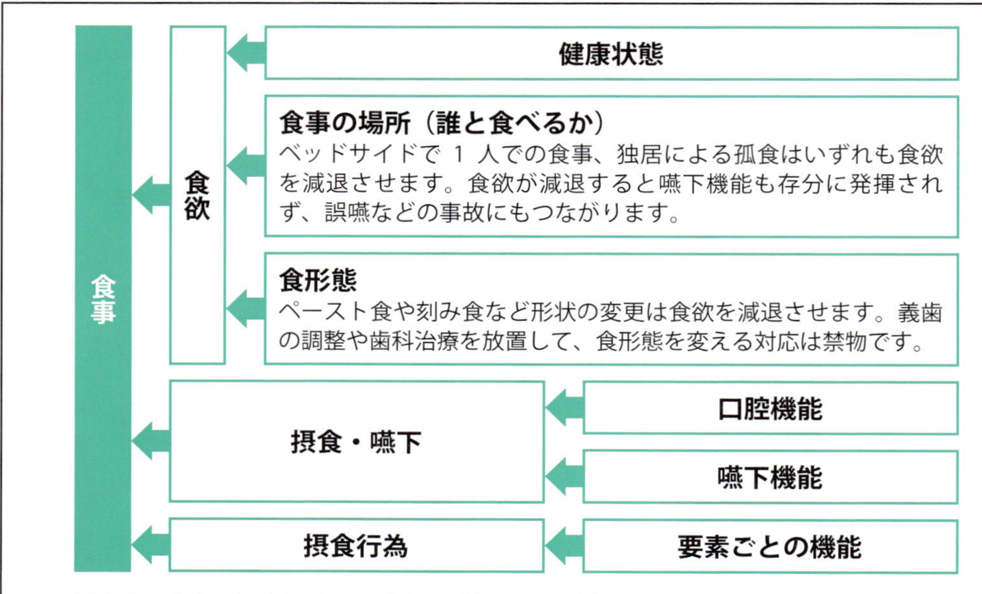

■食事の自立のためには、まず食欲があることが条件です。摂食や嚥下に必要な機能に支障がなく、食事のために必要な行為が可能になることが条件になります。
■栄養不良、栄養過多、減塩などの制限食は、いずれも健康状態に直結するものですし、病気治療や疾病管理の面からも食事内容は重要です。
■どこで食べるか、誰と食べるか、また、何を食べるかで食欲も変わってきます。
■たんなる栄養補給（摂取）だけでなく、食べる楽しみの視点も食支援には重要です。

の条件にも影響を受けるわけですから、要素ごとに明確に切り分け、整理しておく必要があります。

次にできない要素をどうやって自立させるかです。マネジメントではここがもっとも重要で、ケアマネジャーにとってはその専門性や倫理観が問われるところになります。どのような時期にかかわり始めるかにもよりますが、食事の場合、前述したように生命に直結する生理的欲求ですので、アセスメントの段階で問題が放置されていることは考えにくく、なんらかの介護はすでに行われているでしょう。

まず行うことは図表8にあるような各要素で行われている介助を洗い出し、それぞれが本当に必要な介助かを判断して、過剰な介護が自立を阻害するものになっていないか検討を加え、持っている能力を最大限発揮させることを考えます。

次に、できない要素について検討を加えていきます。一番に考えるのは必要な治療や訓練などで元通りにできるようにならないか（可能性）

の模索です。福祉用具や環境整備も併せることで、目的が果たせるようになるものがいくつか見つかるでしょう。可能性が見いだせないもの、可能性があっても医学的判断で禁忌とされるものについては別の方法を検討してみます。例えばベッドから食卓までの移動ができず、循環器疾患などを理由にこの距離の移動にかかる労作が禁忌とされるケースなどでは、ベッドの場所を移動することやベッドサイドで食事することなどを検討します。

ただ、この手法はQOLの低下の懸念も含んでいることを忘れてはいけません。これまで家族そろって団欒のなかで食事を摂っていた方が、1人寂しくベッドサイドで食事をする風景を想像してみてください。他の不自由がなくとも、おそらく気分が落ち込み食欲も落ちるでしょうし、それだけでなく嚥下機能も最大限発揮できずに誤嚥のリスクを高めてしまうことにもなりかねません。このようなことも考慮しながら高い水準での支援を模索する葛藤がケアマネジメントには求められますし、利用

図表8 食事行為の自立に必要な構成要素

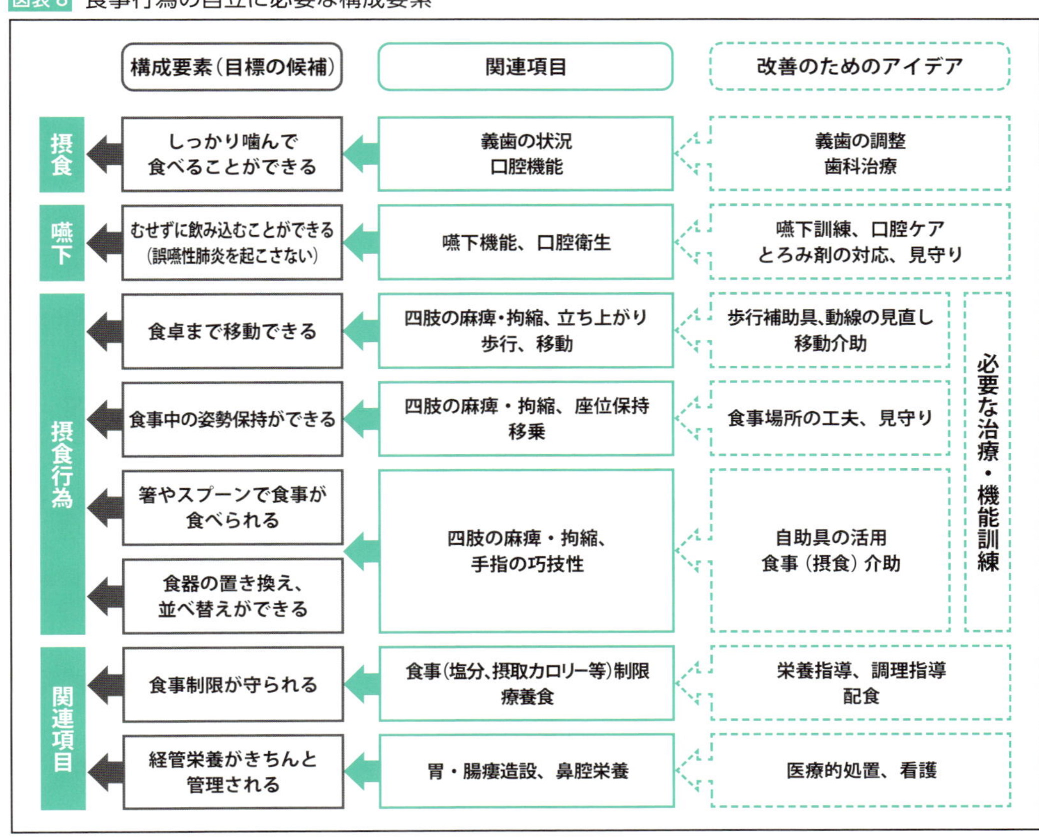

	構成要素（目標の候補）	関連項目	改善のためのアイデア	
摂食	しっかり噛んで食べることができる	義歯の状況 口腔機能	義歯の調整 歯科治療	
嚥下	むせずに飲み込むことができる（誤嚥性肺炎を起こさない）	嚥下機能、口腔衛生	嚥下訓練、口腔ケア とろみ剤の対応、見守り	
摂食行為	食卓まで移動できる	四肢の麻痺・拘縮、立ち上がり 歩行、移動	歩行補助具、動線の見直し 移動介助	必要な治療・機能訓練
摂食行為	食事中の姿勢保持ができる	四肢の麻痺・拘縮、座位保持 移乗	食事場所の工夫、見守り	必要な治療・機能訓練
摂食行為	箸やスプーンで食事が食べられる	四肢の麻痺・拘縮、 手指の巧技性	自助具の活用 食事（摂食）介助	必要な治療・機能訓練
摂食行為	食器の置き換え、並べ替えができる	四肢の麻痺・拘縮、 手指の巧技性	自助具の活用 食事（摂食）介助	必要な治療・機能訓練
関連項目	食事制限が守られる	食事（塩分、摂取カロリー等）制限 療養食	栄養指導、調理指導 配食	
関連項目	経管栄養がきちんと管理される	胃・腸瘻造設、鼻腔栄養	医療的処置、看護	

者本人や家族が適切な選択ができるように、将来のリスクも含め複数の解決案が必要となります。ここまで検討しても解決案がないものについては、いわゆる身体介護的支援が必要になってきます。

図表9 ADL・IADLの自立に向けた考え方

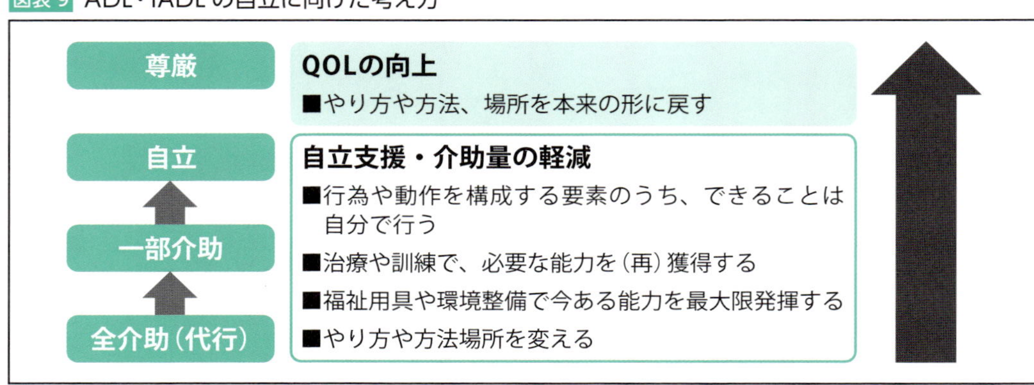

排泄

排泄も生理的欲求のひとつですが、食事と同じく、自立のためには必要な身体的な機能や相応のADL機能が求められ、これらの部分に関する自立に向けた考え方は共通します。

排泄に関しては、食事のような高次の欲求には直接波及しませんが、それ自体が非常にセンシティブなものであり、これらの失敗が原因で社会参加を自ら自制したり、周囲から拒絶されてしまうような特性を持っています。同時に、このセンシティブさゆえ利用者側は悩みを話しにくく、ケアマネジャー側も深く聞きにくいといった傾向が少なからずあり、問題自体が潜在化することは危惧すべきところです。

また、排尿と排便は一括りにされがちですが、別々の生理機能ですし、排尿に関しては性差によって解剖学的構造が異なります。アセスメントやプランニングではこれらの違いが影響するものも多くあるので、この2つの違いは絶えず念頭に置くべきポイントです。

図表10 排泄の自立

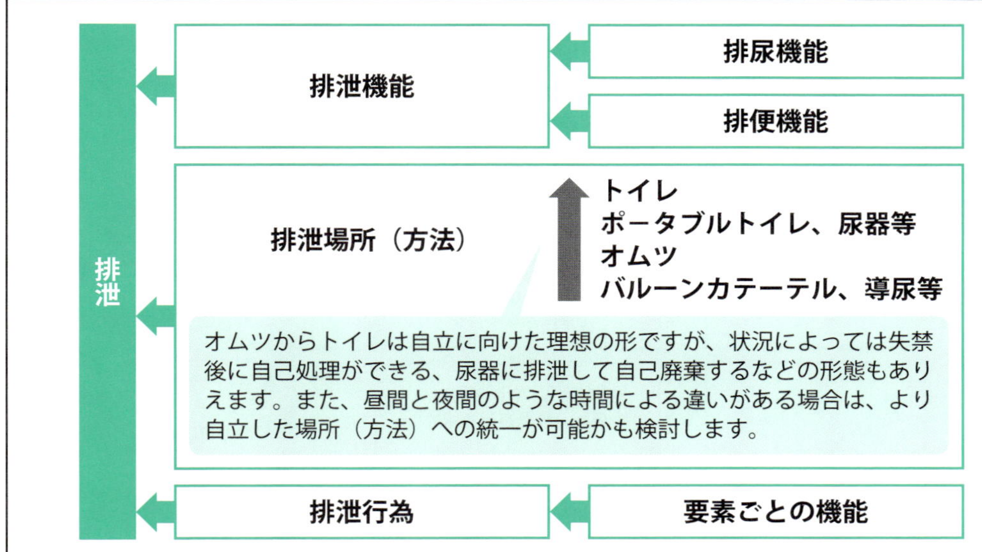

■排泄の自立のためには排泄に必要な機能に支障がなく、いずれかの場所で排泄や後処理に必要な行為が可能になることが条件になります。

■排泄に問題があると健康状態にも影響を及ぼします。オムツでの排泄や失禁は尿路感染等の原因になることもあり、保清他の衛生管理もより重要となります。

■男性と女性では、排泄のための身体構造や生理的な特徴が異なり、発生する課題にも違いが出てきます。当然ながら支援にあたっては、この違いへの配慮が求められます。

前述したとおり、排泄のセンシティブさゆえ、さまざまな問題が放置されていることは数多くあります。紙オムツも商品が充実し、比較的安価で容易に購入が可能なため、尿漏れや尿失禁が起きていても医療や必要とされる治療に結びつかず、安易なオムツ対応がなされているケースなどが典型的な事案です。なかには生命にかかわる重大な疾病の見落としや、簡単に治癒する疾病の放置なども存在し、排尿、排便を問わず、失禁に対する医療の不在は決して軽視してはなりません。

図表11 排泄機能の自立に必要な構成要素

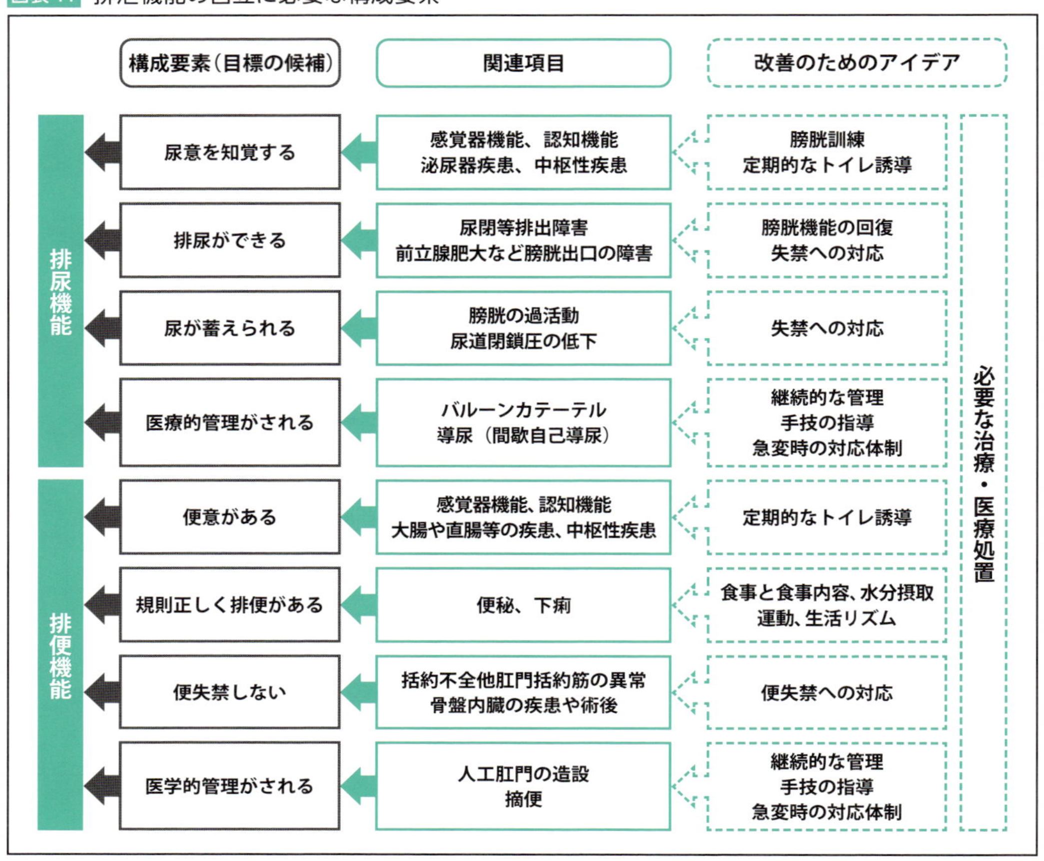

また、排泄の失敗やトラブルはICFの「活動」や「参加」を著しく制限、制約することにつながり、同時に、生活全体のQOLを著しく低下させてしまいます。その反面、羞恥を理由に介護に対し、他人の介入に拒否的な反応は珍しいことではなく、家族への負担が膨らんだり、介入を拒んだまま失禁などが放置された結果、地域や社会から孤立するような副次的問題までが潜在しているケースもあるでしょう。

アセスメントや解決方法の提案にあたっては、これらの心情に配慮しながらも、決して排泄に関する問題を避けて通らず、利用者や家族とケアマネジャー双方がきちんと向き合う姿勢が求められます。

図表12 排泄行為の自立に必要な構成要素

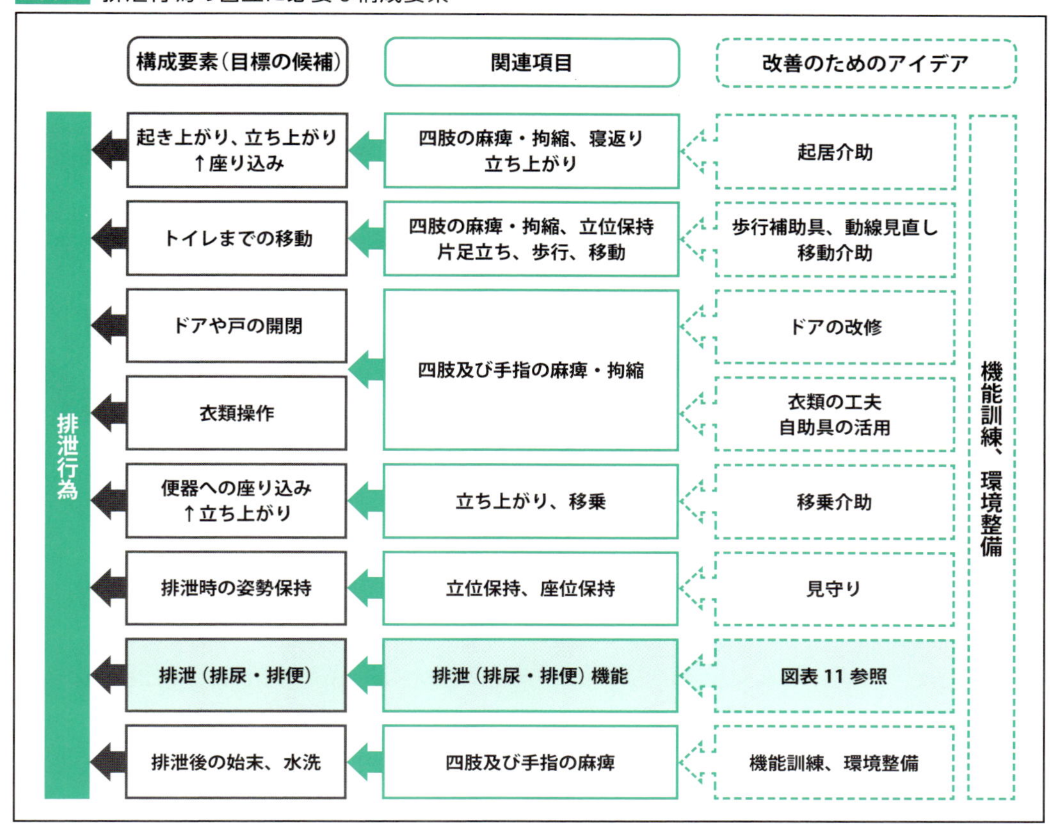

コラム 排泄を考える

排泄のアセスメント

「介護サービス計画書の様式及び課題分析標準項目の提示について」では、排泄は、ADLの項目とは別に独立した項目として設定されています。

排泄は毎日複数回繰り返されるものであり、誰もが羞恥を伴います。また、「オムツをするようになったら終わり」などと、その自立具合の能力や排泄ケアの方向性でその他の生活意欲に深くかかわる部分でもあり、どのような支援を受けたいか（受け入れる気持ちがあるか）などの意向を確認することが重要です。

また、排泄は抱えている傷病と密接に関係があります。例えば排尿トラブルの原因には泌尿器系の疾患を抱えていることが多くありますが、これらの疾患が羞恥を理由にきちんと医療につながらないまま、安易にパットやオムツで対応しているケースも多く見られますので、医療の関与の有無や、失禁がある場合は、失禁が起きている状況（失禁のタイプやその原因特定のための情報収集）まで把握しておく必要があります。

失禁の種類と失禁をきたす疾患

尿失禁とは、「無意識あるいは不随意な尿もれであって、それが社会的にも衛生的にも問題となる状態」です。失禁は主に次の５つに分類されます。

①腹圧性失禁

40歳～50歳代女性に多く、咳、くしゃみ、重い荷物を持ったり、大笑いをしたり、縄跳びなど、腹圧がかかると尿がもれるという症状があります。因子としては出産、肥満、糖尿病などがあり、男性では前立腺がん全摘の手術後にもこのような症状があります。内臓を支えている骨盤底筋が弱り、尿がもれるため、軽度の場合は骨盤底筋体操が有効です。

②切迫性失禁

「おしっこがしたいと思ってからトイレに行くが間に合わずもれてしまう」「冷たい水を触るともれてしまう」「おしっこが近い」など、膀胱が過敏になったためもれることをいいます。脳梗塞、脳出血、脊髄疾患、過活動膀胱、認知症などの疾患に多く見られます。治療は薬物療法が主体です。

③溢流（いつりゅう）性失禁

「排尿が十分できず膀胱に多くの残尿があり、あふれ出てもれてしまう」「ちょろちょろともれる」など、尿が出にくいのに、尿がタラタラと絶えずもれる状態です。前立腺肥大症、脊髄損傷、脊椎間狭窄、糖尿病、子宮や直腸の手術後や薬の影響、精神科からの内服を服用している方に多くみられます。放置しておくと腎不全や尿路感染を起こすことがあり、専門医の受診が必要です。

④機能性失禁

認知機能の問題があり、「トイレがわからない」「下着を下ろして排尿することがわからない」「衣服の着脱ができない」ため尿がもれてしまうことや、ADLに問題がありトイレに行くまでに時間がかかったり、ズボンや下着を下ろすのに時間がかかりもれてしまうために起こる失禁のことをいいます。看護・介護の介入が必要であり、チームでの統一したケアを行い改善できることがあります。高齢者に多く、純粋な機能性失禁だけではなく、他の失禁も混合している場合が多いです。

⑤混合性失禁

２つ以上の失禁が混合していることをいいます。

男性の排尿について

公共のトイレを見ていただければわかるとおり、通常、健康な男性は立って排尿しています。これは幼少期より体にしみついた習慣となっています。身体機能が低下してくると立位保持の安定性低下やそれに伴う立位での衣類操作をはじめとする排尿のための固有動作の不安定を理由に、多くのケースが安易に座位での排尿へと切り替えられてしまいます。前述の理由でバランスを崩し転倒するような場合での事故回避には非常に効果的な方針転換ですが、排尿の面から考察するとそうでもありません。

男性はその構造上、特に高齢になると特有の排尿機能の障害を抱えている方が多くなります。さらに身体的な問題が加味され、立位から座位に排尿姿勢を切り替えると余計に排尿が困難となる方が多数いらっしゃいます。排尿機能に問題を抱えている方のなかには座位で排尿した後、立ち上がった際に、またはズボンを引き上げようと再び屈んだときに出し切れなかった尿がもれることがあります。これは、膀胱や尿道などにかかっている圧力の強さや方向が座位から立位に変化し、その圧力の変動で尿道が解放されたり、収縮しきれなかった膀胱が収縮しきったり、またはその両方が原因で起こると考えられます。明確なエビデンスがあるかは不明ですが、座位で排尿し、そこから立ち上がる際の姿勢の変化による尿もれは、排泄アセスメントでは度々出くわす現象であり、物理的な圧力変化は明白ですので、なんらかの影響があるのではと考えています。

冒頭に述べたとおり、過去の習慣とは異なる姿勢での排尿を強いられることによる精神的負担の影響もあるかもしれません。医療・介護の現場で実際に介助を担っているのは女性が多く、このような男性特有の微妙なニュアンスに対する理解や配慮を求めるのは難しいことです。

また、排泄介助は非常にセンシティブでもあり、たとえ同性介助であっても、関与を控えたり、極力目をそらしたりといった配慮から、状況の仔細な観察の障害にもなっています。こういったことに言及する機会が少ないことも事実です。同様に本人にしても詳細な描写で他人に伝えることは余程の心理的な抵抗が存在するはずです。反対に本人自身が覚知できていない場合もあります。こうした方の多くは、誰に相談するでもなく、人知れず自主的に着替えたり、下着が濡れる、汚染するという理由で自主的にまたは周囲の勧めで紙パンツやパットで対処されていることと思います。男性の場合、排泄についてのアセスメントでは排尿をどういう姿勢で行っていたか、これから先どうしたいのかなどを必ず聞き取るようにしましょう。

とあるグループホームの職員から、排尿後にズボンの前をいつも濡らしている利用者さんの相談を受けたことがあります。汚染防止にパットを使おうとしたら、本人が気持ち悪いと言って勝手に外してしまうので使えず、トイレの度に着替えをさせなければいけないといったような内容でした。詳細に話を聴くと、1年ほど前から前立腺肥大の投薬治療が継続されており、排尿姿勢も尿の飛び散りがひどく、毎回の掃除がとても大変なので、便器に座って排尿してもらうよう方針転換があったそうです。

解決策として、試しにとトイレに尿器を準備し、立位で尿器に排尿してもらい便器に廃棄するという介助方法を提案したところ、その後、下着やズボンの汚染はめっきり少なくなったとの報告と感謝をいただきました。このようなエピソードは在宅ではよくあることです。私自身は男性の排泄のマネジメントでは、必ずこれまでの排尿姿勢（習慣）についての確認は当然のこと、排泄姿勢の方針変更の有無やその影響が及ぼしていると考えられる尿もれの有無、何よりも本人の希望を大切に考えています。

余談ですが、放たれた尿がいつでも放物線のように一本の細い束を保ったまま便器に飛び込むというのは女性が描いている誤解です。健康な男性でも時には尿道口から2本やそれ以上に枝分かれし、遠くにある洋式便器にそのすべてを収めるにはそれなりの技術を必要とします。尿に勢いがあればなおさらのことです。反対になんらかの理由で尿に勢いがなくなれば手前にこぼれてしまいます。大抵は失敗してこぼれた尿をトイレットペーパーなどで拭き取り、何事もなかったような顔をしているだけのことです。

立位での排尿の優位性に関するエビデンスは別にして、「立位で排尿していた方は、可能な限り立位で排尿していただく環境を提供する」。これは、対男性の排泄マネジメントにおいて必ず検討すべきポイントかもしれません。男性利用者についての住宅改修などの在宅ケアプラン策定では、こと在宅の一般的なトイレは立位で壁に身をもたれ掛けて身体を保持するには適度な狭さであり、特別な工夫がなくても尿器ひとつを準備するだけで、手すりを使って座位で排尿するよりもずっと確実で、その人らしい排尿が可能となる場合があるのです。

いささか下品であり、また、最近使わなくなりましたが「連れション」という言葉に代表されるように、男性にとっての排尿は、たんなる排泄といった生理現象を超越した特有の本能的な思考やその思考に立脚した文化の要素をも含んでいると思います。排泄行為をコミュニケーション手段とする考え方は文化そのものといってよいでしょう。別の観点では、例えば人気のない防波堤から夕日が沈む大海に向かって放尿する時の開放感とか征服感のような気持ちよさや、降り積もった雪に「おしっこ」で文字や図形を描こうと試みた無邪気な気持ちは、大抵の男性は一度ならず経験していることと思います。公衆のトイレで男性用の便器に的（まと）となるシールを貼っただけでずいぶんと尿の飛び散りによる汚染が減り、商品化もされています。この効果も前述したような幼少からの男性の本能によるものでしょう。認知症などが進行してくると、こういった本能が、座位で排泄させようとするケアの方向性と摩擦を起こし、排泄の失敗を作ってしまうケースが出てくるかもしれません。

安全、確実に排尿していただくことは専門職としての大命題ですが、果たしてそれだけでよいのでしょうか。今後の排泄ケアを語る上で、女性のケアマネジャーや介護者がこういったところにまでオープンに言及できる環境づくりができればと願います。併せて排泄にまつわる秘められた想いや本能にも配慮し、寄り添うことができればと考えます。

そう遠くない昔は女性も立って排尿していましたし、最近ではトイレが汚れるとの単純な理由で便器に座って排尿するよう母親に躾けられて育つ子どもや、新妻に躾け直される男性が増えていると聞きます。こういった方々が主流となれば、また話が変わるかもしれませんが、少なくとも、今の男性にとって立って「小便」をすることはもっとも守られるべき尊厳なのかもしれません。

出典：松本善則「排泄障害」『生活を支える医療　虎の巻第 2 巻』京都府医師会、2012 年を一部改変

入浴

入浴は食事や排泄のような純粋な生理的欲求ではなく、入浴できないからと言って死ぬわけでもありませんが、「風呂に入ってさっぱりしたい」のように、その目的は保清だけでなく、気持ちの上でも本能的なところに結びついています。また、風呂好き、風呂嫌いのように、入浴に関しては個人の嗜好や習慣の背景によって差があり、入浴できていないからといって、誰もが欲求として表出するわけではないという特徴も持っています。また、温泉旅行など入浴を楽しみとする文化は、自己実現などのより高度な欲求にもつながりますし、入浴できていない不潔な

印象は排泄同様に社会参加の障壁にもなります。

入浴にはさまざまな目的がありますが、そのなかでも保清は医学的な観点からも非常に重要です。白癬菌の皮膚トラブルなどは代表的なところですが、オムツを使用している場合や失禁を繰り返すケースでの尿路感染予防など、専門職等の介護者側からのニーズとして上がってくることもあります。

入浴の自立には、食事や排泄と同様に、さまざまな要素の自立が必要になります。手法についても通じる部分は共通ですが、相当な身体的負荷を伴う行為になりますので、一般にも言えることですが、特に循環器や呼吸器に持病がある方には相応の配慮が必要になります。疾病の重篤さにかかわらず、健康状態で入浴の可否をその都度判断したり、入浴中の急変に対応できる体制を備えておく必要も出てきます。

問題のセンシティブさは排泄ほどではありませんが、介護を受ける際の羞恥による拒否感や副次的な問題への波及は同等のものがあります。生理的欲求を伴わない分だけ問題を潜在化させたり長期に放置されていたケースも見受けられますので、専門職からのニーズを切り口に提案していくことも有効な方法かもしれません。

図表13 入浴の自立

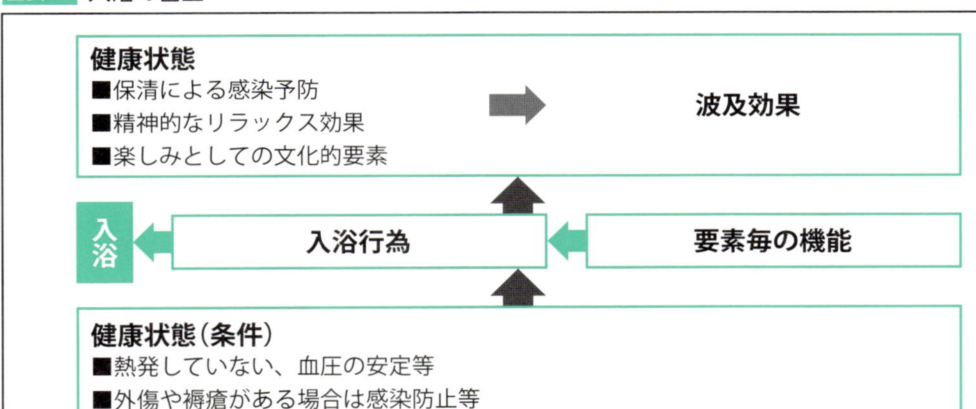

■入浴のためには体力を含めた一定レベルの健康状態の保持や入浴時の感染予防が条件になります。

■楽しみや精神的リラックスのためには相応の入浴環境（場所、時間、介護体制）が求められます。

■入浴（保清）ができていないと、皮膚トラブルの発生の他、さまざまな感染リスクを高めることになりますし、不潔な印象は社会参加の支障となることもあります。

図表14 入浴行為に必要な構成要素

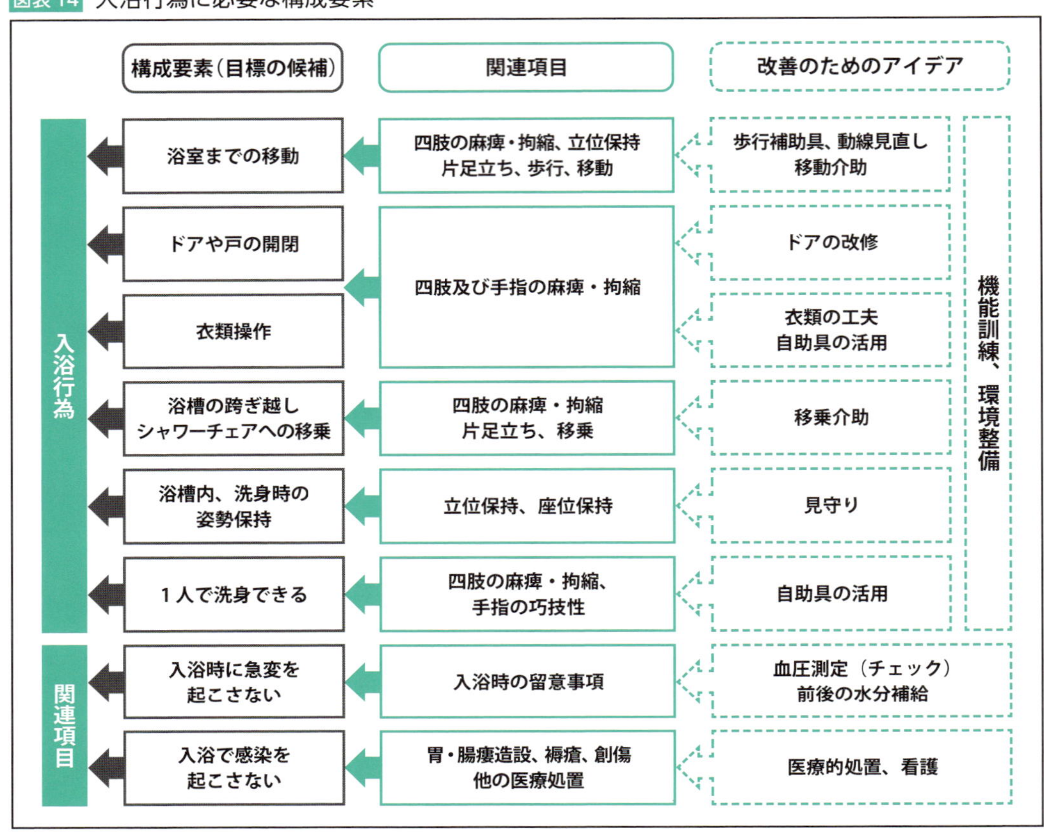

このように、ICF でいう「活動」の ADL ひとつをとっても、その構成要素として他の基本的な ADL が組み合わさっていることがわかります。自立のためには、関連するそれぞれの構成要素が自立する必要があるのはここまでの解説のとおりです。この各要素の現状を改善させるアイデアこそが、課題整理総括表の「見通し」欄への記述につながりますし、ケアプランに発展させていく際には要素ごとの現状を改善するために、かかわる関係者（サービス事業所）や利用者、家族などの支援者、ケアマネジャーとの間で共有される情報になります。また、ニーズの内容が「排泄」など単一の ADL の自立になるような場合、ここで挙げる構成要素の自立はケアプランにおける短期目標の候補となるわけです。

第 4 章

居宅サービス計画書原案の作成（プランニング）

第1節 総論

居宅サービス計画書のしくみ

ケアマネジメントとは端的に言うと、利用者が抱えるさまざまな生活課題（ニーズ）に、さまざまな社会資源を結びつけることでその解決を図るものです。社会資源と言っても介護保険サービスや市町村が提供する福祉サービスに代表される公的なものから、シルバービジネスなどの商的なサービス、家族や近隣住民の互助などのインフォーマルなサポート、セルフケアなどをはじめとした利用者自身の課題解決への取り組みなど多種多様です。このようにさまざまなニーズに対してさまざまな社会資源をどう結びつけて、どのような方法で課題解決を図るのかを記したものが居宅サービス計画書です。

居宅サービス計画書は「介護サービス計画書の様式及び課題分析標準項目の提示について」の別紙１「居宅サービス計画書標準様式及び記載要領」に次のように説明されています。

> 本様式は、当初の介護サービス計画原案を作成する際に記載し、その後、介護サービス計画の一部を変更する都度、別葉を使用して記載するものとする。但し、サービス内容への具体的な影響がほとんど認められないような軽微な変更については、当該変更記録の箇所の冒頭に変更時点を明記しつつ、同一用紙に継続して記載することができるものとする。

ここで一連の様式が例示されており、現場ではこの一連の様式によって実務が展開されています。

標準様式は第１表から第７表で構成されていますが、俗に居宅サービス計画書と呼ばれるのはこの中の第１表から第３表を指します。詳細は各章で述べますが、第１表～第３表は以下の役割を持っています。

第１表「居宅サービス計画書（1）」

上部に利用者の氏名、生年月日、介護保険の認定情報等の属性や計画作成日などが記載され、以下、利用者及び家族の生活に対する意向、介護認定審査会の意見及びサービスの種類の指定、総合的な援助の方針、生活援助中心型の算定理由が記載されます。

つまり第１表は「このような（属性の）方のこのような意向（利用者及び家族の生活に対する意向）に対し、このような支援（総合的な援助の方針）を行います。」といった帳票で、最下欄には内容に関して、利用者の同意欄が設けられているのが一般的で、居宅サービス計画書の表紙とも呼べる部分です。

第１表の詳しい解説は、本章第２節で行います。

第２表「居宅サービス計画書（2）」

左から順に、生活全般の解決すべき課題（ニーズ）（第３節）、ニーズごとの長期目標とその期間、長期目標ごとに設定された短期目標とその期間（第４節）、短期目標ごとに目標達成のための援助内容（第５節）が続きます。

援助内容には、利用者自身のセルフケアも含め、どのような援助（内容）を誰が、どの程度の頻度で、どれだけの期間行うかが記載された計画の具体的内容になります。

第３表「週間サービス計画表」

第２表の内容を１週間の時間割表に落とし込み、どのような支援が、どのような時間帯に入るのかを視覚化します。また、表の右端には主な日常生活上の活動が記載され、援助内容が利用者の生活リズムとズレていないかを確認することができます。

それぞれの関係ですと、第１表の「利用者及び家族の生活に対する意向」にむけ、第２表で今ある困り事（生活全般の解決すべき課題（ニーズ））の解決のために、いつまでに、このような目標（長期目標、短期目標）をたて、このような援助（援助内容）を行いますという計画をします。また、第３表では第２表の具体的な支援内容がこのスケジュールで入りますといった流れです。

居宅サービス計画書は、このように第１表から第３表が規定されていますが、そこに記載されるのはひとつのケアプランです。利用者や家族が、今ある困った状況を改善し、望む暮らしを適えるために、どのような支援を行うかを、後述するさまざまな項目に沿って説明するものになります。計画書の作成にあたっては各帳票の記載項目をたんに埋めるのではなく、それぞれの関係も考えながら記述するよう心がけましょう。

第３表の詳しい解説は、本章第６節で行います。

図表１ 居宅サービス計画書第１表～第３表の関係

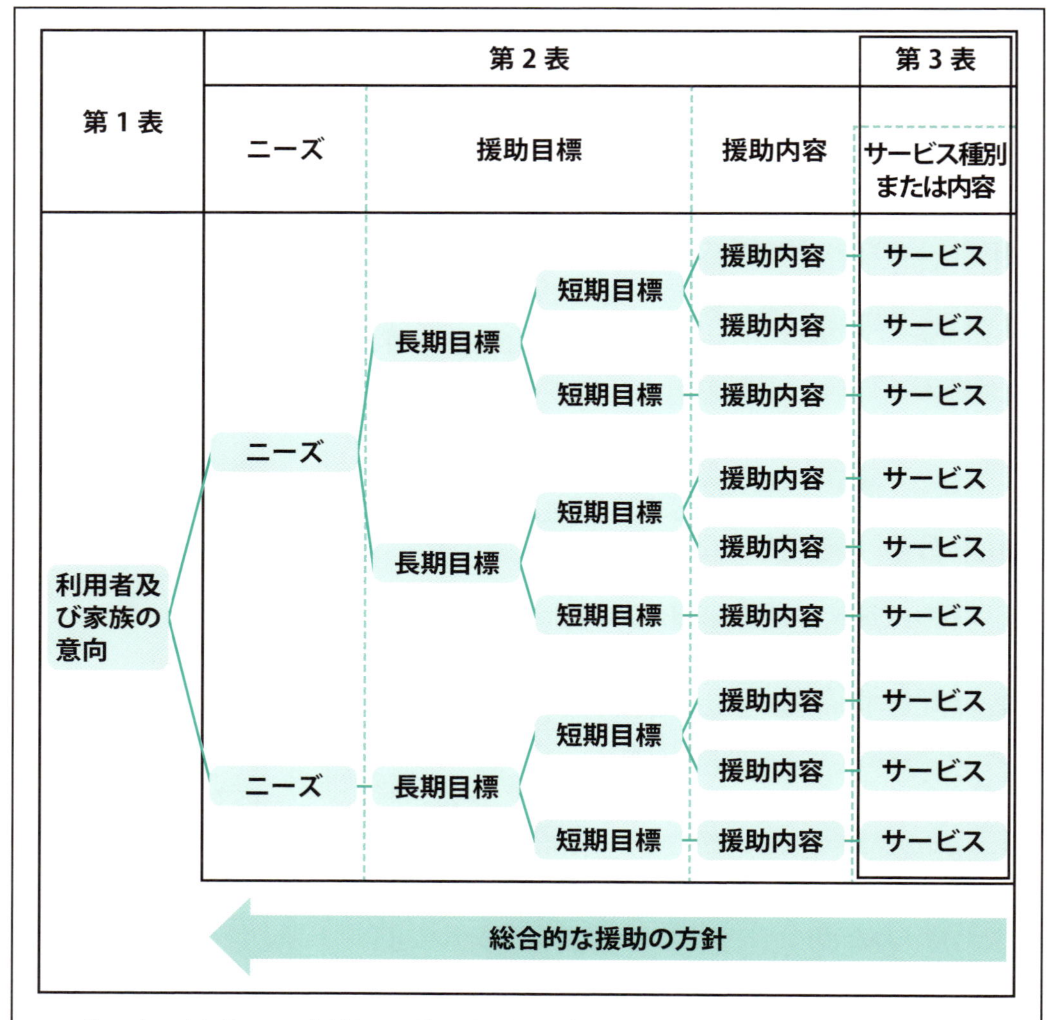

※ 第１表の中に第２・３表があり、第２表の抜粋が第３表という関係になります。

第2節 第１表「居宅サービス計画書（1）」

第１表「居宅サービス計画書（1）」とは

第１表はいわばケアプランの表紙とも呼べる部分です。『ケアプラン点検支援マニュアル』では、次のように解説されています。

> 利用者及び家族の「望む生活」を含め、居宅サービス計画全体の方向性を示す帳票です。居宅サービス計画書の中で、利用者及び家族の生活に対する意向が、はっきりと示される１番重要な帳票ともいえます。
> 第１表は、利用者・家族・ケアする人々の気持ちを１つにするための大切な計画書であり、できるだけわかりやすく、利用者の言葉で具体的に記載することが重要です。また、利用者の生活を支援するケアチームの気持ちをひとつにし、利用者と共に同じ方向に歩んでいくための大切な帳票であるといえます。

実習や現場では、後述する第２表の作成に労力や時間を奪われ、第１表は軽視されることもありますが、実はそうではありません。第１表は『ケアプラン点検支援マニュアル』にもあるように、チームマネジメントを行う上ではとても重要なものになります。ここに分担された役割が本来なんのためにあるのかを共有し、支援の方向性をひとつにまとめるためには無くてはならない存在でしょう。このような意味からも「利用者及び家族の介護に対する意向」をどのようにして引き出すかは重視しなくてはなりませんし、引き出す際に繰り広げられる利用者や家族とケアマネジャーとのやり取りによってケアプラン全体の方向性が変わってくると言っても過言ではありません。

各項目の記載要領

「居宅サービス計画書標準様式及び記載要領」から抜粋

1. 第１表：「居宅サービス計画書（1）」

①利用者名
　当該居宅サービス計画の利用者名を記載する。

②生年月日
　当該利用者の生年月日を記載する。

図表2 第1表「居宅サービス計画書（1）」

居宅サービ

①利用者名　殿　②生年月日　年　月　日

④居宅サービス計画作成者氏名

⑤居宅介護支援事業者・事業所名及び所在地

⑥居宅サービス計画作成（変更）日　年　月　日

⑩認定日　年　月　日　⑪認定の有効期間　年　月

⑫ 要介護状態区分	要介護1　・　要介護2　・
⑬ 利用者及び家族の生活に対する意向	
⑭ 介護認定審査会の意見及びサービスの種類の指定	
⑮ 総合的な援助の方針	
⑯ 生活援助中心型の算定理由	1. 一人暮らし　2. 家族等が障害、疾病等

居宅サービス計画について説明を受け、内容に同意し交付を受けました。	説明・同意日

ス計画書（1）

⑧ ⑨

作成年月日　　　　年　月　日

初回・紹介・継続　　認定済・申請中

③
住所

⑦ 初回居宅サービス計画作成日　　　年　　月　　日

日　～　　　　年　　月　　日

要介護３　・　要介護４　・　要介護５

3.　その他　（　　　　　　　　　　　　　　　　　　）

年　月　日	利用者同意欄		印

注）本図表の丸数字と 103 ～ 107 ページの見出しの丸数字は連動します。

③住所
　当該利用者の住所を記載する。
④居宅サービス計画作成者氏名
　当該居宅サービス計画作成者（介護支援専門員）の氏名を記載する。
⑤居宅介護支援事業者・事業所名及び所在地
　当該居宅サービス計画作成者の所属する居宅介護支援事業者・事業所名及び所在地を記載する。
⑥居宅サービス計画作成（変更）日
　当該居宅サービス計画を作成または変更した日を記載する。
⑦初回居宅サービス計画作成日
　当該居宅介護支援事業所において当該利用者に関する居宅サービス計画を初めて作成した日を記載する。
⑧初回・紹介・継続
　当該利用者が、当該居宅介護支援事業所において初めて居宅介護支援を受ける場合は「初回」に、他の居宅介護支援事業所（同一居宅介護支援事業者の他の事業所を含む。以下同じ。）又は介護保険施設から紹介された場合は「紹介」に、それ以外の場合は「継続」に○を付す。
　なお、「紹介」とは、当該利用者が他の居宅介護支援事業所又は介護保険施設において既に居宅介護支援等を受けていた場合を指す。
　また、「継続」とは、当該利用者が既に当該居宅介護支援事業所から居宅介護支援を受けている場合を指す。
　おって、当該居宅介護支援事業所において過去に居宅介護支援を提供した経緯がある利用者が一定期間を経過した後に介護保険施設から紹介を受けた場合には、「紹介」及び「継続」の両方を○印で囲むものとする。
⑨認定済・申請中
「新規申請中」（前回「非該当」となり、再度申請している場合を含む。）、「区分変更申請中」、「更新申請中であって前回の認定有効期間を超えている場合」は、「申請中」に○を付す。それ以外の場合は「認定済」に○を付す。
⑩認定日
「要介護状態区分」が認定された日（認定の始期であり、初回申請者であれば申請日）を記載する。
「申請中」の場合は、申請日を記載する。認定に伴い当該居宅サービス計画を変更する必要がある場合には、作成日の変更を行う。
⑪認定の有効期間
　被保険者証に記載された「認定の有効期間」を転記する。
⑫要介護状態区分
　被保険者証に記載された「要介護状態区分」を転記する。
⑬利用者及び家族の介護に対する意向
　利用者及びその家族が、どのような内容の介護サービスをどの程度の頻度で利用しながら、どのような生活をしたいと考えているのかについて課題分析の結果を記載する。
　なお、利用者及びその家族の介護に対する意向が異なる場合には、各々の主訴を区別して記載する。
⑭認定審査会の意見及びサービスの種類の指定

被保険者証を確認し、「認定審査会意見及びサービスの種類の指定」が記載されている場合には、これを転記する。
⑮総合的な援助の方針
課題分析により抽出された、「生活全般の解決すべき課題（ニーズ）」に対応して、当該居宅サービス計画を作成する介護支援専門員をはじめ各種のサービス担当者が、どのようなチームケアを行おうとするのか、総合的な援助の方針を記載する。
あらかじめ発生する可能性が高い緊急事態が想定されている場合には、対応機関やその連絡先等について記載することが望ましい。
⑯生活援助中心型の算定理由
介護保険給付対象サービスとして、居宅サービス計画に生活援助中心型の訪問介護を位置付けることが必要な場合に記載する。
「指定居宅サービスに要する費用の額の算定に関する基準」（平成12年2月10日厚生省告示第19号）別表の1の注3に規定する「単身の世帯に属する利用者」の場合は、「1. 一人暮らし」に、「家族若しくは親族（以下「家族等」という。）と同居している利用者であって、当該家族等の障害、疾病等の理由により、当該利用者または当該家族等が家事を行うことが困難であるもの」の場合は、「2. 家族等が障害、疾病等」に○を付す。また、家族等に障害、疾病がない場合であっても、同様のやむをえない事情により、家事が困難な場合等については、「3. その他」に○を付し、その事情の内容について簡潔明瞭に記載する。

①～⑫欄の記載要領

ここまでは利用者の属性などの情報ですので、単なる聞き取りではなく、被保険者証などの書面の裏付けを必ずとってください。特に介護保険情報は実務において給付管理（保険給付）を行うための必須情報になりますので、間違いは厳禁です。⑧の「継続」などは聞き取りになりますので、保険者に確認して裏付けを取るなどの丁寧な作業が必要です。

⑬「利用者及び家族の生活に対する意向」欄の記載要領

言うなれば、計画書のなかでは利用者や家族がどのように暮らしたいのか、すなわち、この計画（ケアプラン）が目指す到達点がこれにあたります。これは、初回相談の要望や主訴をそのまま転記するという簡単なものではありません。

また、主訴と言っても利用者やその家族自身のなかで明確に形となり言語化されているケースは、稀といってよいでしょう。困り事として表出されているものがすべて主訴になるとは限りませんし、○○サービスを利用したいといった要望が主訴であると勘違いされているケースもあるかもしれません。かといって、ケアマネジャーが一方的に主訴と感じ取ったものをそのまま書くものでもありません。

サービス計画は、ケアマネジャーが机上で作成した時点ではあくまで原案であり、サービス担当者会議によって専門職の意見を取り込み、利用者や家族の合意を経て初めて成案になるものです。したがって、利用者や家族が認識していない内容を記述するのは論外です。この欄をきちんと記述するためには、インテークからアセスメントの過程で、利用者や家族とのやり取りを通して、困り事の核心を捉えて、共有したうえで、その先の支援内容も双方で検討し、「どのような内容の介護サービスを、どの程度の頻度で利用しながら、どのような生活をしたいと考えているのか」を引き出すまでの作業が必要になります。

利用者の意向

通常、相談者の多くは病気や怪我などをきっかけに相談に訪れます。例えば､脳梗塞を急性発症し一般急性期病棟へ入院｡回復期リハビリテーション病床を経て退院、在宅復帰のようなケースです。

当初の相談者（患者）の心理は複雑です。初めは苦痛や不安に支配され、まずは回復や治療のことで頭がいっぱいでしょう。最近は病床機能も分化が進み、全体の入院期間も短くなる傾向があります。検査や急性期の治療が一段落すると、リハビリテーションを含む治療に関する選択肢が示されます｡転棟や転院があればその環境に慣れる必要もあります。そこそこの治療的（医学的）リハビリテーションのゴールが見えてきて、要介護認定の申請や退院調整が始まるといった流れですが、ここまでの相談者（患者）の心理は、回復を願い医療（病院）に対して絶えず依存的で、退院に際し「発症前と違って麻痺が残っている。入浴や排泄、それに伴う移動などをどうしよう…」といった在宅生活への身近な不安は感じているものの、このような生活がしたいといった主体的なイメージはほとんどないと言ってよいでしょう。

後述するニーズの把握も含め、こういった不安事項を一つひとつ検討していくことも重要ですが、回復や在宅生活をおくるための下位で条件的なことだけにとどまらず、例えば発症前より大切にしていた趣味の継続や行事への参加、家庭内や地域社会での役割の回復や再構築など、その先にあるもっと上位な「目指すべき生活」をイメージすることは、相談者（患者）の障害を受容するためにも大切なことです※。

相談者（患者）の受けた障害の大きさ、気質や個性、これまで担ってきた役割だけでなく、相談から原案作成までの期間の長短（ケアマネジャーとのかかわりの期間）によりどの程度の意向が引き出せるかは変わりますが、向き合う時期の相談者（患者）の心理を理解しながら、より高位な生活をイメージさせていく丁寧な共同作業はこの欄の記述内容を決定するうえでもっとも重要と考えます。

※　ニーズの「上位」と「下位」について　利用者が感じるニーズはその顕在（化）潜在（化）を問わず、利用者個々が元来もっている欲求と深く関係しています。人間の欲求に関しては「マズローの欲求５段階説」が有名です。本書でもニーズやその解決のための目標を理解するために、この欲求５段階説にニーズ等を重ねて解説しています（130ページ）。ここでは欲求５段階説における自己実現欲求側にあるものを「上位」生理的欲求側にあるものを「下位」として整理し、ニーズ（目標）をそれぞれに関連（由来）する欲求にあてはめ、その相関関係を「上位」や「下位」として整理しています。

家族の意向

家族の意向についても同様です。家族の思いが本人の思いと乖離していることは珍しいことではありません。家族を介護者として捉えた場合、その役割に関して家族が受け入れるまでにはそれなりの時間が必要な場合がありますし、世帯構造が変化するなか、老老介護などで物理的な介護力が不足する場合もあります。このような観点からも記載要領にある「どのような内容の介護サービスを、どの程度の頻度で利用しながら、どのような生活をしたい」と考えているかについては、この後に続く第２表の内容に大きく影響しますので、この欄で明確にしておかなければなりません。

サービス利用について注意しなければならないのは、サービス利用による依存です。喪失感や挫折感が大きくのしかかっている心理状態では、サービスに頼ることで現状からの脱却を試みる傾向がよく見られます。また、最近では制度的なサービス利用に対する権利的意識も芽生え「使わなければ損」といった主張に出合うときもあります。こうした心理的反応は頭ごなしに否定できるものではありませんが、中長期的な視点に立つと、このようなサービス利用は生活意欲を低下させ、結果的には介護保険の趣旨にある自立支援とは異なった結果を招くことを忘れてはなりません。

実際には第２表作成にあたってニーズを確定していく作業や支援内容を検討するなかで、双方で調整を図ったうえでこの欄に記載する内容を確定していくことになるでしょう。ここからもわかるように、たとえ利用者や家族の言葉であっても「利用者及び家族の介護に対する意向」欄はサービス計画書の中に単独に存在するものではありません。計画書のしつらえ方から見ると、第２表に複数記載された「生活全般の解決すべき課題（ニーズ）」の集大成がこの欄の記述に集約されるという仕組みです。

こういった利用者や家族とケアマネジャーとの共同作業をとおして「利用者及びその家族の介護に対する意向が異なる場合」であっても利用者や家族双方の本音が引き出せるような信頼関係を構築していかなければなりません。ときにはターミナル期や認知症、虐待事案などでは、この欄に両方を記載することができない、または躊躇されることもあります。このような事情があるときには、ここにすべてを記載するのではなく、居宅介護支援経過表（第５表）にその内容を記載します。

⑭「介護認定審査会の意見及びサービスの種類の指定」欄の記載要領

介護認定審査会の意見は、ケアプラン作成にあたって必ず反映させなければなりません。前述の認定情報などと合わせて、被保険者証で必ず確認するよう心がけましょう。サービスに関する記述は稀ですが、なかには訪問看護サービスや居宅療養管理指導、リハビリテーションなどの導入を示唆する内容等が記載されていることがあります。平成30年の基準省令の改定では、次のように例示されています。

「指定居宅介護支援等の事業の人員及び運営に関する基準」

○ 13の２（介護予防支援も適用）

介護支援専門員は、指定居宅サービス事業者等から利用者に係る情報の提供を受けたときその他必要と認めるときは、利用者の服薬状況、口腔機能その他の利用者の心身又は生活の状況に係る情報のうち必要と認めるものを、利用者の同意を得て主治の医師若しくは歯科医師又は薬剤師に提供するものとする。

「指定居宅介護支援等の事業の人員及び運営に関する基準について」

(7) 指定居宅介護支援の基本取扱方針及び具体的取扱方針

⑬居宅サービス計画の実施状況等の把握及び評価等（第13号・第13号の２）

また、利用者の服薬状況、口腔機能その他の利用者の心身又は生活の状況に係る情報は、主治の医師若しくは歯科医師又は薬剤師が医療サービスの必要性等を検討するにあたり有効な情報である。

（例）

・薬が大量に余っている又は複数回分の薬を一度に服用している
・薬の服用を拒絶している
・使いきらないうちに新たに薬が処方されている

・口臭や口腔内出血がある
・体重の増減が推測される見た目の変化がある・食事量や食事回数に変化がある
・下痢や便秘が続いている
・皮膚が乾燥していたり湿疹等がある
・リハビリテーションの提供が必要と思われる状態にあるにも関わらず提供されていない状況

ここからもわかるように、医療的な視点からのマネジメントの重要性が運営基準にも示唆されているとも取れる内容です。例えば上記（例）の２つ目までの例示ですと居宅管理指導における服薬管理、最後の例示ですとリハビリテーション関係のサービスの導入など、医療系サービスの導入や検討を促す内容となっており、今後はこういった趣旨の意見付与が増えることも予想されます。

介護認定審査会の意見で一番多いのが、更新認定の場合で、状態の変化がないため認定の有効期間を延長する旨の記述です。認定の有効期間も平成30年度より、これまでの最長２年から３年に延長され、バリエーションも広がりましたので、なおさら確認は重要です。

⑮「総合的な援助の方針」欄の記載要領

このケアプラン全体（特に第２表）を俯瞰（ふかん）して、計画全体がどのような傾向にあるかを記載するため、通常は第２表を作成の後に記述します。内容については第２表の中身を要約するかたちで記載しますが、書き方は比較的自由です。利用者や家族に対するメッセージ的要素もありますので、それぞれの特性に合わせた書き方の工夫が大切です。

また、記載要項にもあるように、緊急時（急変時）の連絡先を明確にして、記載しておきます。ターミナル期などでは、主治医や訪問介護ステーションなどの緊急対応を行う者の連絡先、医療的処置に対する意思決定の支援が必要になったとき想定される変化によって内容は変わります。

⑯「生活援助中心型の算定理由」欄の記載要領

生活援助中心になる訪問介護の援助については、この欄でサービスを導入する理由を明確にしなければならないことになっています。これは、医療的サービスとは対極的です。
「2. 家族等が障害、疾病等」については、たんに高齢であるという理由は認められず、例えば同居家族が障害者手帳の交付や要介護（要支援）認定を受けているなどの客観的事実がなければその利用を認めない市町村（保険者）も存在しています。たんに記述するだけでなく、記述した理由が算定のための条件を満たしているかが重要となります。
「3. その他」についての代表的な理由はネグレクトなどの虐待事案が挙げられます。いずれにせよ市町村（保険者）が算定を判断する根拠になりますので、場合によっては事前に確認をとっておく必要があるでしょう。

「ケアプラン点検支援マニュアル」に基づくセルフチェック（第1表）

質問1

記載事項に漏れがないよう、常に確認をしていますか？

■確認ポイント

□必要事項の記載がされている。
□利用者及び家族の意向の記載がされている。
□介護認定審査会からの意見及びサービスの種類が記載されている。
□総合的な援助の方針が記載されている。
□生活援助中心型の算定理由が記載されている。

■類似及び補足質問

□「居宅サービス計画書（1）」に必要な事項が漏れなく記載できていますか？
□第1表を読んで、居宅サービス計画全体の方向性がイメージできるようなものになっていますか？

質問2

「課題」の整理はできましたか、またそれらの「課題」は「利用者及び家族の生活に対する意向」とに関連性はありますか？

■確認ポイント

□課題標準分析項目等を活用し、課題の抽出ができている。
□認定調査表、主治医意見書、被保険者証、サービス提供事業所・者・主治医からの情報提供など、利用者及び家族からの情報以外にも必要に応じて関係者からも意見を収集し、意向や課題が明確になるように支援している。

□課題と「利用者及び家族の生活に対する意向」との間に関連性がある。

■類似及び補足質問

□利用者及び家族は、これからの生活について、どのようになることが望ましいと考えていますか？

□利用者及び家族は、どのような生活に戻りたいとお考えですか？

質問 3

家族はどのような思いで、利用者を支えていこうとお考えですか？

■確認ポイント

□家族が今一番困っていることを受け止めた上で、家族として「できること」「できないこと」を把握している。

□家族が何気なくもらした「介護に対する言葉」をきちんと受け止め、意識している。

□介護支援専門員個人が思い描く家族像を押し付けていない。

■類似及び補足質問

□ご家族は、本人にどのような介護サービスを受けてもらいたいと考えていますか？

□介護サービスを利用し、どのような生活をおくってほしいと考えていますか？

□家族としては、介護サービスを利用することで、本人とどのようなかかわりを続けたいと考えていますか？

質問 4

利用者及び家族の「生活に対する意向」は、アセスメントをすすめ、課題が明確になっていく過程において、面接当初と比べてどのような変化が生まれましたか？

■確認ポイント

□利用者及び家族の生活に対する意向とアセスメントの結果が合致している。

□介護サービスを利用するためだけの課題抽出になっていない。

□利用者・家族が改善可能であろうと思う生活を具体的にイメージできている。

■類似及び補足質問

□利用者及び家族の「生活に対する意向」は、アセスメント当初からプラン原案作成までの経過の中で変化が見られましたか？

質問 5

総合的な援助方針はどのようなプロセスを踏んで決定しましたか？

■確認ポイント

□利用者及び家族を含むケアチームが、目指すべき方向性を確認し合える内容が記載されている。

□緊急事態が想定される場合は、対応機関やその連絡先、対応の方法などについての記載がされている。

□サービス担当者会議の開催が行われたかを確認する。

□サービス担当者会議が開催できなかった場合に、どのようにケアチームの方向性を確認し、合意形成したのかを確認する。

■類似及び補足質問

□総合的な援助の方針を立てる際、特に留意した事柄はどのようなことですか？

□総合的な援助方針を立てるにあたり苦労した点はどのようなことですか？

質問 6

生活援助中心型を算定した理由を教えてください。

■確認ポイント

□たんに形式的な要件のみでサービス提供の有無を算定していない。

□生活援助中心型の算定理由を、介護支援専門員が根拠をもって説明できる。

□判断に迷う場合は、自分だけで判断せず、保険者、地域包括支援センターなどに相談し、客観的な意見を求めている。

■類似及び補足質問

□生活援助中心型の算定理由を記載するにあたり、困ったことはどのようなことですか？

□介護保険による訪問介護サービスと家政婦紹介所などによる生活援助の違いを理解し、説明できますか？

第2表「居宅サービス計画書(2)」〜ニーズ

第2表「居宅サービス計画書(2)」とは

第2表は左がニーズ、真ん中が目標、右半分が援助内容と、大きく3つのパートに分かれています。第2表は『ケアプラン点検支援マニュアル』では、次のように解説されています。

> 第1表で示された「利用者の望む生活」を実現していくために、アセスメントから導き出された一つひとつの生活課題を、具体的な手段を示しながら一歩ずつ解決していくための手順を表したものです。居宅サービス計画全体の中核となる帳票です。
> 第2表は、利用者の生活課題（生活全般の解決すべき課題「ニーズ」）で、解決していかなければならない課題の優先順位を見立て、そこから目標を立て、
> 1）利用者自身の力で取り組めること
> 2）家族や地域の協力でできること
> 3）ケアチームがお手伝いをすること
> で、できるようになることなどを整理し、具体的な方法や手段をわかりやすく示した帳票です。目標に対する援助内容では、「いつまでに、誰が、何を行い、どのようになるのか」という目標達成に向けた取り組みの内容やサービスの種別・頻度や期間を設定します。これはケアチームの目標達成期間であり、モニタリングやケアプランの見直しの指標となるものです。

ケアプランのなかでもニーズの解決を具体的に表す帳票で、一番ボリュームがあり、演習でも受講生の多くが苦労する部分です。実務面でも同様に、慣れるまでには非常に時間を取られます。課題整理総括表を活用して、まずそちらで見通しをたてるとよいでしょう。繰り返しになりますが、①利用者自身の力で取り組めること、②家族や地域の協力でできること、③ケアチームがお手伝いをすることがきちんと把握できていれば、ニーズの整理もずいぶんと楽になりますし、作業効率も上がると思います。

この節では、まず「生活全般の解決すべき課題（ニーズ）」を解説します。

図表3 第2表「居宅サービス計画書（2）」

第3節（111ページ）
第4節（150ページ）
①　②　③

第2表　　居宅サービス

利用者名　　　　殿

生活全般の解決すべき課題（ニーズ）	目標			
	長期目標	（期間）	短期目標	（期間）

② ※1 「保険給付の対象となるかどうかの区分」について、保険給付対象内サービスについては○印を
※2 「当該サービス提供を行う事業所」について記入する。

居宅サービス計画について説明を受け、内容に同意し交付を受けました。	説明・同意日

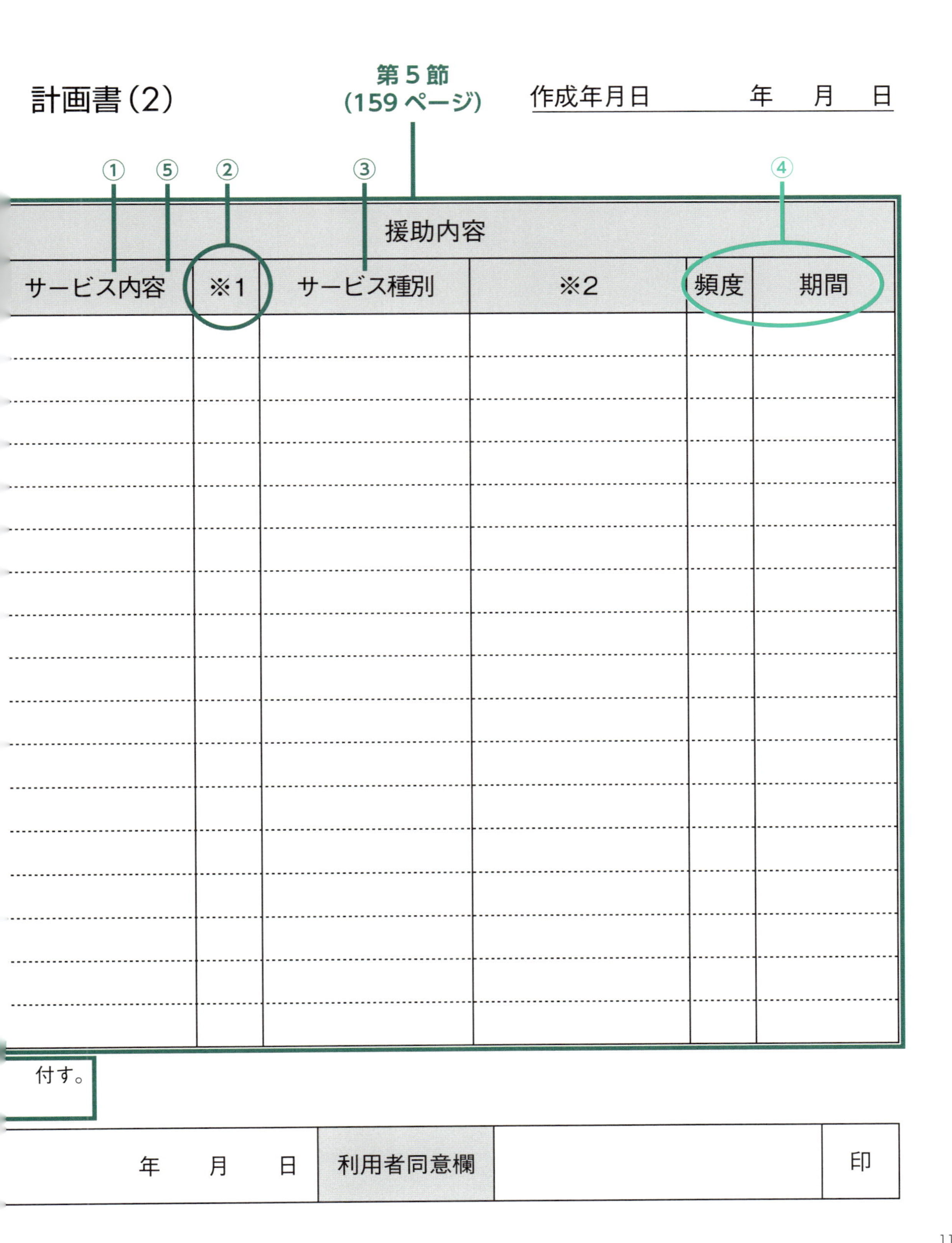

計画書（2）

第５節
（159 ページ）

作成年月日　　　　年　　月　　日

① ⑤ ② ③ ④

援助内容					
サービス内容	※1	サービス種別	※2	頻度	期間

付す。

年　月　日	利用者同意欄		印

▶「生活全般の解決すべき課題（ニーズ）」欄の記載要領

「居宅サービス計画書標準様式及び記載要領」から抜粋

利用者の自立を阻害する要因等であって、個々の解決すべき課題（ニーズ）についてその相互関係をも含めて明らかにし、それを解決するための要点がどこにあるかを分析し、その波及する効果を予測して原則として優先度合いが高いものから順に記載する。

「生活全般の解決すべき課題（ニーズ）」には、どのような内容をどのような順序で記載すればよいのでしょう。本来のケアマネジメントプロセスの大まかな流れでは、アセスメントで収集した情報を分析し、課題を抽出することになりますが、初期相談やそれまでの相談過程で利用者や家族よりニーズにあたる内容などが断片的に出されることもよくあります。

ニーズの捉え方

相談の大半は困り事の形で持ち込まれます。まず第一声は「入浴ができない」「排泄に困っている」などに始まり、重度になるほどその数も増え複雑化し、具体的だった困り事も「身の回りのことができない」のように抽象化されてきます。さらに重度化すると本人よりも家族などの介護者から「入浴の介助が大変」「食事介助を助けてほしい」などの声があがるようになります。こちらも「介護が大変」のように抽象化されたニーズになります。

しかし、これらがすべて、そのままニーズであるかというと、そうではありません。課題整理総括表（61ページ）などでこれらを整理し、きちんと全体像を把握しないまま、いきなりこれらを「生活全般の解決すべき課題（ニーズ）」欄に羅列してしまうと、後の展開で苦労することにもつながりかねません。これはアセスメントをきちんとするということに尽きるのですが、後の作業のためにもニーズの把握や確定は慎重に行いましょう。

第１表、第２表の目標〜援助内容との関連

記載要領にもあるように、まず「利用者の自立を阻害する要因」を「生

活全般の解決すべき課題（ニーズ）」欄に羅列していきます。第２表ではこのニーズを起点として左から右へ目標～援助計画へと展開していくスタートになります。

「生活全般の解決すべき課題（ニーズ）」は第１表の「利用者及び家族の介護に対する意向」と非常に関連が深い項目です。アセスメントを通して収集した情報を分析し、一つひとつ「生活全般の解決すべき課題（ニーズ）」を確定していくわけですが、「利用者及び家族の介護に対する意向」欄でも解説したとおり、利用者や家族からの要望をそのまま羅列するものではありません。かと言って、専門家が課題と判断したものを押し付けるのではなく、利用者とケアマネジャー双方でのすり合わせが重要になってきます。第２表は「生活全般の解決すべき課題（ニーズ）」を起点にして右側の目標～援助内容へと発展していくものになりますから、この展開を意識したすり合わせが重要です。

第２表の仕組みは、「生活全般の解決すべき課題（ニーズ）」に記載された課題に対して、その課題を解決するための「長期目標」が設定され、その「長期目標」を達成する条件である「短期目標」が設定され、その「短期目標」達成のために必要なセルフケアやフォーマル、インフォーマルサポート（サービス）等の援助内容を設定します。

過去に指摘された「サービス先にありき」のケアプランなどでは、希望するサービスが先に決まっており、そのサービスの利用が想定されるような「短期目標」→「長期目標」→「生活全般の解決すべき課題（ニーズ）」を組み立てることになるなど、本来の流れに逆行したケアプランが作成されてしまっていました。しかし、これは利用者の自立支援をかなえるケアプランとはいえません。

ここまでではなくても、介護支援専門員実務研修でのケアプラン作成演習などで、「生活全般の解決すべき課題（ニーズ）」欄に「通所リハビリテーションに通い機能訓練を受けたい（≒リハビリテーションが必要）」のように具体的なサービス内容やサービス種別が記述されてしまっていることもたまに見かけます。これでは右側への展開において、セルフケアを含めた主体的な取り組みなどの発想は望めませんし、本人の主体的な取り組みは期待できず、先の逆行したケアプラン作成とあまり変わりません。何をしてほしいのかは「生活全般の解決すべき課題（ニーズ）」にはなり得ないのです。

▶ 利用者（側）のニーズ、専門家（側）のニーズのすり合わせ

ニーズを特定していく過程で重要なのは、ニーズのすり合わせです。「経緯と相談者の思い」（33ページ）のところでも触れましたが、相談に至った動機には大抵ニーズが隠れています。内容的にはICFの「生活機能」における「心身機能・身体構造」や「活動」の各構成要素に含まれるマイナス面（阻害因子）をどうにかして欲しいといった欲求が多く見受けられます。こういった情報は、アセスメントをする上で、利用者や家族の主観的な思いとして重要な情報ですが、示された欲求（要求）をそのままニーズとして捉え、単純にその情報に順位をつけてニーズ欄に羅列するものではありません。

欲求には大抵、背景があり、背景となった客観的事実があるはずです。利用者や家族には気づかない潜在化したニーズがそこに見つかるかもしれません。不自由さを抱えた利用者の多くはその背景に複数の喪失感や挫折感を抱えています。このような心理状態から「○○したい」や「○○できるようになりたい」を引き出すためのニーズのすり合わせには、課題整理総括表の「見通し」欄（68ページ）で述べたような自立に向けたアイデアを示す必要があります。

困りごとの背景とニーズのすり合わせ

このように、すり合わせは利用者からの要望に対してケアマネジャーが別の提案を行いながら進めていきます。例えば、脳梗塞後遺症などの半身麻痺があるケースで「デイサービスで入浴させて欲しい（させたい）」という欲求を例に考えてみましょう。前述の通り、これはそのままニーズとなるものではありません。しかし、このような欲求が生じた背景には、入浴という一連の「活動」になんらかの支障（活動制限）があるはずです。また、この支障は入浴に必要な一連の動作に関し、「能力」が欠けているために実際に「できない」場合と、不安や危ないからといった周囲からの制約で「させていない」ことを支障と感じている場合もあります。

ここを見極めるためには、入浴に必要な「心身機能・身体構造」面での、入浴に必要な一連の動作の能力はどうなのかを確認する必要があります。具体的には麻痺・拘縮・変形・欠損の構造上の課題と各機能の状

況（程度)、動作に必要な筋力と持久力、動作に影響を及ぼす痛みの状況、意欲や自信に必要な精神活動、一連の動作を遂行するための認知機能などの状況を客観的に捉える必要があります。

また、入浴に関連する「環境因子」として浴室や脱衣場の構造、そこまでの動線上の環境面での障壁、入浴に関しての意欲や自信に関係する「個人因子」にあたる個人の性格や価値観、生活歴、生活習慣も把握して状況を分析しなければなりません。なお、「活動」面の支障のほとんどは「心身機能・身体構造」と「環境」のミスマッチからくる摩擦に起因しています。

このような一連の分析の結果、「心身機能・身体構造」面に健側の筋力強化や残存機能を活かした動作の獲得と工夫、痛みの緩和を、「環境因子」面では手すりの取付など、環境面の整備を働きかける提案ができれば、このような浴室で、こういったやり方だったら、「自宅の浴室でもう一度、入浴できるようになる」かもしれないという期待を生み、今抱えている入浴に関する課題に対して主体的なニーズを発見することができるでしょう。

また、これらに影響を及ぼすのが「健康状態」です。高血圧症や眠剤服用の影響など、脳梗塞後遺症の麻痺のせいと片付けられている他の原

図表4　困り事の背景とニーズのすり合わせ

デイサービスで入浴したい（自宅で入浴ができない）
↓ 背景

自宅の浴室でもう一度、入浴できるようになる
↑ 展開

ICF構成要素	マイナス面（できない背景）	標準項目	プラス面（するためのアイデア）
心身機能 身体構造	半身麻痺で歩行や体幹保持が不安定 入浴固有の動作ができない	ADL	できる活動（能力） 健側の活用、患側活用の工夫、機能訓練、活動性の向上
環境因子	手すりがない、段差がある、浴槽が深い	介護力 居住環境	環境整備
個人因子	自信喪失、依存	生活歴	役割の再構築、意欲の賦活 自宅で入浴したい
健康状態	高血圧症、眠剤の投与	病歴 健康状態	血圧管理、服薬管理 セルフケア

因が潜在している場合もありますし、入浴という「活動」の際の負荷が血圧に影響することもあるため、安全な入浴のためには、血圧が安定しているなどの良好な「健康状態」が条件となり、血圧の安定や、そのために必要な食習慣や運動の習慣、休養のための睡眠を含めた生活リズムの構築などが新たなニーズとして出てくることもあるわけです。

このような思考プロセス構築のためには、アセスメントの段階で困り事だけではなく「健康状態」「心身機能・身体構造」「環境因子」「個人因子」などの各要素、またはそこに関連するアセスメント項目でのプラス面の情報（ストレングス）までもをしっかり収集（把握）しておくことが重要です。

参加の視点を忘れない

このように、入浴と一口に言ってもさまざまな要素が含まれているはずです。入浴ができないと言ったマイナス面だけに焦点をあてると、「心身機能・身体構造」面では保清ができず感染や合併症のリスクが高まる、「環境」面では入浴介助などの介護者の負担など容易にその影響を想像することができますが、もうひとつ忘れてはならないのが「参加」の視点です。本人にとっても、入浴できていないことが不快でさまざまな生活意欲を削いでしまっていたり、不潔な印象で相手に不快な印象を与えるのではないかと交流を自制してしまっていることも考えられます。

反対に、入浴という活動は、一日の疲れを取る「楽しみ」の要素にもなり得ます。専門家や介護者側からの保清という側面だけで入浴をみるのか、本人の立場から「楽しみ」の視点も加味して入浴をみるのかで解決方法は変わってくるはずです。後者の視点に立った場合、「デイサービスの利用」という解決方法は、選択肢の優先順位ではずいぶんと後ろのほうになるのではないでしょうか。

ここで忘れてはならないのは利用者の尊厳です。介護保険の理念のひとつ、第１条※にある「これらの者が尊厳を保持し、その有する能力に応じ自立した日常生活を営む」にある「尊厳」をケアマネジャーとしてどう捉えるかも重要となります。

デイサービスで安楽に入浴している姿と、頑張って機能改善に取り組みながら、もう一度、自宅の浴室で入浴ができるよう努力する姿のどちらが「尊厳ある姿」と捉えるか。最終的には本人の選択によるところに

※　介護保険法第１条　この法律は、加齢に伴って生ずる心身の変化に起因する疾病等により要介護状態となり、入浴、排せつ、食事等の介護、機能訓練並びに看護及び療養上の管理その他の医療を要する者等について、これらの者が尊厳を保持し、その有する能力に応じ自立した日常生活を営むことができるよう、必要な保健医療サービス及び福祉サービスに係る給付を行うため、国民の共同連帯の理念に基づき介護保険制度を設け、その行う保険給付等に関して必要な事項を定め、もって国民の保健医療の向上及び福祉の増進を図ることを目的とする。

決着するのかもしれませんが、その決定にはケアマネジャーの思考が影響します。よって、このような場面でどのような解決法を提案するのかはとても重要になるのです。

このように「心身機能・身体構造」や「活動」の課題は相互に密接に関係しています。情報収集の段階で表出された要求を単純にニーズと捉えてしまうのではなく、他に表出されている要求や客観的事実と突き合わせ、相互の関係に着目し、起きている事象の背景や、今後の予測などを含めた全体像の把握が求められます。

▶ 利用者及び家族の望む暮らしとケアマネジャーの見立て

一般に、高齢になり身体機能も低下してくると、日々の家事なども大変になってきます。「一人暮らしで買い物が大変に感じている。半月ほど前に転倒し、買い物中や道中の事故が心配でここ１週間は買い物にも行けていない。食料品も底をつき、このままでは生活も成り立たなくなる。訪問介護を使って支援を受けたい」。こうした相談をよく受けます。

こういった相談（要求）を受け、一通りのアセスメントの結果、変形性膝関節症があり、重い荷物を持っての帰り道が辛く、転倒の既往もあるなど、それなりの理由がいくつか見つかります。結果的に訪問介護の支援を位置づけた「○○で買い物に行けないので、ヘルパーの支援を受けたい」といったニーズや「生活に必要な物品が確保される」といった目標を掲げ、早々にケアプランを作成して解決しようとする流れが散見されます。困り事と解決方法をセットで持ち込まれるのですから、全否定することも難しいのはわかりますが、これだけではケアマネジャーの専門性が十分発揮されているとは言えませんし、何より、介護保険の理念である自立支援もここには不在です。

仮になんらかの原因があって廃用がすすみ、これまでできていた買い物（役割）ができなくなってきた。このようなパターンは数多く存在しています。この場合、要求どおりに買い物の代行のような支援が導入されてしまうと、しんどいと思いながらもやっていた買い物の機会も奪うことになってしまいます。

また、買い物と一口に言っても、たんに生活に必要なものを調達しているだけではないはずです。買い物に出かけることで行く先や道中で出

図表5 ICF マイナスの循環

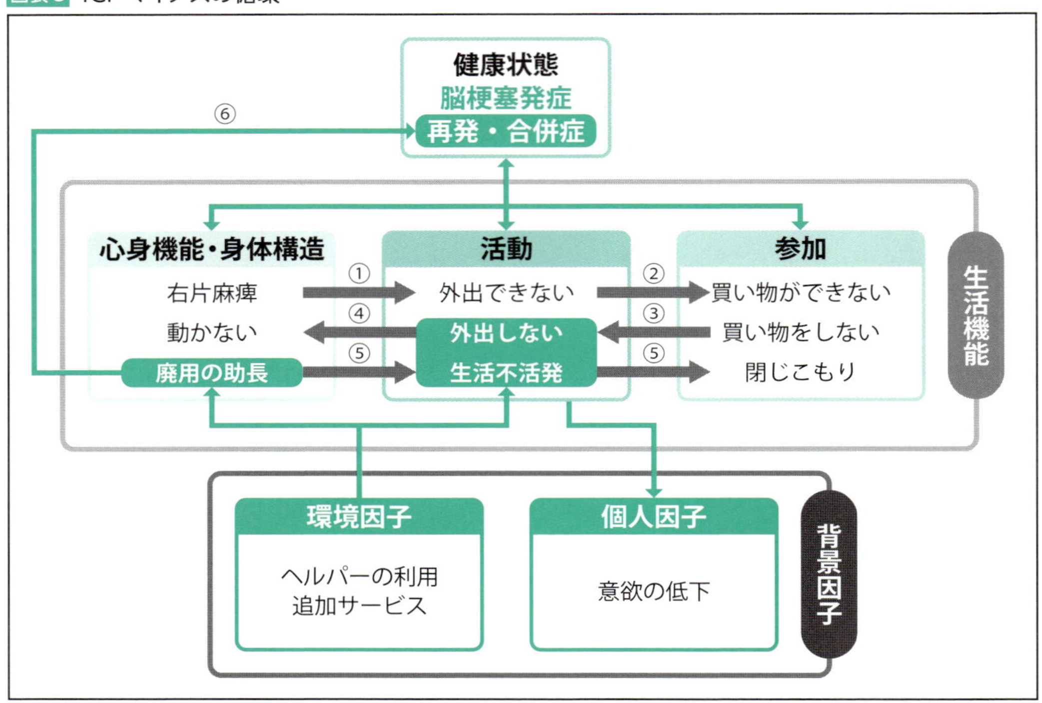

会った人と接触し、ときには立ち話などの社会交流もあるでしょう。なかにはこのような交流が、その人にとっては貴重な社会参加の機会になっているかもしれません。安易な役割の代行は、それまでのしんどさや転倒に対する不安からは開放してくれますが、それは同時に役割を奪うことにもつながりかねず、ひとつ間違うと生活意欲を喪失させ、さらなる機能低下のような悪循環を進行させてしまうかもしれません。過剰なサービス利用は依存を生み、その結果である意欲低下が危惧されます。また、役割の喪失によって廃用が助長されることも忘れてはいけません（図表5）。

課題の本質を見極める

ニーズを把握するためには、その先の支援の方向性が重要になります。すなわち目標設定です。自立支援に向けた目標設定のためには、これまでどおりの役割を担えるようになれるのかをまず検討すべきでしょう。

先ほどの例ですと、買い物が大変であると感じているならば、その原因はどこにあるのかをアセスメントで収集した情報から考察し、原因を

図表6 ICF プラスの循環

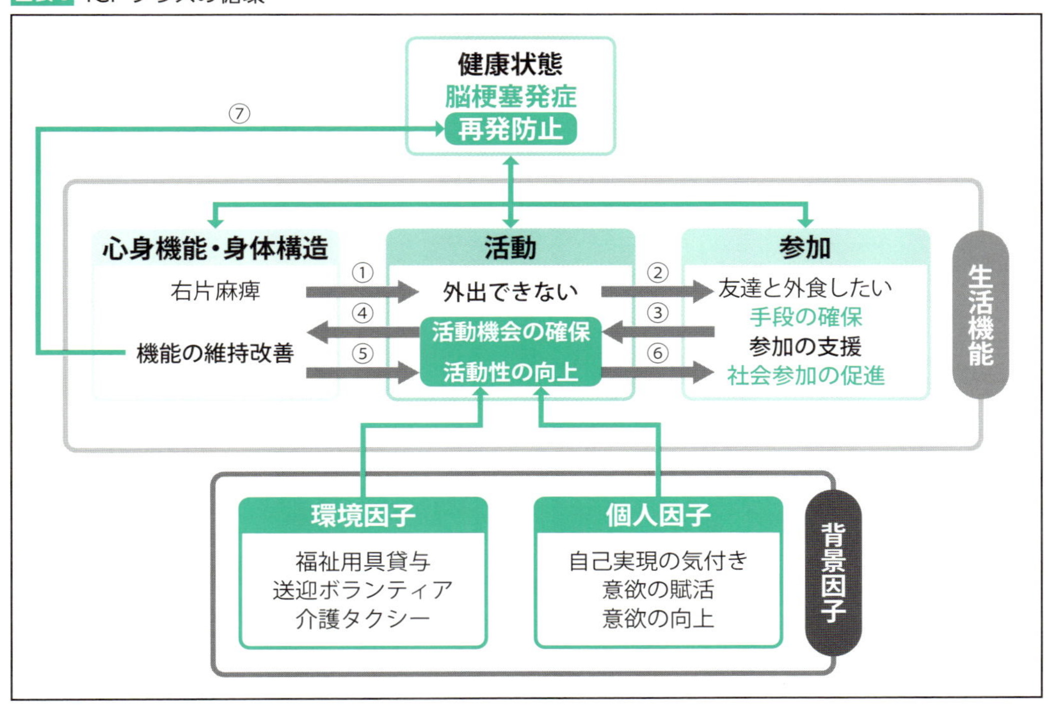

掘り下げ、除去し、再び買い物が大変でなくなるようにできないのか、仮に完全復帰が不可能だとしても、どこまでの復帰が期待できるのかをまず考えるべきです。

では、なぜ買い物が大変と感じているのか。例えば、歩行や移動に必要な下肢機能に影響する運動器疾患があるならば、必要な治療やリハビリテーション（訓練）などによって改善が見込めないのか、歩行器や歩行補助具の導入で改善が見込めないか、体力の低下などを引き起こすような栄養状態の悪化はないか、栄養摂取に必要な口腔機能に問題はないか、しんどいと思う背景にうつや初期の認知症が関連していないかなど、介護予防サービスに組み込まれた6種の事業プログラム要素（運動器の機能向上、栄養改善、口腔機能の向上、閉じこもり予防、もの忘れ予防、うつ予防）の視点からみただけでも、ざっとこれくらいは思いつきます。これらを放置してしまうことは、リスク管理の面からも禁物です。

ケータリング、個配サービスなどで必要品の確保を図りつつ、これらの原因となる要素の改善で生活機能の向上を図り、もういちど役割の回復を検討する視点が専門家には求められます。たんにサービスによる役割の代行をあてがうのではなく、訪問介護による買い物同行で役割の継続と物品確保を行いながら機能回復に期待するのも一案かもしれません。

買い物に行けていない＝生活物品の確保ができず、世帯の維持が破綻することは目の前の課題です。では、ニーズもそのまま「買い物に行けないこと」としてしまってよいのでしょうか？　背景にある買い物にいけなくなった理由が見つかり、しんどい原因が共有されれば、課題の本質は買い物に行けないことではなく、下肢に痛みがあることや栄養状態が悪く体力が落ちている、気持ちが落ち込んでいるなどの視点でニーズそのものが見直され広がっていくかもしれません。

ニーズの階層→プラスマイナスゼロレベルと尊厳

相談者の多くはなんらかの不自由さ、つまりはマイナス面を動機に来訪されます。このような動機での相談の渦中では、今ある困り事を抱えている状態からの離脱が最優先で、やり取りのなかでもマイナス面ばかりが取り上げられ、その補填（ほてん）をサービスに求められることも珍しいことではありません。前述した例のように、このような要求にそのまま応えることは安易なのですが、その後の波及を考え、中長期的な見通しをもって課題解決をはかる専門的視点が必要になります。ここにケアマネジャーが支援者としてかかわるのです。支援者としてかかわる上では、今起きている困り事の背景や原因が何なのか、それはいつから起こったことなのかなどを特定し、今後どのような経過をたどるのか、またどのようなリスクがあるのかなど、専門的な知識、経験に裏付けられた分析や予測が発揮されなければなりません。

例えば進行性の病変やターミナル期に対して強く自立を期待することは倫理上の問題もありますし、一方、比較的若い方の骨折後など、受傷前の状態への復帰が予測できる方には大まかな予後予測が立てられているかどうかはとても重要です。相談者の多くはなんらかの疾患や骨折といったアクシデントなど、なにがしかのきっかけを持っています。これらのきっかけが何であるかで大まかな予後はいくつかに分類できます（39 ～ 42 ページ）。

身近な困り事を解決することも重要ですが、図表５の例では、買い物（役割）の継続がこの方にとってどのような意味があるのかを共に考え、ICFの生活機能の要素で言えば「参加」レベルでの課題と捉える姿勢が重要になります（図表6）。

支援における基本的なスタンス

ケアマネジメントの基本は自立支援です。ただ、自立と一言で言ってもさまざまな形が挙げられます。生活になんらかの支障が出てきた場合、自立のためにはその支障が無くなることが条件になりますが、その手法は多岐にわたります。

買い物を例に取って少し考えてみましょう。買い物に行けない状況が続くと生活に必要な物品が不足します。これが生活における支障です。ではどうやってその物品を調達するかですが、「誰かが代わりに買い物に行く」こともひとつの方法です。しかし、代わりにといっても家族、友人、知人、ボランティアなどのインフォーマルな支援から、代行する業者、地域独自の福祉サービス、訪問介護による生活支援といった介護保険サービスのようなフォーマルな支援まで選択肢は数多く広がります。

また、依頼先により体制はさまざまですが、代行という方法ですので確実性は高く即応性も期待できます。しかし、その反面、買い物という役割を本人が失うことは確実ですし、これによって依存心をいたずらに刺激した結果、意欲の低下を生んでしまうことも危惧されます。

一方、残存能力に目を向けますと、すべてを代行しなくとも、通販や買い物先からの配送など、方法を変えるだけで課題が解決する方法もあります。新しい仕組みを理解したり使いこなすスキルも必要になりますが、役割意識を持続させるには良い方法のひとつといえるかもしれません。福祉用具の活用や交通手段の見直し、買い物先の変更など、環境のハードルを下げるアプローチでの自立も期待できる方法です。

別の視点では「治療や訓練によるリハビリテーションでもう一度買い物に行けるようになってもらう」。これも解決方法のひとつです。原因により異なりますが、この方法が実現するためには、もう一度、買い物に行けるまで本人が回復するためには一定の期間が必要になりますし、確実性も原因の状態、本人の能力や意欲にある程度依存します。実務では状況から確実性や回復の期間を図り、他の方法も併用しながら支援策を組み立て、提案していくことになります。原因が先天的なものであったり、認知症を含む進行性の病変、いわゆるターミナル期など一部の例外もありますが、この例からもわかるように、ケアマネジメントにおける自立支援の基本はリハビリテーションの考え方に通じています。

自立支援のためのリハビリテーション

このように、何事も安易に補完を考えるのではなく、まずは機能の改善を検討することが重要です。脳梗塞の急性発症や骨折などを契機にしたものは医療（保険）で提供されていたものの移行などもありますが、廃用などの緩徐な機能低下は、本人だけでなく周囲も見落としがちです。どのような場合であれ、なんらかのニーズが発生したときには、まず機能の改善が図れないかを検討してみましょう。

ニーズをどのような形で把握しているかにもよりますが、排泄や入浴など生活支援にかかわるものなど、多くはICFの要素にある「活動」のIADLやADLあたりに関連するところで発生してくるでしょう。ICFにおける「生活機能」の「心身機能・身体構造」「活動」「参加」は、左から右に原因→結果（波及）のように、ある意味ICIDHのような関係を持っています。「参加」が制約されている場合は、その原因になる「活動」の制限がありますし、「活動」の制限には、関連する機能障害や構造障害が潜んでいます。

ここではこの障害の改善を検討することになりますが、機能改善にはいくつかの条件があります。先天的な構造障害などの多くは改善の期待は難しいものですし、機能障害も神経難病や変性疾患由来の認知症など進行性病変由来のものも同様で、回復への期待もそれなりになります。改善の手法は治療や理学療法などの機能訓練を中心に検討しますが、循環器疾患などの持病で訓練に制限が加わるケースもあります。このあたりは主治医など医療関係者からの情報分析や、必要に応じた意見聴取などが必須となります。

この他、年齢や意欲など訓練の成果に影響を及ぼすもののひとつに栄養状態があります。膝や股関節の変形や人工関節への置換術後などでは、肥満などの体重負荷が改善を遅らせる原因となり、並行した栄養管理などの体重コントロールも必ず視野に入れなければなりません。反面、栄養が不良のまま訓練を実施することは事故のリスクを高めます。その原因が口腔機能にある場合は、歯科受診や必要な治療を合わせて考慮する必要があります。

このような支援をしても能力的に回復が見込めない部分や時間的に回復が間に合わない部分に対して、環境整備や補完的支援を組み合わせていくことが自立支援につながるのです。

「リハビリテーションを続ける意味」という表現について

WHOはリハビリテーションを「リハビリテーションは、能力低下やその状態を改善し、障害者の社会的統合を達成するためのあらゆる手段を含んでいる。リハビリテーションは障害者が環境に適応するための訓練を行うばかりでなく、障害者の社会的統合を促す全体として環境や社会に手を加えることも目的とする。そして、障害者自身・家族・そして彼らの住んでいる地域社会が、リハビリテーションに関するサービスの計画と実行に関わり合わなければならない。」(1981年)と定義しています。

本来は語源のRe(再び)、Habilis(元の状態に戻す)、tion(すること)からなり、「再び元の状態に回復する」という意味なのですが、これは心身機能だけを指しているものではなく、社会との相互の関係において障害者が環境に適応している姿を指しています。しかし、世間一般ではこのような本来ある広義のリハビリテーションではなく、訓練や物理的治療のような、その一部分である理学療法※の部分に限局した、狭義のリハビリテーション的な意味を指し示していることが多くあるようです。

最近は減りましたが、研修における演習などで作成されたケアプランの「生活全般の解決すべき課題(ニーズ)」での「○○があってリハビリを続けたい」と記したものや、目標欄で「リハビリを継続する」と記されたものが時々出てきます。実務でも、利用者から「リハビリしてもらわないと寝たきりになるし、リハビリをしてほしい」といった相談がよく寄せられます。ニュアンスはわかりますが、研修にせよ実務の相談にせよ、よくよく聞いてみると、ここで言うリハビリは本来のリハビリテーションとはちょっと違って、前述した理学療法などに限局した使われ方になっています。

マネジメントの現場では、利用者との間で意味の共有さえ図れてい

※ 理学療法とは、身体に障害のある者に対し、主としてその基本的動作能力の回復を図るため、治療体操その他の運動を行わせ、及び電気刺激、マッサージ、温熱その他の物理的手段を加えることをいう。(理学療法士及び作業療法士法第137号)

れば、使われる言葉の意味自体をどうこう言うものではありませんし、ICFで言う生活機能の心身機能・身体構造だけに着目し、運動習慣をつけることや、活動的な生活リズムを作ることも重要ですが、ここで危惧するのは、ケアプランの「目標」が前述の狭義のリハビリテーション（≒訓練）を続ける（受ける）ことや身体機能の向上になってしまうことです。

骨折などで一時的に低下した機能改善を短期に図る場合はまだしも、脳梗塞などで相応の後遺症を残す場合や、高齢などで十分な改善が見込めないケースで身体機能の向上だけを目標としてしまうと、達成できない目標のため延々と訓練を続ける（させられる）状態を作ってしまう可能性があります。

リハビリテーションの目標が社会的統合であるならば、機能改善だけに働きかけるのではなく、環境因子に対するアプローチ（環境整備）や個人因子における、そもそもの資質や生活歴への配慮やストレングスの活用などを総動員して、同じく生活機能における参加レベルでの役割への復帰や社会との接点の回復を目指さなければなりません。これはケアマネジメントに関しても同様で、リハビリテーションを考えるときには、訓練や機能改善は、あくまで手段であって、訓練によって獲得、向上した機能を使って何を行い（活動）、どのように社会に復帰（参加）するかまでを考えた目標を設定する責任があります。

障害を受容する

先述の相応の後遺症を残す場合や十分な改善が見込めないケース、進行性の神経難病などでは、一定の障害を受容する必要が出てきます（障害受容）。原因疾患にもよりますが、脳梗塞などでは発症して急性期の治療が一段落した段階で、おおよそこの程度の麻痺は残るだろうという告知もされています。とはいえ、それがそのまま受け容れられるわけではなく、発症当初は元通りに動けるようになりたいと思うのは当たり前の感情ですし、急性期のリハビリテーションにおける訓練のモチベーション維持にも重要です。しかし、訓練さえしていれば元通りに麻痺がなくなるかといえばそうではなく、重度であればあるほど重い後遺症が残ります。どこかの時点で、回復にこだわることをあきらめ、残った障害を受容する方向に考え方を切り替えなければなりません。

しかし、すべての方が簡単に切り替えられるわけではありません。このようなケースで障害受容が不十分なまま機能改善ばかりを目標に据えることは、逆に障害受容を遅らせることにつながります。目標を活動や参加レベルでの役割回復などに求めると、環境へのアプローチや誰かの協力などで解決の幅も広がりますし、目標を達成することが障害受容を促進する材料にもなります。

当初は一見残酷に映るかもしれませんが、支援者として障害に寄り添うのではなく、ときにはきっぱりとした方向転換の提案も必要になります。例えば、中重度の脳梗塞で利き手側の右半身麻痺などが出ているケースでは、「右上下肢が不自由なく動かせるようになりたい」のような願望は誰しもが持ち、訴えるのが通常です。そのままこれを受けて、目標を「麻痺側の機能改善」に据えてしまうとどうなるでしょう。中重度であっても、一定レベルまで回復ができればそのような目標設定でいいかもしれませんが、思うように回復しない場合、残った麻痺の改善のために延々と訓練を続けなければならない状態を作ってしまうのは前述した通りです。

大切なことは機能改善が本来の目標でなく、その機能を何（活動）のために獲得（回復）させようとするのかを明確にし、「活動」レベルに視点を変え、例えば「もう一度台所に立ってカレーが作れるようになりたい」のように、やってきた活動にシフトすると、利き手の変更や健側の強化などの訓練に加え、テーブルでの調理や誰かとの共同作業を取り入れるなど、目標達成への手段も広がり、達成の可能性も広がっていきます。

「参加」レベルでの目標も考える

ただ、この手法は机上では順調な結末に見えますが、実際はそううまくは運びません。仮にプラン通り目標が達成できて、シェフ顔負けのカレーが作れるようになったとしても、毎日カレーを食べるわけではありませんし、独居などで誰かに食べてもらうわけでもないケースでは、おそらくは獲得した機能（能力）を実生活で発揮することもなく、作る機会もそれほどないかもしれません。在宅でリハビリテーションを考えるときには、機能改善と同等にその発揮の場を考える必要があります。すなわち「参加」レベルでの目標です。

これまで、この方はどのようなシチュエーションでカレーを作っていたのか。どのような役割を持っていたのか。例えば、週末に訪ねてくる孫が本人が作るカレーを楽しみにしていたなどのエピソードがあるならば、「週末に孫と一緒にカレーを作る」のような内容を目標に据えるのも一考かもしれません。このような目標ですと、自身の身体機能にばかり依存するのではなく、レシピや調理のコツなどを伝授するなど、今でもできている能力を使え、達成の手段はさらに広がりますし、達成する可能性も飛躍的に高まる目標になります。

この例のように、どこに目標を据えるかで、支援の方向性や達成の可能性は変わります。目標が達成したと言っても、当初より本人が描いていた「発症前のように麻痺が改善し、自分ひとりの力で作ったカレーを孫に食べさせる」のような形になるとは限りませんが、「参加」レベルでの祖母としての役割に関しては受傷前と同じくきちんと復帰し、リハビリテーションの目的である社会的統合が果たせていることになります。

ここで重要なことは、機能の改善と役割への復帰は関連するものの、必ずしもイコールにはならないということです。目標が達成されることで本人にとっても自立が実感でき、役割の回復が自信につながり、この一連のプロセスが障害受容を促進させることを支援者も意識しておく必要があります。

サービス利用はあくまでも目標達成の手段

あきらめと受容は別物です。脳梗塞などで重い後遺症を抱えてしまった方がその障害を受容できずに「リハビリを続けたい」と願う心情的な背景には、障害を受け容(い)れる代わりに、「機能を元通りにしたい」という強い思いが存在し、重症だから改善は無理と簡単に切り捨てられるものではありません。回復はリハビリテーションでのあなたの頑張り次第としてしまうと、いつまでもリハビリを続けていたいと願う人を作り出してしまいますし、こういった人たちは障害を真正面に受け容れるのではなく、訓練を続けることで受容の先送りを繰り返します。障害を受容し、新たな生き方や生きがいを見つけ、その目標に向かって再スタートを切れるかどうか。いずれも本人が選択すべき人生ですが、障害受容のためには機能の改善に関し、医学的に不可能な部分についての回復はきっぱりとあきらめることもときには必要になります。

図表7 リハビリテーションについての検討項目

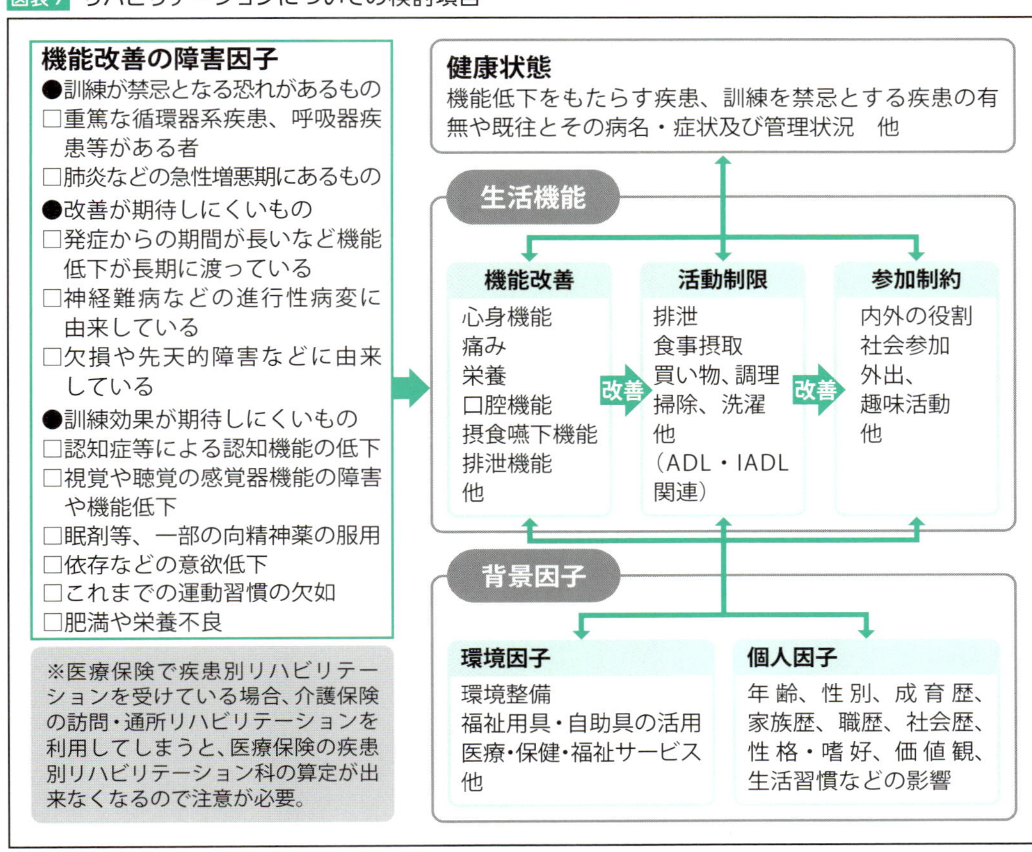

そして、それだけで終わらせるのではなく、残存する機能やたとえ不十分であっても回復した機能を発揮させる場も支援の専門職として提供や提案しなくてはなりません。この場は何でも良いというわけではなく、本来持っていた役割に直結、もしくは関連し、結果的には形が変わっても役割に復帰していることがゴールになるべきだと考えます。リハビリテーション本来の目的が社会的統合であるならば、訓練やそれによって獲得される機能向上は統合のために必要な手段のひとつであって、目標はその機能が発揮される活動や、その活動で果たされる役割や参加であるべきでしょう。これは、サービス利用はあくまで目標達成の手段であって、それ自体が目標になり得ないといった部分で、ケアマネジメントにも通じるものが多くあります。利用者のなかには慰安的なマッサージなどもリハビリと混同している人も少なからずいます。ニーズのすり合わせや目標設定などの場面ではこれらも留意した丁寧な対応を心がけ

ましょう。

▶ ニーズ抽出から目標設定へ

一般的な例として、食事を考えると、食事摂取（栄養補給）は生きていくために不可欠な生理的欲求です。しかし、生活者である利用者はこういった活動を生かしてより上位の欲求を満たそうとしており、例えば「家族と一緒に食事がしたい」のような次の階層である「社会的欲求（帰属欲求）」の充足への欲求が芽生えてくるわけです。さらには「馴染みの寿司屋に孫を連れて行って、一緒に好物の茶碗蒸しが食べたい」のような、その人の嗜好やICFの構成要素である「参加」レベルにある家族の役割、社会参加の状況、外出、趣味活動、対人交流、地域との接点、余暇活動の充足などと言った、第四階層である「尊厳欲求（承認欲求）」や、さらにより上位の「自己実現欲求」（存在欲求）へとつながっていくことになります。

欲求の階層と個別性

排泄や入浴、食事などADLに関係するニーズは、マズローの欲求5段階説（図表8）で考えると、第一階層の「生理的欲求」や第二階層の「安全欲求」にあてはめることができます。このレベルの欲求はこういっ

図表8　マズローの欲求5段解説とICFの関係

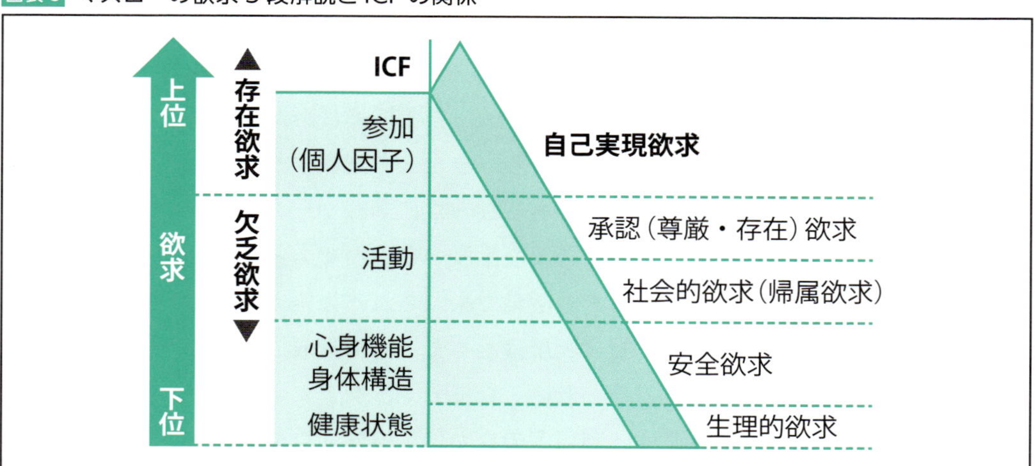

※　「マズローの欲求5段階説」に関しては5種類の欲求が、図にあるような階層的ではなくそれぞれに独立したものと考える向きもあると承知していますが、本書では階層的にとらえて解説しています。

た活動が制限されたときには誰にでもあてはまる普遍化されたものです。活動が制限された辛く不自由な状況から脱却したいというニーズは誰もが共通に持っていますが、ニーズの解決の方向性は人によって違います。

また、どこまでを望むかについても、今ある心身の状況やその回復の可能性で変わってきますし、回復に期待する思いの強さも個人差があります。ゆくゆくはこうなりたいという思いは、次の階層の「社会的欲求（帰属欲求）」や第四階層である「承認欲求（尊厳・存在欲求）」、さらに、より上位の「自己実現欲求」（存在欲求）へとつながっていくことになります。これらは、辛く不自由な今の状況から脱却したいという思いからつながるものですが、こうなりたいという方向性や、ゆくゆくの時期は一人ひとり違いますし、その人のなかでも変化します。こういった個別性を見出すことや、個別性を反映したニーズを共有することは、何よりも意欲を維持向上させるのに効果的です。

一般に高齢になってくると、疾病などがなくても加齢に伴い、身体機能とともに意欲も低下します。要介護状態にあるような疾病や障害を抱えた方はなおさらです。こういった状況下では、辛さや不自由さなどの低位の欠乏欲求は強くなりますが、「こうなりたい」といった「自己実現欲求」や「存在欲求」などは忘れられがちです。意欲が低下した状況では、できる活動も周囲に依存してしまいがちで、不自由さからは脱却できても自立からは遠のいてしまう結果をもたらします。このようなことからも、今の状況から脱却した後にどんなプラスがあるのかを気づかせることの重要性は理解いただけると思います。

上位欲求の役割と起源

通常、上位の欲求は「日々の業務はきついけれど、週末の魚釣りを楽しみに、今日も一日頑張ろう」のように、日常の生活意欲の源であり、さまざまな活動意欲を潜在的に牽引しています。病気や怪我で心身機能が低下し、それによって日々の活動のしづらさが続くと、その先の上位欲求の充足は難しくなります。こうなると生活意欲の牽引役である上位欲求をあきらめたり、見失ったりしてしまうでしょう。こうして牽引役を失うと生活意欲は減退し、さらに生活機能を低下させる悪循環に突入します（図表9）。

また、そもそも人の活動意欲の賦活の源は好奇心にありますが、歳を

図表9 生活機能を低下させる悪循環

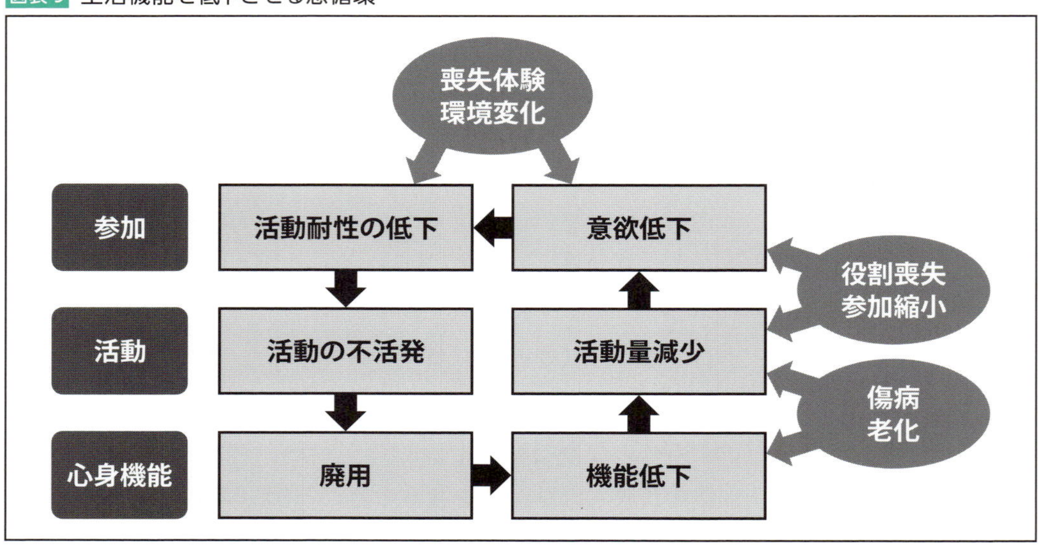

重ね、多くの好奇心を充足させると同時に体験や知識が蓄積されていくと好奇の対象は減り、代わりに役割やその責任を原動力に置き換えていきます。自発的に湧き出す好奇心と違い、役割は社会や人との関係性のなかから生まれてきます。高齢になると役割や参加はおのずと狭まり、疾病などがなくても、前述した理由のほか、高齢での転居などの環境変化や親しい人との死別などの喪失体験をきっかけに意欲は低下していきます。

こういった状況下では辛さや不自由さなどの低位の欠乏欲求は残りますが、「こうなりたい」といった「自己実現欲求」（存在欲求）などは忘れられがちです。意欲が低下した状況では、できる活動も周囲に依存してしまい、廃用によって生活機能は低下し、別の入口から悪循環に突入します。周囲への依存は不自由さからは脱却できても、自立からは遠のいてしまう結果をもたらします。

アセスメント⇔プランニング 課題整理総括表の活用（「見通し」欄）

第2表の作成にあたっては、こういった帳票全体の仕組みに沿って、「生活全般の解決すべき課題（ニーズ）」から支援内容を展開していきます。この作業は課題整理総括表の「見通し」欄での思考展開とほぼ同じものになります。

図表10　生活機能の良循環への転化

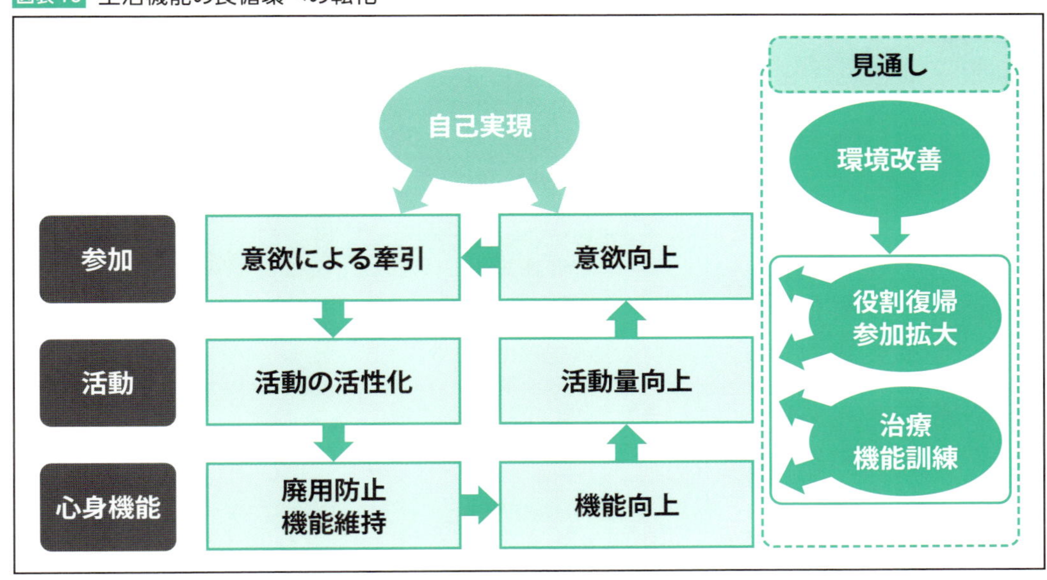

第２表では今ある課題（「生活全般の解決すべき課題（ニーズ）」）に対し、どういう形での解決（目標）のために、どのようなセルフケアを行うかや、誰がどのような支援を提供（支援内容）するのかを言語化したものになります。要するに、前述の悪循環（図表９）を良循環（図表10）に転化させるためにケアマネジャーが考える、課題に対しての解決策がここにあるわけです。

課題に対してどのようにアプローチするかを検討するうえで、ケアプラン作成過程ではケアマネジャーが独善的にケアプランを作成してしまうのではなく、利用者や家族とやり取りを繰り返し、その意向を取り入れながら作成されます。ゆえに、ケアプランには利用者や家族の個性が盛り込まれているのが当然ですが、同様に個々のケアマネジャーの個性も強く表れるものです。

利用者や家族とのやり取りのなかで、ケアマネジャーは専門家として自立支援に資するさまざまな提案を行います。この提案がどのようなものなのか。ここがケアプランに表れるケアマネジャーの個性でしょう。この提案のベースが「見通し」欄の中身であり、ケアマネジャーの力量が問われる箇所でもあります。「見通し」については第２章第３節の⑦「見通し欄」（68ページ）及び、次頁の「第２表の展開に役立つ課題整理総括表に基づく「見通し」のヒント」（図表11）を参考にしてください。

図表11 第2表の展開に役立つ課題整理総括表に基づく「見通し」のヒント

状況の事実 ※1		見通しのヒント	
移動	室内移動 屋外移動	○活動全般だけでなく参加に関連する項目であることに留意する ○機能向上による活動場所の拡大にも注目しておく	
		共通	□歩行機能の改善が可能か ・治療や訓練 ・栄養状態の改善が可能か ・薬剤の影響の除去 ・意欲の賦活 ・歩行補助具の導入 □環境整備の必要性はないか ・動線の見直し、整理 ・手すりの取り付け、段差解消 ・交通機関等の見直し（屋外移動）
		介助を受けている場合	□介護力は十分あるか □介護の方法は適切か ・介護者教室 □介護負担の軽減が可能か ・車いすや補助具の検討 ・車いす操作訓練 ・歩行機能改善 ・環境整備
食事	食事内容	○制限を守れないのか？守らないのか？（制限と嗜好との対立） ○生活全体の活動量と栄養状態（食事量・回数）との関係にも注目	
		制限がある場合	□食事内容の改善が可能か ・栄養指導 ・指導内容に沿った調整食の提供
		摂食や嚥下に問題がある場合	□食事形態の改善が可能か ・摂食機能にあった食形態
	食事摂取	○孤食等どこで誰と食べているのか？にも着目する ○嗜好や食べる楽しみと食欲や摂取量との関係も考察する ○誤嚥や喉詰めなどの事故リスクにも注目する	
		共通	□摂食機能の改善が可能か ・歯科等治療 ・嚥下訓練 □食事環境の改善が可能か ・ポジショニングの検討 ・食事場所の検討
		介助を受けている場合	□介助の方法は適正か ・介護者教室
	調理	○以前より妻に任せていたなどの習慣的依存が継続できる場合は別途検討する ○制限食や嚥下調整食など、特別な配慮が新たに必要となった場合等はその負担も含め検討する	

<table>
<tr><th colspan="2">状況の事実
※1</th><th colspan="2">見通しのヒント</th></tr>
<tr><td rowspan="2">食事</td><td rowspan="2">調理</td><td>自分で役割としていた場合</td><td>□意欲は十分か
・意欲の賦活
・役割の明確化
□これまでの習慣はあるか
□機能改善の可能性はあるか
・訓練
・方法の検討
・自助具の活用
・作業分担や共同作業の支援
□環境整備の必要性はないか
・場所の検討
・いすでの調理や用具の導入</td></tr>
<tr><td>支援を受けている場合</td><td>□役割復帰や獲得の可能性はないか
□意欲はあるか
・意欲の賦活
・役割の明確化
□これまでの習慣はあるか</td></tr>
<tr><td rowspan="4">排泄</td><td rowspan="2">排尿・排便</td><td colspan="2">○排尿、排便それぞれに把握、検討する
○原因の特定や関連する内容での受診や治療の有無についても確認する</td></tr>
<tr><td>共通</td><td>□排泄機能の改善が可能か
・治療や訓練
・薬剤の影響の除去
・食事内容の見直し
・水分摂取量の把握や見直し
□失禁の有無
・原因の除去
・オムツやパットの検討
□特別な処置の有無
・医療処置</td></tr>
<tr><td rowspan="2">排泄動作</td><td colspan="2">○排尿、排便それぞれに把握、検討する
○日や時間帯等による違い、頻度にも注目する</td></tr>
<tr><td>共通</td><td>□機能の改善が可能か
・治療や訓練
・栄養状態の改善が可能か
・薬剤の影響の除去
・意欲の賦活
□環境整備の必要性はないか
・衣類の検討
・動線の見直し、整理
・手すりの取り付け、段差解消
・尿器やポータブルトイレの検討</td></tr>
</table>

<table>
<tr><th colspan="2">状況の事実
※1</th><th colspan="2">見通しのヒント</th></tr>
<tr><td>排泄</td><td>排泄動作</td><td>介助を受けている場合</td><td>□介護力は十分あるか
□介護の方法は適切か
・介護者教室
□介護負担の軽減が可能か
・尿器やポータブルトイレの検討
・補助具の検討
・車いす操作訓練
・歩行機能改善
・環境整備</td></tr>
<tr><td rowspan="3">口腔</td><td rowspan="3">口腔衛生
口腔ケア</td><td colspan="2">○問題意識の有無やその度合にも注目（潜在化の防止）
○食形態等食事の状況との関連
○誤嚥性肺炎等関連疾患の既往の有無からも判断</td></tr>
<tr><td>共通</td><td>□口腔衛生の習慣及び程度はどうだったか
・衛生指導
・情報提供
・衛生材料
□義歯の有無及び適合状態
□口腔内のトラブルはないか
・歯科受診
・居宅療養管理指導（歯科医、歯科衛生士）</td></tr>
<tr><td>介助を受けている場合</td><td>□介護力は十分あるか
□介護の方法は適切か
・介護者教室</td></tr>
<tr><td colspan="2" rowspan="2">服薬</td><td colspan="2">○飲めていないのか？飲んでいないのか？の違い
○飲まない場合はそれなりの理由がある（副作用、必要性の理解）</td></tr>
<tr><td>共通</td><td>□残薬がないか（頻度や方法が守られているか）
・服薬カレンダー
・自動薬箱
・投薬の見直しや一包化
□副作用は出ていないか
・居宅療養管理指導（薬剤師）</td></tr>
<tr><td colspan="2">入浴</td><td colspan="2">○問題意識と好き嫌い等入浴に関する思いやこれまでの入浴習慣、頻度との関係にも着目
○日による違いにも注目する
○日々の活動範囲や活動量との関連にも着目する</td></tr>
</table>

<table>
<tr><th>状況の事実
※1</th><th colspan="2">見通しのヒント</th></tr>
<tr><td rowspan="2">入浴</td><td>共通</td><td>□機能の改善が可能か
・治療や訓練
・栄養状態の改善が可能か
・薬剤の影響の除去
・意欲の賦活
□環境整備の必要性はないか
・衣類の検討
・動線の見直し、整理
・手すりの取り付け、段差解消
・自助具や入浴用いす、浴槽台等の導入
□入浴の可否を満たせているか
・血圧等の身体的状況の安定
・褥瘡や創傷の被覆保護
・ストマやカテーテル類の管理
・清拭等代替えの保清方法の確保</td></tr>
<tr><td>介助を受けている場合</td><td>□介護力は十分あるか
□介護の方法は適切か
・介護者教室</td></tr>
<tr><td rowspan="2">更衣</td><td colspan="2">○日による日課の違いにも注目する</td></tr>
<tr><td>共通</td><td>□機能の改善が可能か
・治療や訓練
・栄養状態や薬剤の影響の除去
・意欲の賦活
□環境整備の必要性はないか
・衣類の検討
・自助具の導入</td></tr>
<tr><td rowspan="3">掃除
洗濯
整理・物品の管理</td><td colspan="2">○以前より妻に任せていたなどの習慣的依存が継続できる場合は別途検討する
○家族の有無等の世帯状況</td></tr>
<tr><td>自分で役割としていた場合</td><td>□意欲は十分か
・意欲の賦活
・役割の明確化
□これまでの習慣はあるか
□機能改善の可能性はあるか
・訓練
・方法の検討
・用具や方法の検討
・作業分担や共同作業の支援</td></tr>
<tr><td>支援を受けている場合</td><td>□役割復帰や獲得の可能性はないか
□意欲はあるか
・意欲の賦活
・役割の明確化
□これまでの習慣はあるか</td></tr>
</table>

状況の事実 ※1	見通しのヒント	
金銭管理	○以前より家族に任せていたなどの習慣的依存が継続できる場合は別途検討する ○日や場面等による違い、頻度にも注目する ○日々の活動範囲や活動量との関連にも着目する ○計算能力と金銭管理能力との違いに注意する ○家族の有無等の世帯状況	
	自分で役割としていた場合	□意欲は十分か ・意欲の賦活 ・役割の明確化 □これまでの習慣はあるか □能力は十分にあるか ・方法の検討 ・福祉サービス利用援助事業（日常生活自立支援事業）や成年後見制度の利用
	支援を受けている場合	□役割復帰や獲得の可能性はないか □意欲はあるか ・意欲の賦活 ・役割の明確化 □これまでの習慣はあるか
買い物	○以前より妻に任せていたなどの習慣的依存が継続できる場合は別途検討する ○日や場面等による違い、頻度にも注目する ○日用品、生活物資と嗜好品の区別 ○家族の有無等の世帯状況	
	自分で役割としていた場合	□意欲は十分か ・意欲の賦活 ・役割の明確化 □これまでの習慣はあるか □機能改善の可能性はあるか ・訓練 ・個配や通販等の利用 ・作業分担や共同作業の支援
	支援を受けている場合	□役割復帰や獲得の可能性はないか □意欲はあるか ・意欲の賦活 ・役割の明確化 □これまでの習慣はあるか
コミュニケーション能力	○視覚、聴覚、言語機能のほか社交性や協調性など関連する特性にも注目する ○場面等による違い、機会の頻度にも注目する ○認知症や高次脳機能障害などコミュニケーション能力に関連する疾患の有無とその影響	
	共通	□機能改善の可能性はあるか ・治療や訓練 ・コミュニケーション方法の検討 ・補聴器等の活用 □周囲の配慮は十分か ・コミュニケーション方法の検討 ・能力への過剰な期待の排除（見直し）

<table>
<tr><th>状況の事実
※1</th><th colspan="2">見通しのヒント</th></tr>
<tr><td rowspan="2">認知</td><td colspan="2">○認知症の有無とその診断状況</td></tr>
<tr><td>共通</td><td>□進行防止の可能性はあるか
・投薬等の治療や服薬状況
□周囲の配慮は十分か
・対応方法の検討
・能力への過剰な期待の排除（見直し）</td></tr>
<tr><td rowspan="2">社会との関わり</td><td colspan="2">○これまでの社交性や社会性など交流に関連する内容にも注目する
○交流範囲や頻度などを総合的に判断する
○外出に必要な物理的能力、コミュニケーション能力など影響する能力の把握
○これまでの社会との接点（役割、参加）の状況</td></tr>
<tr><td>共通</td><td>□意欲は十分か
・意欲の賦活
・役割の明確化
□これまでの習慣はあるか（社交性）
□改善の可能性はあるか
・物理的な能力改善のための訓練
・機会の確保（場の提供）
・参加の場などの地域状況の社会資源の把握と情報提供</td></tr>
<tr><td rowspan="2">褥瘡・皮膚の問題</td><td colspan="2">○現状で問題がない場合も栄養状態や保清状況、失禁の有無など発生リスクの早期発見や予防を含めた視点が必要</td></tr>
<tr><td>共通</td><td>□予防や改善の可能性はあるか
・栄養改善
・入浴や清拭による保清
□環境整備の必要性はないか
・衣類の検討
・除圧マット等の導入</td></tr>
<tr><td rowspan="2">行動・心理症状（BPSD）</td><td colspan="2">○ BPSD 発生のきっかけの特定と対応方法の検討</td></tr>
<tr><td>共通</td><td>□周囲の対応がきっかけを作っていないか
・きっかけ（原因）の特定と原因の改善
・平時の正しい対応
・良好な関係作り
・関係者の情報共有と対応の統一
・知識、情報の提供
□治療の必要はないか
・主治医への情報提供
・専門医の受診や薬物療法</td></tr>
</table>

状況の事実 ※1	見通しのヒント	
介護力（家族関係含む）	○介護者及び夫々の能力の把握	
	共通	□介護意欲は十分か ・意欲の賦活 ・役割の明確化 □これまでの関係は良好か ・関係改善 □介護力向上の可能性はあるか ・介護者教室 ・介護知識の提供 ・介護方法の改善 ・介護者の健康 □負担軽減 ・支援体制の強化（サービス等） ・レスパイト
居住環境	○固有の住環境や立地よりも、本人のADLとの摩擦を視点におく ○活動範囲拡大を検討する場合、将来の活動範囲も考慮 ○温度、湿度、日当たりや照明、音などの総合的環境を配慮	
	共通	□環境の改善が可能か ・生活動線の見直し ・住宅改修（手すりの取付、段差解消、床材変更、扉の改修、洋式トイレへの変更他） ・用具の導入 ・エアコンや照明機器

「利用者及び家族の介護に対する意向」「生活全般の解決すべき課題（ニーズ）」「長期目標」「短期目標」の関係

「意向」「ニーズ」「目標」の関係は、介護支援専門員実務研修でのケアプラン作成演習の場などでよく混乱される項目です。「利用者及び家族の介護に対する意向」から「短期目標」へと上位から下位へのひとつの方向を持っています。それぞれの関係がイメージできないと、どこかの「短期目標」が内容が別の「生活全般の解決すべき課題（ニーズ）」や「長期目標」に再掲されそうになり、演習中に作業が止まってしまうことも珍しくありません。意図的にこのような再掲を行う手法もありますが、できれば避けたいパターンです。

居宅サービス計画は第1表の「利用者及び家族の介護に対する意向」を実現させるために第2表の「生活全般の解決すべき課題（ニーズ）」を抽出し、その「生活全般の解決すべき課題（ニーズ）」ごとに「長期目標」が設定され、「長期目標」達成に必要な条件設定や、達成までの中間的な見極めなどに「短期目標」が設定されるというようにそれぞれの項目は階層的な構造を持っています。

細かなルールが定められているわけではありませんが、一般的に考えて階層的な関係ですので、通常は下位に行くにしたがい数が増えていきます。このようなことを念頭に、各要素の内容を検討する際には、それぞれが何のためであるのか、常に上位の要素を意識し階層的な関係を見ながら検討を進めることが重要です。

記載要領には「解決すべき課題が短期的に解決される場合やいくつかの課題が解決されて初めて達成可能な場合には、複数の長期目標が設定されることもある」とありますし、具体的な手法はケアマネジャーごとに癖や、利用者や家族の特性への配慮も必要となるので、記載にはそれなりの幅を持った考え方が必要です。

ただ、ケアプランの「生活全般の解決すべき課題（ニーズ）」から「短期目標」の流れのなかで、この階層的な秩序が乱れてしまうと、利用者やサービス事業所などの支援者に支援の目的が伝わりにくいものになりますし、作成作業を停滞させる原因にもなってしまいます。作業で迷ったら、ニーズと目標はある意味表裏のような関係にあると割り切って考えるのも一案です。慣れるまでは1：1の関係と捉え、「長期目標」は、対応する「生活全般の解決すべき課題（ニーズ）」が解決した状態としたほうが余計な迷いが排除できるでしょう。また、関係を見るだけでなく、「利用者及び家族の介護に対する意向」から逸脱していないかも絶えずチェックしておきましょう。

「生活全般の解決すべき課題（ニーズ）」の吟味

通常のケアプランでは、複数の「生活全般の解決すべき課題（ニーズ）」が掲載されています。ひととおり「生活全般の解決すべき課題（ニーズ）」の抽出が終わったら、これらを俯瞰（ふかん）してみます。まずは「利用者及び家族の介護に対する意向」との矛盾がないか、ケアプラン全体での各要素の階層的構造を意識して一つひとつ確認しましょう。

次に複数挙がった「生活全般の解決すべき課題（ニーズ）」同士の関係です。相互の関係を見たときに、ある「生活全般の解決すべき課題（ニーズ）」の項目が他の「生活全般の解決すべき課題（ニーズ）」の解決に必要な条件である場合などは、すべてとは限りませんが再考が必要かもしれません。ニーズの吟味で迷ったときは、その内容ごとにマズローの欲求５段階にあてはめてみるのも一案です。

ニーズ同士の関係と整理

このように抽出したニーズを一旦羅列し、俯瞰してみるとニーズ同士の相関関係が見えてくるかもしれません。模擬事例を使って考えていきましょう。

事例

77 歳、男性、妻と二人暮らし。高血圧症、脳梗塞後遺症による左上下肢麻痺がある。

退院前を想定したケアプラン作成演習で作成された第 2 表に掲げられたニーズは以下の通り。

① トイレで排泄がしたい
② 安全に移動したい
③ 入浴がしたい
④ きちんと食事がしたい
⑤ 脳梗塞の再発を防ぎたい
⑥ 着替えができるようになりたい
⑦ 囲碁を楽しみたい
⑧ 妻にも元気でいてほしい

何度も述べるように、ケアプランには正解や不正解というものはありませんので、実際には利用者と介護支援専門員との間で合意が見出された結果であれば、これはこのままでもなんら問題になるものではありません。ただ、サービス提供事業所、主治医等への交付やその後のサービス担当者会議での説明、支援開始後のチームマネジメントを考えると、第２表作成では、この後ここで掲げられた①〜⑧のニーズに対して長期目標ならびに短期目標を設定し、その短期目標に対する援助計画（サービス内容、サービス種別、サービス事業所等）を作成していかなければなりません。

ニーズがきちんと整理されていないまま、次の作業に移行した場合、必ずどこかで矛盾が生じ、作業が滞ってしまいがちです。これまで演習を指導するなかで、グループワークの途中で作業の手が止まってしまったグループに理由を聞くと「あるニーズの短期目標と別のニーズが被ってしまった」と言われることがよくあります。これをアセスメントのところで使ったICFと課題分析標準項目との関係にあてはめてみましょう（図表12）。

このうち❶は「16. 排尿・排便」、❹は「19. 食事摂取」と独立した項目がありますが、❷❸❻と共に「11. ADL」に関連が深い項目です。このうち❷は同じ「11. ADL」のなかでも起居動作や移動、移乗にも関連しますので、ICFの構成要素ですと、❶❸❹❻は「生活機能」の「活動」に、❷はどちらかというと「心身機能・身体構造」に分類することができ、他のADL遂行のために必要となる汎用性の高いものです。

図表12　ICFと課題分析標準項目との関係に基づくニーズの整理①

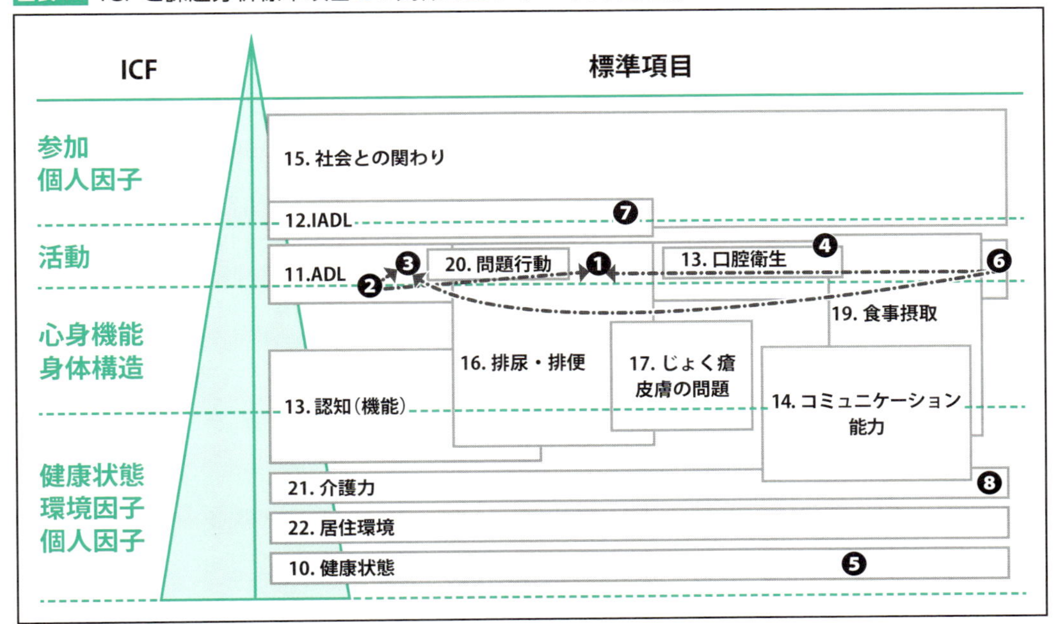

つまりは、全介助などの状況を除き、❶の排泄、❸の入浴、❹の食事といった「活動」ができるようになるためには、例えばトイレや浴室までの移動や、それぞれの行為に必要となる衣類操作（❻更衣）など、「活動」に必要な「心身機能・身体構造」が条件になってきます。

また、❼の囲碁を楽しむためには、❶の排泄やそれに関連する❻の更衣のニーズが一定レベルでクリアできなければならないことも予測されます。このようなことまで考えると、事例の８個のニーズを抽出した時点でこれらを精査し、より上位にあるニーズに設定される目標には、下位のニーズに被るものが出てくることや、複数のニーズで同じ短期目標やサービス内容（種別）が繰り返し再掲されることは、あらかじめ予測しておかなければなりません。同じ内容が何度も繰り返されたケアプランにならないよう、この段階で一旦ニーズを整理して、❷の移動や❻の更衣は、❶の排泄や❸の入浴での短期目標で取り扱うほうがわかりやすくすっきりしたケアプランになるかもしれません（❷❻から❶❸への矢印、図表12）。

ただ、初回プランのように、それぞれの行為ができないことに対する不安が大きい時期では、並列したニーズを取り扱ったほうが利用者や家族にとってはわかりやすいケアプランになりますので、そのままニーズとして掲げる場合は、上位にあるニーズでは下位のニーズで取り扱う支援内容について、そちらを参照することを前提に省略するなどの工夫も必要です。

専門家の視点から考えるリスク管理

ここまではニーズの充足（＝目標達成）に必要な条件を解説しましたが、ケアプランを踏まえたサービスの実施によって、利用者の行動や生活行為の範囲が拡大されて新たなリスク管理が必要となります。このような視点が抜けると、さまざまなリスクが高まり、事故を起こしてしまうことにもつながります。

例えば❸の入浴は、入院中は病院で入浴していたので、入浴前後の身体管理や緊急対応の体制、温度管理や浴室設備などが高いレベルで整備されていたはずです。退院後、これらをそのまま再現することはほぼ不可能であり、一定の自己責任が伴うと言っても最低限のリスク管理は必要です。動作の自立や介助量軽減のための住宅改修や福祉用具の導入だけでなく、血圧など、入浴を禁忌とする「10.　健康状態」（≒ ICF 健康状態）における条件的なものを事前に本人や介護者と確認、共有しておくことや、入浴に必要な体力保持などのセルフケアを総合的にケアプランに盛り込んでいくことが必要になります。やる気にあふれた意欲満々な方などの支援では、意欲を賦活させるような働きかけが容易な半面、このような健康面のリスクが潜在化しやすく、医療職を交えた責任あるリスク管理は忘れてはなりません（❸から❸への矢印、図表 13）。

また、❶の排泄は、排尿と排便を別々に考える必要があります。いずれも疾病や服薬の関係でリズムや回数が変化することもありますし、移動や移乗、衣類操作などを伴う行為になりますので、これらの動作能力の変動や影響を及ぼす服薬も要チェック項目です。眠剤服用などがあるケースでは、夜間など眠剤が効いている時間帯の排泄方法を別に考える必要も出てきます。排泄リズムや回数についても同様で、排泄が自立できない背景にこれらを変調させている疾患などの課題が放置されているような場合は、必ずその治療を提案するべきです（❶から❶への矢印、図表 13）。同様に❼に関しても、碁会所に通うのであれば、外出に相応した健康状態が保たれている必要があるはずです（❼から❼への矢印、図表 13）。

図表 13　ICF と課題分析標準項目との関係に基づくニーズの整理②

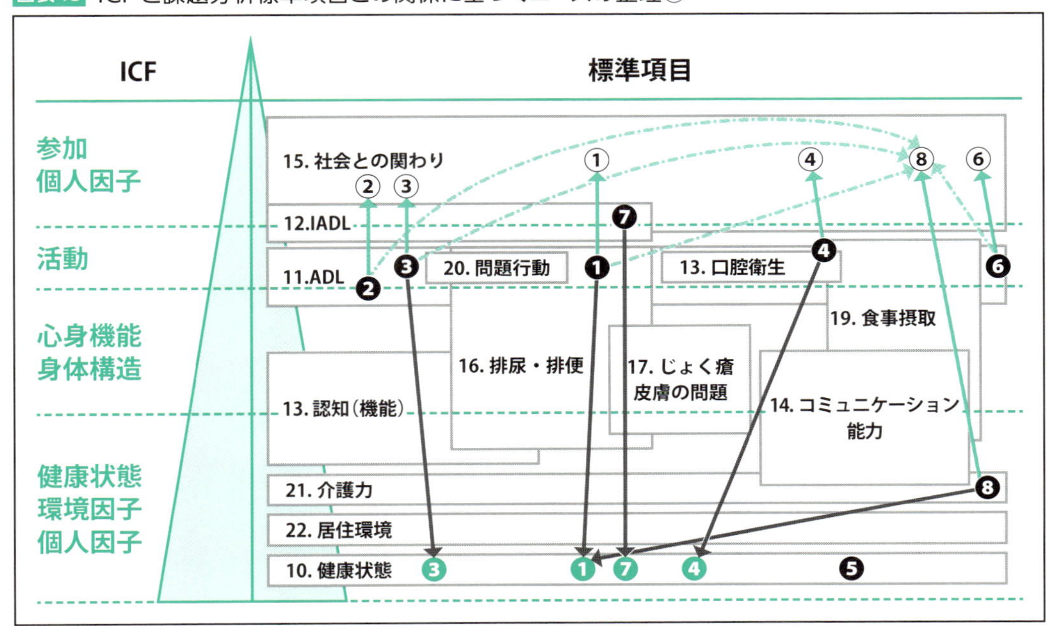

ADLの確認とニーズのすり合わせ

さて、①の排泄はトイレという場所だけは明確になっていますが、これだけですと、「1人で立ち上がり、トイレまで移動して、自分で衣類を脱ぎ、便器に移乗して排泄し、後始末を自分だけで行う」ものから、「誰かに起こしてもらって、トイレまで連れて行ってもらい、便器に座らせてもらって、後始末を助けてもらう」まで、かなりの幅があります。これら一連の動作のどこまでを自分がやって、どの部分に介助が必要なのかを明確にしなければ、ケアプランは未完成です。

ケアプランは利用者と家族、サービス提供事業所などの介護者とその内容を共有するものですから、この後の作業で設定する長期目標や短期目標、援助内容で明らかにしていくにしても、ニーズの段階でより具体化しておくほうが、この共有が図りやすくなります。また、このような一連の動作の自立のためには、本人なりに努力し、頑張らなければならないわけですから、こういった努力を続けてもらうための意欲の賦活など、モチベーションサポートのためにも前述したプラスの要素を特定しておくべきでしょう。こと排泄は誰にとってもセンシティブな部分ですので、人の手を借りず自立することは、自分自身にとって大きなプラスになるでしょう。

さらに、事例の場合は「⑧妻にも元気でいてほしい」とありますので、動作が自立することが、妻の介護負担を軽減するといった新たな役割をモチベーションにつなげていくことも可能になります。この例ですと、❶の排泄、❷の移動、❸の入浴、❻の更衣の自立は妻の介護負担軽減につながる事柄ですので、「①トイレで排泄したい」は「①妻が元気でいられるように、自分1人でトイレに行って排泄したい」のようにすることで、ニーズの内容がより個別的で具体的になりますし、そこにある行為（＝活動）が自立する意味が明確になり、自立への意欲を引き出すことができます（❶❷❸❻から⑧への矢印、図表13）。

また、この場合、候補として掲げられた「⑧妻にも元気でいてほしい」は、❶の排泄に吸収されたとして、ニーズとしては独立させて表記しないほうが、以降の作業がスムーズに運ぶかもしれません。また、他に関連する❷の移動、❸の入浴、❻の更衣にも同様のことが言えますが、すべてに同様の記述を加えますと、見た目もくどくなりますし、本人にとっても、予測される妻への負担にダメ出しされているような印象を与えかねず、一番負担が大きそうな※（効果がありそうな）項目に掲載するほうがいいでしょう。また、❽の妻の負担はこれだけたくさんのニーズに関係する項目ですので、複数のニーズに共通する上位の階層にある要素は第１表の「利用者及び家族の生活に関する意向」に掲載してよい項目かもしれません。

※　一般的に三大介護とされる入浴、排泄、食事のうち、排泄の介護は１日のうちもっとも頻度が高く、生理現象である尿意や便意は発生も不定期となりがちで介護者側が合わさなければならないことや、そのセンシティブさゆえに双方にとって精神的負担も大きいことなどから、介護者にとって負担が大きいといえます。

ニーズの個別化

ニーズはさまざまなところで、さまざまな形となって発生します。ニーズの階層についてはすでに述べましたが、下位の生理的欲求や安全欲求については、不自由が起これば誰彼なく一様に挙がってくるものです。その反対に上位の欲求は、人それぞれで、これまでの生活歴などによって個別性を持ち、多様なものになります。前述したようにニーズはそれぞれの階層で単独に存在するものではなく、相互に関連しあっています。一様に表出される下位のニーズも、関連する上位のニーズ達成の条件になるわけですから、人によって達成の目的や達成を願う思いの強さはまちまちです。このあたりがニーズの個別性になります。

例えば排泄で考えてみましょう。排泄自体は生理的欲求ですし、失禁の放置など排泄のトラブルに起因する尿路感染などの合併症予防は安全欲求あたりでしょう。「排泄を自分でできるようになりたい」や「定期的にオムツを換えてほしい」は、排泄に問題を抱えると誰しものニーズとして表出される普遍的なものです。それをそのままニーズに掲げてはいけないというわけではありませんが、ケアプランは利用者と共有するものです。例えば、排泄自立のための訓練やさまざまなセルフケアは、ときには本人の負担になります。これらに意欲的、主体的に取り組んだり、それを継続するためにはモチベーションサポートも必要になってきます。そのような意味合いから考えると、ニーズが充足された先には、例えば「参加」レベルで何がかなうのかなどを言語化して共有することが重要です。例えば、排泄が自立したら「これまで通っていたサロンの茶話会に行くことができて、旧知の友達との交流が再開できる」や「妻の負担を軽減して在宅生活が続けられる」などです。これらは本人にとってもわかりやすく、前向きに取り組むための動機になります。この他にも、失禁の放置によって高まる尿路感染などの合併症予防なども動機につながるでしょう。

また、一言で「支援を受ける」と言っても、その人が受けたい支援の形があるはずですし、それはこれまでの生活歴や嗜好などの個人因子に密接に関連します。ポータブルトイレや尿器の導入はひとつの選択肢ではありますが、好き嫌いを理由に抵抗を示す方は少なくありません。排泄介助も同様で、羞恥や自尊心も人それぞれです。さまざまな方法を検討するなかで、たとえ一時的にせよ、ときには本人の意に沿わない提案をしなければならない場面も出てくるかもしれません。提案は決して考えを押し付けるものではありませんが、たんに排泄の問題を解決することを目的にするのと、妻の負担を軽減して在宅生活が続けられることを目的に据えるのでは本人の心理的抵抗を払拭するには大きな差が出ることでしょう。このようなものを盛り込んだニーズにすることで、個別性に配慮した支援も可能になりますし、なによりこのすり合わせのやり取り自体がモチベーションサポートにもなります。

ここまでをまとめますと、はじめに掲げられるニーズの候補は、大抵は充足のための条件的な視点でひとつの階層関係が見つかります。ただ、この階層関係は上位のニーズが意欲を賦活させ、下位にあるニーズを自立に導く牽引役にもなります。このような点に注意して表現をまとめ直

図表 14 ICF によるニーズの個別化：排泄

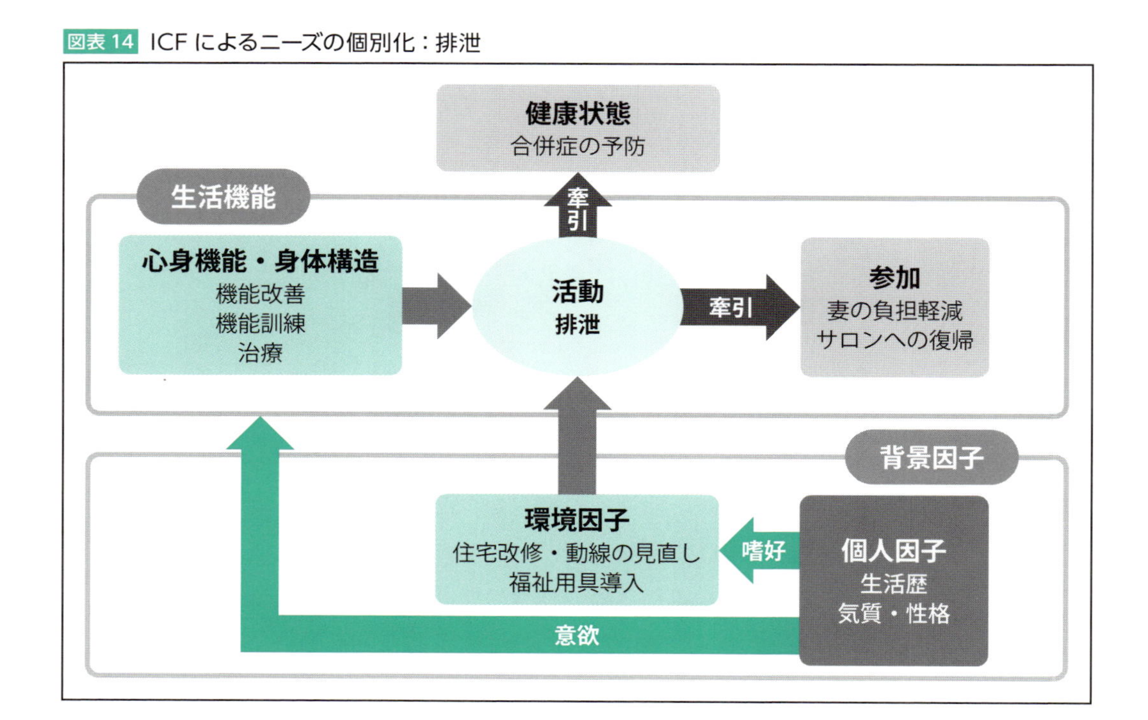

すと、事例のニーズは、次のように個別性が盛り込まれた形にブラッシュアップできるでしょう。

①妻が元気でいられるように、自分１人でトイレに行って排泄したい
または、①自分１人でトイレに行って排泄したい（第１表の「利用者及び家族の生活に対する意向」欄に「妻が元気でいてほしい」といった内容が記述されている場合）
②自宅の浴室で１人で入浴がしたい
③おいしく食事がしたい
④脳梗塞の再発を防ぎたい
⑤碁会所で囲碁を楽しみたい

第２表「居宅サービス計画書 (2)」〜目標

「目標」欄の記載要領

この節では第２表の「目標」欄に関して説明します。「目標」には「長期目標」(112 ページの①) と「短期目標」(112 ページの②) がありますが、たんにその「期間」(112 ページの③) の長短だけでなく、それぞれの性質を知っておくことがスムーズな作成に役立ちます。

「生活全般の解決すべき課題 (ニーズ)」欄でも触れましたが、ここから先は項目ごとの階層的な関係をもって、前にあった項目を細分化していく作業になります。実際の作業にはいくつかのやり方がありますが、まずはどのようなルールで細分化をすすめていくのかをきちんと決め、そのルールに沿って最後まで作業することが、利用者やサービス事業者(支援者) にわかりやすいケアプランの作成につながります。

「居宅サービス計画書標準様式及び記載要領」から抜粋

②「目標 (長期目標・短期目標)」

「長期目標」は、基本的には個々の解決すべき課題に対応して設定するものである。

ただし、解決すべき課題が短期的に解決される場合やいくつかの課題が解決されて初めて達成可能な場合には、複数の長期目標が設定されることもある。

「短期目標」は、解決すべき課題及び長期目標に段階的に対応し、解決に結びつけるものである。

緊急対応が必要になった場合には、一時的にサービスは大きく変動するが、目標として確定しなければ「短期目標」を設定せず、緊急対応が落ち着いた段階で、再度、「長期目標」・「短期目標」の見直しを行い記載する。

なお、抽象的な言葉ではなく誰にもわかりやすい具体的な内容で記載することとし、かつ目標は、実際に解決が可能と見込まれるものでなくてはならない。

「長期目標」の考え方

記載要領にも「長期目標」は、「基本的には個々の解決すべき課題に対応して設定するものである。」とされているので、ここでは細分化せず、「生活全般の解決すべき課題 (ニーズ)」と「長期目標」を１：１の関係で捉えるなら、「生活全般の解決すべき課題 (ニーズ)」に掲げた内容が実現した状態をそのまま掲げることができます。

例えば、「妻の手を借りず、トイレで排泄できるようになりたい」といった「生活全般の解決すべき課題（ニーズ）」ならば、「妻の手を借りず、トイレで排泄できるようになる」が「長期目標」となるわけです。「生活全般の解決すべき課題（ニーズ）」がきちんと吟味されていればごく簡単な作業になります。ただ、場合によりここで「生活全般の解決すべき課題（ニーズ）」を複数の「短期目標」を細分化して展開していくという手法もありますが、記載要領には解決すべき課題が短期的に解決される場合やいくつかの課題が解決されて初めて達成可能な場合とされていますので、「短期目標」の項目で後述する条件設定による細分化が適当でしょう。

「短期目標」の考え方

「長期目標」達成に必要な条件

ケアマネジメント実務を行う上で「短期目標」は２つの役割を持っています。ひとつは「長期目標」の達成に必要な条件です。どのような条件がクリアされれば「生活全般の解決すべき課題（ニーズ）」（≒「長期目標」）を解決することができるのかを細分化することで、本人や支援者の解決に向けた取り組みや役割を明確にし、課題解決を促進させることを目的とします。

これは見方を変えれば、今ある「生活全般の解決すべき課題（ニーズ）」が、どのような問題が積み重なって発生しているのかと同義であり、（どのような作業の流れのなかでこの工程を行うのかで変わりますが）ニーズの抽出のために第２章第３節で解説したような手法で課題整理総括表を使って見通しを立てていた場合、そこで取り上げられたニーズごとの構成要素のすべてが候補になります。

「長期目標」をどの程度の大きさに設定するかにもよりますが、図表15で示すとおり、例えば買い物といったひとつのIADLをかなえるためには他のIADLや関連するADLが条件になってきます。治療や訓練となんらかの支援の組み合わせでこの条件を満たすことができるようになるのであれば、それぞれのゴールが「短期目標」になります。

図表15 生活機能の横断的関連

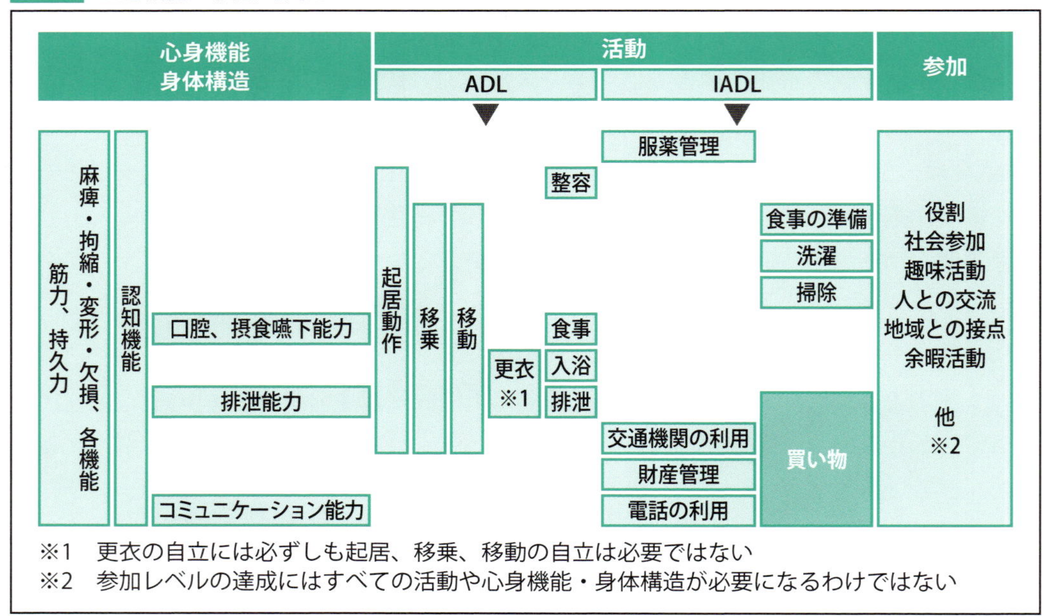

※1　更衣の自立には必ずしも起居、移乗、移動の自立は必要ではない
※2　参加レベルの達成にはすべての活動や心身機能・身体構造が必要になるわけではない

例えば、「1人でトイレで排泄できるようになる」が「長期目標」に掲げられた場合、

・ソファーや便器からの立ち上がりや座り込みが1人でできるようになる。
・トイレまで1人で歩いて行くことができる。
・ズボンの上げ下げができるようになる。

などが具体例です。ケアプランでは、家族やフォーマル、インフォーマルサービス事業者がこれらの短期目標ごとに、どのような内容で支援するのかを役割分担していくことになります。

モニタリングの指標

もうひとつの役割はモニタリングの指標です。ケアプラン作成後、掲げた目標達成のため計画に沿って支援が開始されることになりますが、目標が達成できたのか、できなかったのかといった目標の達成具合や支援の効果を目標ごとに定めた期間の終了時に評価する必要が出てきます。「長期目標」についても評価を行いますが、サービス提供から「長期目標」達成までの中間的な見極めのポイントがこれにあたります。

中間的な見極めについては、達成の度合いを何で測るのかを意識して設定する必要があります。距離や頻度など数値化ができて客観的な指標となるものが理想ですが、すべての目標にあてはめることは難しいでしょう。数値化できないものについては達成できたかできなかったかが明確に判断できるような内容を心がけてください。例えば機能改善を期待する内容で、「下肢筋力が向上する」や「上肢機能が改善する」だけにしてしまうと達成の度合いは曖昧です。利用者にとっても、どこまで頑張ればよいのかわからないままでは訓練に力が入らないかもしれませんし、訓練を延々続ける状態を作ってしまうかもしれません。方向性を示すことも大切ですが、「短期目標」では、「下肢筋力が向上する」は「トイレまで１人で歩いて行くことができる」に、「上肢機能が改善する」は「ズボンの上げ下げができるようになる」のように、その先のゴールを決めておくことが最低限必要です。

モニタリングでは、それぞれに「トイレまで１人で歩いて行くことができるように」なったか、「ズボンの上げ下げができるように」なったかが、目標が達成できたかの指標になるわけです。このような観点からすると、「安全」や「安心」といった評価を本人の主観に頼るようなフレーズは少なくとも「短期目標」には不適切でしょう。リハビリテーションのところ（124ページ）でも触れましたが、機能改善は活動のための手段です。こと「短期目標」に関しては、改善したその機能を使って何ができるようになるのかを明確にしましょう。

「期間」（「長期目標」及び「短期目標」に付する）の考え方

「居宅サービス計画書標準様式及び記載要領」から抜粋

③「長期目標」及び「短期目標」に付する「期間」

「長期目標」の「期間」は、「生活全般の解決すべき課題（ニーズ）」を、いつまでに、どのレベルまで解決するのかの期間を記載する。

「短期目標」の期間は、「長期目標」の達成のために踏むべき段階として設定した「短期目標」の達成期限を記載する。

また、原則として開始時期と終了時期を記入することとし、終了時期が特定できない場合等にあっては、開始時期のみ記載する等として取り扱って差し支えないものとする。

なお、期間の設定においては「認定の有効期間」も考慮するものとする。

「長期目標」の設定においてはゴールとなる目標が先に設定されており、その目標と今ある状態との差の大きさ、解決の手段、原因となった疾病や障害の内容や予後予測、期待できる本人の能力などの条件を勘案しておおよその達成時期を予測し、期間を定める形が妥当かもしれません。

「短期目標」に関しては前述したように、後のモニタリングで個々の達成度を検証する必要からも、どちらかというと、モニタリングを行う時期が先に設定され、長期目標と同様の条件を勘案しながら、これぐらいの期間ならば、この程度まで達成しているのではないかという予測を元に目標の内容（到達点）を設定しておくことが妥当でしょう。また、「短期目標」はその後のサービス提供の「期間」と連動するものですから、記載要領にもある「認定の有効期間」の考慮は必須です。

この他、介護保険サービスのうち、例えば、訪問リハビリテーションなどの加算の設定において、短期集中個別リハビリテーション実施加算では、退院・退所から○ヶ月のようなサービス提供における加算要件としての期間の節目が設定されていたり、リハビリテーションマネジメント加算のようにサービス自体がモニタリングのサイクルを持っているものがあります。このようなサービス（加算）を位置づけた場合には、サービスが持つサイクルとの連動にも配慮する必要があるでしょう。

「設定の有効期間」の考慮

「認定の有効期間」の考慮についてですが、「居宅サービス計画書標準様式及び記載要領」が作成された当時は、「認定の有効期間」は最長で12ヶ月（1年）でした。それが2年、3年と延長され、現状に至っています。実務でケアプランを作成する側からだけで考えますと、作成にかかる手間などからも「せっかく作るなら長いほうがいい」と思うかもしれません。しかし、利用者の側に立ったらどうでしょう。

例えば回復や改善傾向にある方で、何かを獲得するような目標ですと、目標の期間が1年なら「来年の今頃○○になっている」という目標は多くの人がイメージできますし、セルフケアや訓練へのモチベーションも大抵は維持できるでしょう。それを2年、3年と伸ばしてしまうと「○○できるまで3年もかかるのかぁ〜」といきなりモチベーションを落としかねませんし、2年や3年先が明確にイメージできる人がどの程度いるかも疑問です。活動や参加領域の何かを続けることや、維持することを目標に据えるような場合、それが本人も満足している状況で、大切にしたいことならば3年どころか5年10年ともっと続けたいのが心情です。

年齢や状況でも受け取り方が違います。65歳の3年先と105歳の3年先ではいろいろな考え方があるにせよ、同じでないのは確かですし、余命半年を宣告されたターミナル期の方の期間が6ヶ月でいいわけはありません。目標は利用者と共有するものです。期間の設定についても目標の内容や利用者が持っているさまざまな事情を考慮しながら慎重に設定する必要があります。

ここまでの記述は1年や2年間のような十分な期間があることが条件になっています。実務の場面では有効期間切れ間際での相談もありますし、区分変更申請中や認定前の暫定プランなど、「認定の有効期間」の考慮ができないケースはいくらでも存在します。「生活全般の解決すべき課題（ニーズ）」の内容や支援内容にもよりますが、こういった場合の「短期目標」の設定では「認定の有効期間」に配慮するとモニタリングまでに十分な期間が取れないケースが出てくることもあります。こういった場合、モニタリングに必要な期間を優先するという考え方もありますが、「短期目標」の期間は援助内容の期間と連動するルールですので、位置づけた介護保険サービスの提供を担保する意味からも、あくまで「認定の有効期間」を考慮すべきという考え方が一般的です。

また、「長期目標」と「短期目標」についても一部の保険者では指導や給付適正化事業などで、その期間の最長を、例えば「長期目標」を1年、「短期目標」を6ヶ月などとしているところもあるようです。これら指導内容の是非についてはさまざまなところで議論されていますし、本書の性質上、これについては触れません。しかし、実務上の運用については、必ず保険者に確認をとることをお勧めしておきます。

一度に達成まで至らない場合

設定する期間によっては一度に達成まで至らないことも予測されます。例えば3ヶ月の期間を設定した場合、「トイレまで1人で歩いて行くことができるようになる」や「ズボンの上げ下げができるようになる」は十分達成可能と予測できても、「ソファーや便器からの立ち上がりや座り込みが１人でできるようになる」ためにはもう少し時間がかかることが予測される場合にどうするのか。これについて、いくつかの手法を紹介します。

1.「短期目標」はそのままで、期間を個別に設定する

「トイレまで１人で歩いて行くことができるようになる」や「ズボンの上げ下げができるようになる」は３ヶ月、「ソファーや便器からの立ち上がりや座り込みが１人でできるようになる」は６ヶ月のように目標ごとに異なる期間を設定するやり方です。利用者によってはこのほうがわかりやすい方もいらっしゃいますが、目標ごとに期間が異なるため、例えば、これら複数の「短期目標」達成のために同じサービスがかかわる場合など、特に「訪問リハビリテーション」や「通所リハビリテーション」が位置づけられている場合は、リハビリテーションマネジメントでの訓練の管理などが煩雑になる可能性があります。

2.「短期目標」自体を期間に合わせて下方修正する

「ソファーや便器からの立ち上がりや座り込みが１人でできるようになる」については３ヶ月後の達成予測を立てもう少し時間がかかりそうだと予測したら、例えば「妻の手を借りながら、ソファーや便器からの立ち上がりや座り込みが１人でできるようになる」のように段階的な達成目標を再考するやり方です。達成までのプロセスを意識する上では非常に有効ですが、すべての「短期目標」に段階的な目標ができるわけではありません。こういった場合は、他の方法を組み合わせます。

3.「短期目標」はそのままに、評価の結果で再掲する

そのまま「ソファーや便器からの立ち上がりや座り込みが１人でできるようになる」を「短期目標」に掲げ、３ヶ月後の評価の際に未達成ならば、同じ短期目標をもう一度再掲するやり方です。達成できなかった目標を再度掲げること自体、少々疑問に感じますが、広く使われている手法です。

なお、上記の短期目標であるトイレでの排泄のためには、排泄に関す

る機能が備わっていることを想定しています。尿閉などの器質的問題やそれを引き起こすような疾患がないこと、尿意や便意などを感じる能力が備わっていることなどがこれにあたります。こういった問題を抱えているケースでは、器質的問題やそれを引き起こすような疾患の治療やコントロール、尿意や便意などを感じる能力の獲得などが追加されます。

ニーズの捉え方と目標の書き方

居宅サービス計画書の記載については、記載要領に定められていますが、ニーズの捉え方の大小や目標の緻密さ、さらにはその表現方法などは千差万別で、それぞれにケアマネジャーの個性が如実に現れています。

ケアプランの本質は利用者とケアチーム、ケアマネジャーとの3者間の援助に関する取り決めであり、情報共有ツールですので、利用者によっても使い分けが必要ですし、書き方も自由であるべきだと思います。しかしながら、わかりにくいケアプランは考えもので、利用者の立場で読んでみても、事業所の立場で理解しようにも「？」となってしまうケアプランに出会うことが現場でも時々あります。これまで出会ったわかりにくいケアプランをいくつか上げてみます。

「生活全般の解決すべき課題（ニーズ）」が細分化されすぎている

「生活全般の解決すべき課題（ニーズ）」が多数掲げられ、それぞれに「長期目標」「短期目標」「サービス種別」がほぼ1：1：1：1で並ぶパターンです。ニーズが数個ですとそれらを統合して第1表の「利用者及び家族の介護に対する意向」をかなえるイメージができるかもしれませんが、7個や8個、それ以上とあまりに細分化されてしまうと、よほどの想像力がない限り、ケアプランの全体像がわかりにくく、自立へのイメージはつかめません。また、ケアチームが協働して支援にあたることを考えた場合、サービス提供事業所などがそのニーズ欄に対応して提供するサービスが、他のサービスとどのように協働するのかも見えにくくなってしまいます。

第2表を右から左へ作成したいわゆる御用聞きケアプランと勘違いされるパターンです。ニーズがたくさん出てきたときは、それぞれ関連するものを統合して整理することも必要です。

階層が混乱している

「長期目標」「短期目標」で、同種の内容が別の場所に再掲されているケースがこれにあたります。「生活全般の解決すべき課題（ニーズ）」から「長期目標」「短期目標」へと階層的な展開が基本になるところですが、この展開のルールがひとつのケアプランに複数存在していたり、逆転しているケースです。こちらもケアチームの協働にはマイナスに働きますし、利用者も混乱することでしょう。それぞれのニーズごとに一通り展開してみて階層に矛盾がないかを必ず確認しましょう。また重複も同様です。複数のニーズで掲げた「長期目標」や「短期目標」が重複していた場合、それぞれのニーズを統合できないかも検討してみましょう。

また、その表現について、研修でも平易でわかりやすい表現を用いることとしていますが、平易とわかりやすいは別物です。専門用語の使用は禁物とされていますが、例えば利用者が元医師などの医療関係者だった場合、あまりにも噛み砕いた表現は失礼にあたるかもしれませんし、それなりの専門的表現のほうが本人には理解しやすい表現と言えるでしょう。このように、生活歴やアセスメントの応答で相手にとってわかりやすい表現はどのようなものかを推し量って加減することも覚えておきましょう。

第5節 第２表「居宅サービス計画書（2）」～援助内容

「援助内容」欄の基本的な考え方

第２表のうち、ここから先は援助内容の記述になります。援助内容の検討にあたっては、介護保険制度だけでなく他制度にも精通し、それらを活用できる知識や柔軟な発想が求められます。介護保険制度は社会保障システムのひとつですが、単独で存在しているものではなく、本人の「自助」、家族や近隣、地域の「互助」、介護保険や健康（医療）保険などによる「共助」、生活保護制度など社会としてのセーフティネットにあたる「公助」からなる階層的な仕組みの一部です。この階層は介護が必要になったら崩れてしまうようなものではなく、支援の形も自助⇒互助⇒共助の順に検討していかなければなりません。地域包括ケアシステムの植木鉢の図でもこの階層が見て取れます（図表16）。

買い物の例（81ページ図表5、119ページ）でも触れましたが、早期からの代行の介入は本人の意欲を奪い依存を刺激します。通販や配送サービスなど、別の方法で役割を維持することはまさに本人の自助にあたりますし、医療（保険）による痛みの治療や介護（保険）サービスを使ってもう一度買い物に行けるように頑張るのも自助の形です。

自助に期待できない場合は、家族や地域が支え合い代行するのが互助

図表16 支援の階層と地域包括ケアシステムのイメージ

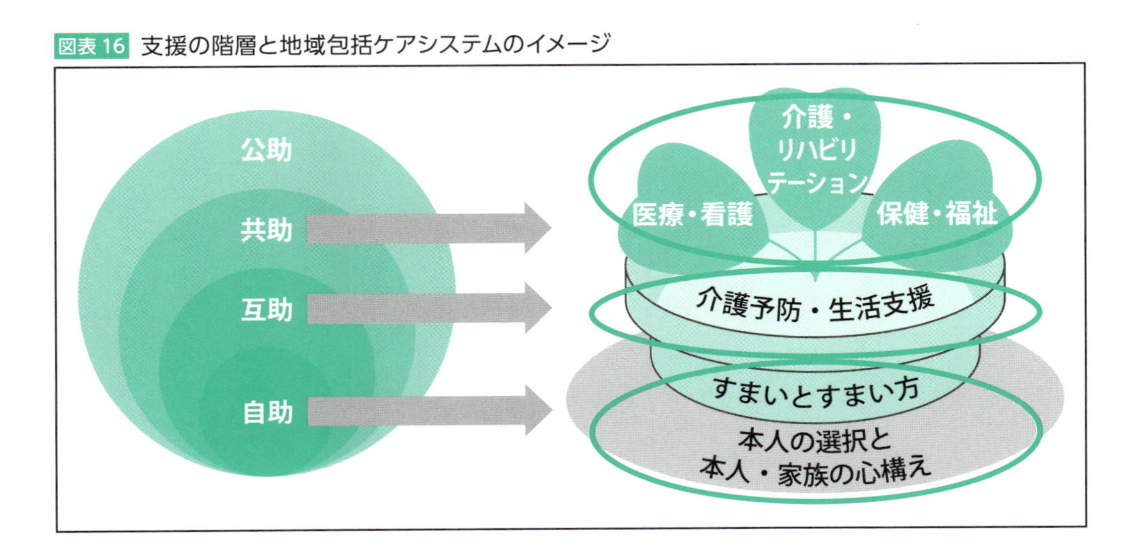

にあたります。家族に代行能力がある場合、買い物などの生活援助（訪問介護サービス）が認められないのはこの階層的な考えのためですし、仮に支え合いなどの地域互助が行われるなかに、介護保険サービスなどの生活援助を介入させると、このような関係を壊してしまい、介護保険サービスには無い日常の見守りのような体制まで失わせる結果になります。ここまでの検討で補いきれない部分や機能改善までの一時的な支援として、初めて訪問介護による生活支援を使った代行が浮上するといった流れです。

実際はこのような単純な切り分けでなく、状況に応じてこれらを組み合わせて支援を行いますが、臨機応変な対応が不可欠です。

「援助内容」欄の記載要領

「援助内容」では、「目標」欄で設定された「短期目標」ごとに「サービス内容」～「期間」へと援助計画を立てます（151 ～ 153 ページ）。先に課題整理総括表を作成している場合は、「見通し」欄の記述を援助内容へと展開していくわけですが、まずは本人のセルフケアを検討し、主体的な問題解決のための素地を作ることが重要だと考えます。言い古されたことですが、サービスに関しては、介護保険サービスに代表される公的なサービスだけでなく、インフォーマルサポートも組み合わせることが今や必須となりますので、フォーマル、インフォーマルの別なく地域で使える社会資源を熟知しておく必要があります。

図表17 自立への支援についての考え方

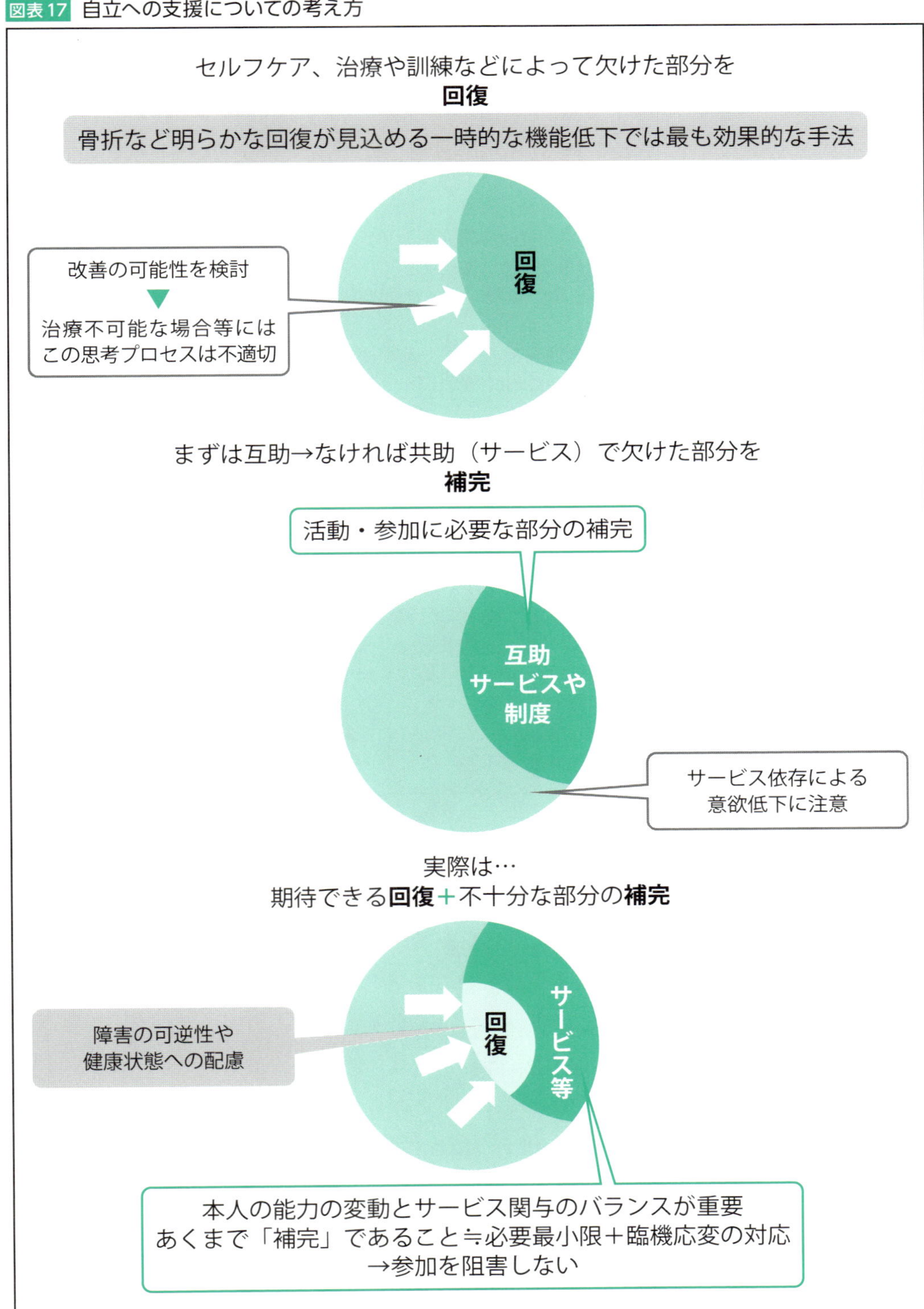

「居宅サービス計画書標準様式及び記載要領」から抜粋

①「サービス内容」

「短期目標」の達成に必要であって最適なサービスの内容とその方針を明らかにし、適切・簡潔に記載する。この際、できるだけ家族による援助も明記し、また、当該居宅サービス計画作成時において既に行われているサービスについても、そのサービスがニーズに反せず、利用者及びその家族に定着している場合には、これも記載する。

なお、生活援助中心型の訪問介護を必要とする場合には、その旨を記載する。

②「保険給付の対象かどうかの区分」

「サービス内容」中、保険給付対象内サービスについて○印を付す。

③「サービス種別」

「サービス内容」及びその提供方針を適切に実行することができる居宅サービス事業者等を選定し、具体的な「サービス種別」及び当該サービス提供を行う「事業所名」を記載する。

家族が担う介護部分についても、誰が行うのかを明記する。

④「頻度」・「期間」

「頻度」は、「サービス内容」に掲げたサービスをどの程度の「頻度（一定期間内での回数、実施曜日等）」で実施するかを記載する。

「期間」は、「サービス内容」に掲げたサービスをどの程度の「期間」にわたり実施するかを記載する。

なお、「期間」の設定においては「認定の有効期間」も考慮するものとする。

⑤福祉用具貸与又は特定福祉用具販売のサービスを必要とする理由

福祉用具貸与又は特定福祉用具販売を居宅サービス計画に位置付ける場合においては、「生活全般の解決すべき課題」・「サービス内容」等に当該サービスを必要とする理由が明らかになるように記載する。なお、理由については、別の用紙（別葉）に記載しても差し支えない。

①「サービス内容」欄の記載要領（113ページの①）

ここは具体的な支援内容を記載する欄になります。支援提供の主体に介護保険サービスを位置づけている場合、保険給付にも関連しますし、ここの記述をもとにサービス（事業所）ごとに個別援助計画が作成されることになりますので、詳細かつ具体的な記述が必要です。

例えば訪問介護サービスですと、身体介護と生活援助では請求の単価も異なります。また、例えば調理に関しては、訪問介護職員が単独で行った場合（代行）は生活援助として処理（請求）されますが、下ごしらえや洗い物などは訪問介護で行い、味付けなどは本人が行うといった自立支援のための共同作業は身体介護として処理（請求）されます。また、訪問介護職員が単独で行った場合（代行）であっても、その内容が特別な配慮を要する療養食の調理になると身体介護として処理（請求）されます。

また、サービス内容に関して加算請求にかかわる部分があれば、漏れなく記載する必要があります。例えば通所リハビリテーションですと、次のような多くの加算があります。

・理学療法士等体制強化加算
・中山間地域等に居住する者へのサービス提供加算
・入浴介助を行った場合
・居宅を訪問し、通所リハビリ計画の作成等を行った場合
・リハビリテーションマネジメント加算
・短期集中個別リハビリテーション実施加算
・短期集中リハビリテーション実施加算
・個別リハビリテーション実施加算
・認知症短期集中リハビリテーション実施加算
・生活行為上リハビテーション実施加算
・重度療養管理加算
・中重度ケア体制加算
・若年性認知症利用者受入加算
・栄養改善加算
・口腔機能向上加算
・同一建物に居住する者又は同一建物から利用する者に通所リハを行う場合
・サービス提供体制強化加算

保険給付の側から見ると、下線の加算は事業所の運営状況や人員体制、利用者の状況に対して一律に加算されますが、他の加算は加算にかかる具体的な支援がある場合に算定されます。これらについては、その内容がこの欄に記載されている必要が出てきます。

書き方としては加算の名称をそのまま書くのではなく、例えば、「個別リハビリテーション実施加算」ですと、「下肢筋力向上のための訓練の実施」「持久力向上のための訓練の場の提供と自主訓練メニューの策定」のような形で、事業所に依頼する「短期目標」の達成に必要な具体

的な支援の内容を記述します（加算によっては算定に必要な要件も定められており、通常はサービスの空き状況の確認や仮申込の際に依頼内容とともに確認し、サービス事業所と調整を図っておきます。

また、福祉用具の導入を援助に位置づけている場合は、後述する「福祉用具貸与又は特定福祉用具販売のサービスを必要とする理由」も、起居を助けるための特殊寝台の貸与や立ち上がりを助けるための特殊寝台付属品の貸与のように、この欄に記載するのが一般的です。

家族や近隣の支援者などによるインフォーマルサポートを位置づけた場合、より具体的な記述を心がけることが、支援不足や過剰な支援を回避し、継続した支援を受けることにつながります。

さらに、きちんと服薬することや策定されたメニューに沿った自主訓練を行う、料理の味付けを行うなど、「短期目標」達成に必要なセルフケアやサービスを受ける際の本人の役割も、忘れず書き込むことが重要です。この欄に本人に必要な取り組みや活動を明記することは、本人の主体性を高めることにつながります。

②「保険給付の対象かどうかの区分」欄の記載要領（112・113ページの②）

インフォーマルサポートと介護保険サービスとの区分けはもちろんのこと、介護保険サービス事業所が提供するサービスであっても、「サービス種別」ではなく「サービス内容」ごとのチェックになります。福祉用具貸与などでも自費ベッドや車いすの自費レンタルは一般化されていますし、これまでグレーゾーンであったいわゆる混合介護について、介護保険最新情報Vol.678平成30年9月28日の発出で例が示され明確に線引きされたことで、この欄の重要性は飛躍的に高まりました。例示されているものの一部を紹介します。

介護保険サービスと保険外サービスを組み合わせて提供する場合の取扱いについて

第二

2. 訪問介護と保険外サービスを組み合わせて提供する場合の例

訪問介護と保険外サービスを組み合わせて提供する場合としては、訪問介護の前後に連続して保険外サービスを提供する場合と、訪問介護の提供中に、一旦、訪問介護の提供を中断した上で保険外サービスを提供し、その後に訪問介護を提供する場合がある。例えば以下のようなサービスの提供が可能である。

①訪問介護の対象とはならないサービスを利用者本人に提供

・訪問介護の提供の前後や提供時間の合間に、草むしり、ペットの世話のサービスを提供すること

・訪問介護として外出支援をした後、引き続き、利用者が趣味や娯楽のために立ち寄る場所に同行すること

・訪問介護の通院等乗降介助として受診等の手続を提供した後に、引き続き、介護報酬の算定対象とならない院内介助を提供すること

※介護報酬の算定対象となる、訪問介護における院内介助の範囲については、「訪問介護における院内介助の取扱いについて」（平成22年4月28日付事務連絡）を参照すること

②同居家族に対するサービスの提供

・訪問介護の提供の前後や提供時間の合間に、同居家族の部屋の掃除、同居家族のための買い物のサービスを提供すること

※利用者本人分の料理と同居家族分の料理を同時に調理するといった、訪問介護と保険外サービスを同時一体的に提供することは認めない。

第三

2. 通所介護と組み合わせて提供することが可能なサービス

通所介護事業所内において利用者に対して提供されるサービスについては、通所介護としての内容と保険外サービスとしての内容を区分することが基本的には困難であることから、保険外サービスとして利用者から保険給付とは別に費用を徴収することは、基本的には適当でなく、仮に特別な器具や外部事業者等を活用する場合であっても、あくまで通所介護として実施し、必要に応じて実費等を追加徴収することが適当である。ただし、以下の①～④の保険外サービスについては、通所介護と明確に区分することが可能であり、事業者が3. の事項を遵守している場合には、通所介護を提供中の利用者に対し、通所介護を一旦中断したうえで保険外サービスを提供し、その後引き続いて通所介護を提供することが可能である。

①事業所内において、理美容サービス又は健康診断、予防接種若しくは採血（以下「巡回健診等」という。）を行うこと

②利用者個人の希望により通所介護事業所から外出する際に、保険外サービスとして個別に同行支援を行うこと

※機能訓練の一環として通所介護計画に位置づけられた外出以外に、利用者個人の希望により、保険外サービスとして、個別に通所介護事業所からの外出を支援するものである。外出中には、利用者の希望に応じた多様な分野の活動に参加することが可能である。

③物販・移動販売やレンタルサービス

④買い物等代行サービス

③「サービス種別」欄の記載要領（113ページの③）

介護保険サービスなどの公的なサービスに関しては、「サービス内容」

とほぼセットで検討される項目でしょう。前述したとおり自助⇒互助⇒共助の順で検討を加えていくことになりますが、自立支援に資するケアプランにするためには、前述の通り自助を優先するための自立に関してのイメージを持っておくことが重要です。ニーズには利用者個々の背景があって、人によりさまざまなものがありますが、例えば「参加」レベルのニーズであれば関連するIADLや必要とされるADLなどの活動が充足されなければなりませんし、そのためには心身の機能改善（向上）が必要になります。こういった取り組みでも補いきれない部分や機能改善までの一時的な支援に関して周囲からの補完を行うことになるわけです（図表18）。

個別性を帯び多様性に満ちたニーズも「短期目標」まで細分化されてくると、心身機能やADLの比較的普遍化された内容に集約され、いずれも個々の機能改善（向上）と周囲からの補完を組み合わせるといった形に帰着し、解決の手順はシンプルに考えることができます。

図表18 自立に必要な要素

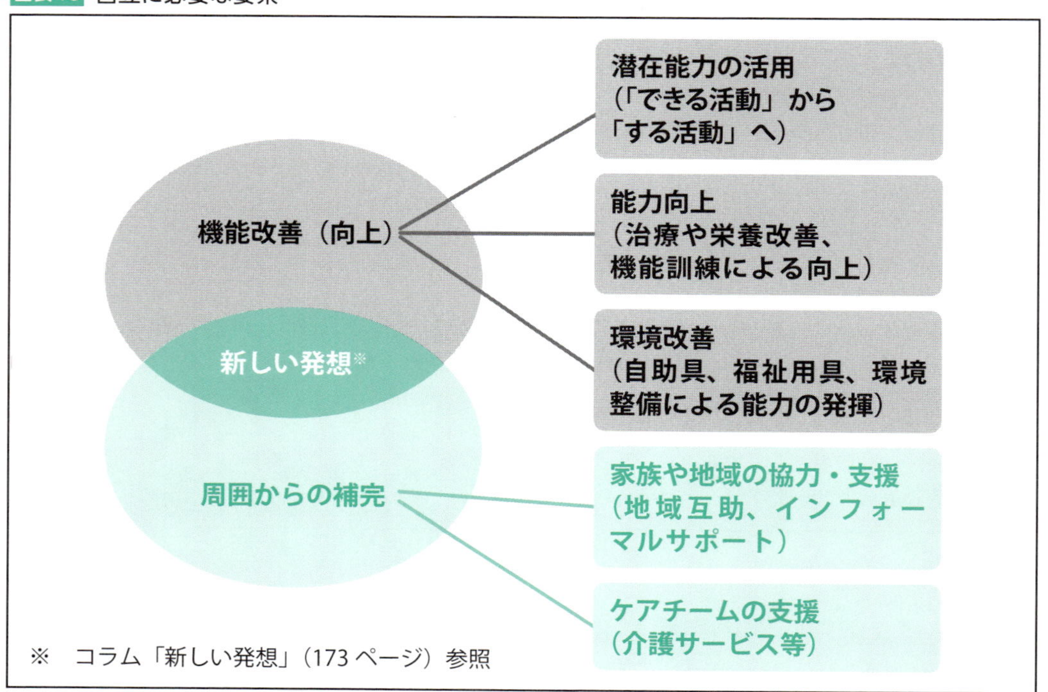

④「頻度」・「期間」欄の記載要領（113 ページの④）

援助はこの「期間」に沿って展開されることになります。援助内容に位置づけられた介護保険サービスについては、保険給付が発生しますので、「認定の有効期間」を超えた期間設定はありえないのが当然です。サービス（支援）の提供は「短期目標」の達成が目的ですので、期間については「短期目標」に設定した期間と連動（等しく）します。すべての援助内容は、それぞれの「短期目標」達成のための援助ですので、このような関係が成立します。

短期目標の期間＝援助内容の期間≦認定の有効期間

⑤福祉用具貸与又は特定福祉用具販売のサービスを必要とする理由（113 ページの⑤）

きちんとニーズが把握できていることが前提ですが、前述したとおり「サービス内容」欄にそれぞれの福祉用具の目的を記述するのが一般的です。住宅改修に関してはこのようなルールはありませんが、改修箇所をきちんと活用してもらうためにも同様の記述を行うよう心がけてください。

▶「援助内容」の留意点

セルフケアの重要性

援助の目的は「短期目標」の達成にありますが、これは周囲の支援だけで可能になるものではありません。目標の内容によっては、利用者自身がセルフケアのような形で「生活全般の解決すべき課題（ニーズ）」に対して主体的に取り組む必要があります。

「脳梗塞の再発を防ぎたい」というニーズに対しては、たんに受診や高血圧症などの疾病管理を受けるだけでは目標は実現しません。例えば服薬や指導を受けた減塩食をきちんと守るなどのセルフケアは必須です。これはリハビリテーションにもあてはまることです。通所リハビリテーションや訪問リハビリテーションサービスを利用しても、それ以外の自主訓練や回復した機能の発揮がなければ効果はそれなりになってしまいます。このような視点を持って、どのような「短期目標」に対しても、まずは本人の取り組みや役割を明確にすることが大切です。

「最適なサービス」とはなにか

次に重要なのは「最適なサービスの内容とその方針」の検討になります。ひとえにサービスと言っても、公的なサービスだけでなくさまざまな商業的なサービスも次々生まれてきています。公的なサービスについても総合事業（地域支援事業）の追加などがあり、対象となるサービスの選択肢はますます広がっています。このような状況下では「最適」とする評価軸を明確にしておく必要があります。「短期目標」の達成のために「最適なサービス」として何を選択するのかはケアマネジャーの力量のみならず価値観をも問われる場面かもしれません。

公的なサービスの特徴は、一定の要件を満たしていれば誰もが使えるという点にあり、提供主体も相応の社会的責任を負うことからサービスの提供体制が強固で、安定した専門性の高いサービスが期待できます。費用負担に関しても保険給付によって一定額は軽減されるものとなっています。その反面、支援内容はさまざまな条件や制度下の制約を受けます。

他方、対極にある近隣の見守りなどのインフォーマルサポートは、利用者個人の人間関係などによって成立しますので、必要が生じたときに必ず見つかるとは限りませんし、すべてが企業体のような組織体制を持つわけではありません。支援の提供に関しての確実性は高いとはいえず、高度な専門性も期待できませんが、支援内容についてはそれなりの柔軟性があります。

この他にも、シルバービジネスの台頭により、最近ではさまざまなサービスが出現しています。例えば、配食サービスやICT機器を使った見守りサービスなど、公的サービスの隙間ニーズを埋めるサービスも定着してきました。これらのサービスについては、一定の要件を満たせば市町村が独自の利用補助を行うこともあり、使い方によっては公的なサービスと類似します。

介護保険制度に位置づけられているサービスについても、もとよりの上乗せ利用とは別に、いわゆる「自費サービス」といった形で、内容的には同等のサービスを提供する事業所もあり、フォーマル、インフォーマルという単純な区分けができなくなっています。

これら以外にも、商店やスーパーマーケットが行う商品配達、各種宅配サービスや通信販売など、活用できる社会資源はいくらでもあります。

サービス提供者との調整

「生活全般の解決すべき課題（ニーズ）」〜「目標」欄は主に利用者との共同作業の結果ですが、「援助内容」欄の記述の完成までには、サービス提供者との調整が必要になります。公的サービスについては調整や意見聴取の窓口は明確にされていますし、サービス担当者会議でその補正も可能です。他方、商業的なサービスやインフォーマルサポートについては、すべてがそうともいきません。ケアプランが動き出したときに「期待していた支援が受けられない」ようなことが起きないよう、調整や情報収集に加え、情報更新にも注意しましょう。

「ケアプラン点検支援マニュアル」に基づくセルフチェック（第2表）

質問1

「生活全般の解決すべき課題（ニーズ）」の原因や背景を教えてください。

■確認ポイント

□状態（状況）の改善・維持・悪化防止など、自立支援に向けたアセスメントの視点をもとにそれぞれの課題（ニーズ）が導き出されたかを確認する。
□介護サービスを利用するための課題抽出となっていない。
□課題の中にサービスの種類が記載されていない。
□それぞれの課題（ニーズ）が導き出された原因や背景を押さえている。

■類似及び補足質問

□生活全般の解決すべき課題（ニーズ）は、どのような視点から抽出されましたか？　その原因や背景となるものはどのようなことでしたか？
□生活全般の解決すべき課題は、本人・家族の意向や状態を踏まえて作成できましたか？
□課題（ニーズ）についてどんな情報を得て分析を行いましたか？

質問2

課題の優先順位を決める上で、大切なことはどのようなことだと思いますか？

■確認ポイント

□優先すべき課題の項目に応じた課題の整理が行えている。
□利用者及び家族に予後予測を立てた根拠を説明している。
□課題の優先順位に支障や理解の違いが生じた場合、調整している。

□利用者と家族のニーズの相違点については、第6表の「居宅介護支援経過」に書き留めるなどの工夫が行えている。
□介護支援専門員が一方的に提案した課題になっていない。

■類似及び補足質問

□生活全般の解決すべき課題について、利用者及び家族とともに課題の順位をどのようにして決めましたか？
□生活全般の解決すべき課題について、優先すべき課題を、利用者や家族にどのように確認をしながら決めましたか？

質問3

生活全般の解決すべき課題が利用者及び家族にもわかりやすい表現を用い、取り組みの意欲が生まれるような記載を心がけていますか？

■確認ポイント

□生活に対する意向と生活全般の解決すべき課題（ニーズ）の関連付けが図られている。
□肯定的な表現方法で、わかりやすい内容の記載ができている。
□利用者の取り組むべき課題が明確になっている。
□利用者の望む生活を実現する課題となっている。

■類似する質問

□生活全般の解決すべき課題が、利用者及び家族にもわかりやすい言葉で表現できていますか？
□利用者自身が、意欲的に取り組めるように、利用者の言葉で記載するように心がけていますか？

質問4

利用者・家族の「困りごと」に対してどのような働きかけを行いましたか？

■確認ポイント

□利用者及び家族の要望をそのまま受け止め、十分アセスメントを行うことなく、サービス提供することへのリスクについて理解し、利用者及び家族に対し説明ができている。
□利用者及び家族の困り事を受け止め、その原因や背景に何があるのかを把握分析した上で、居宅サービス計画に反映している。

■類似及び補足質問

□利用者及び家族の困りごとを聴いて、その要因を探る過程において「自立」に向けた働きかけを行いましたか？
□利用者・家族が困っていることに対して、どうして困っているのか、なぜ困っているのかなどの原因・背景を分析することができましたか？
□利用者が自立した生活を送れるように、介護支援専門員としてどのような働きかけをしましたか？　取り組んだ事があれば教えて下さい。

質問 5

長期目標は、どのように設定しましたか？　利用者自身が、課題（ニーズ）ごとに支援を受けながら、自分自身も努力する到達点として、具体的にわかりやすく記載できていますか？

■確認ポイント

□解決すべき課題を目指した達成可能な目標設定になっている。
□認定期間も考慮しながら達成可能となる目標と期間の設定となっている。
□目標達成時期の具体的な状態像を踏まえた記載となっている。
□誤った目標設定になっていない。
（例）支援者側の目標設定、サービス内容を目標に設定等
□目標の設定が利用者の状態像から妥当である。（高すぎる、低すぎる）
□目標にわかりづらさ（抽象的、あいまい）はない。
□目標が単なる努力目標になっていない。
□たんにサービスの利用が目標になっていない。

■類似及び補足質問

□最終的に目指す目標が、利用者及び家族が理解できるよう具体的にわりやすく記載できていますか？
□長期目標については、それぞれの課題に対応しながら最終的に目指す方向性や到達可能な内容が記載されていますか？

質問 6

短期目標は長期目標を達成するための具体的な「活動の目標」になっていますか？

■確認ポイント

□長期目標を達成するための段階的な目標と期間になっている。
□サービス提供事業所・者が作成する担当者の個別サービス計画書を立てる際の指標になっている。
□抽象的な目標設定ではなく、利用者及び家族等が具体的に何をするのかをイメージすることができる表記となっており、取り組む内容がわかるような記載になっている。

■類似及び補足質問

□これらの短期目標が達成されれば、次にどのような目標の設定を考えていますか？
□このなかで利用者が前向きに取り組めそうな目標はどれですか？
□利用者（家族）の合意を得るにあたり、十分な説明ができ、理解を得られましたか？
□短期目標の積み上げが、長期目標の達成に繋がるように意識して設定できましたか？

質問 7

課題を解決するための「たんなるサービス内容」の記載だけではなく、どのような点に注意するべきか、どういったことを大切にすべきか等の視点も含めた具体的な記載内容となっていますか？

■確認ポイント

□短期目標達成に必要なサービス内容となっている。

□家族を含むインフォーマルな支援の記載がある。
□利用者自身のセルフケアも記載がある。
□サービス提供を行う事業所・者が担う役割等についても、必要に応じた記載がある。
□主治医等の専門家から示された留意事項等の記載がある。

■類似及び補足質問

□サービス内容を記載するときに留意していることや工夫していることはどのようなことですか？
□サービス内容を検討するときに必要な視点にはどのようなものがありますか？
□介護サービスを検討する場合に実現可能な方法は介護サービス以外にはないか、検討してみましたか？

質問 8

計画したサービス内容を適切に提供するために、サービス種別はどのような資源を検討し、決定しましたか？

■確認ポイント

□短期目標をまず達成するためのサービス種別となっている。
□医療ニーズの高い利用者には、医療系サービスも盛り込まれている。
□特定のサービスによる偏りがない。
□主治医意見書・サービス担当者会議の意見を反映している。
□サービス導入の目的が目標と合っている。
□家族支援やインフォーマルサービスなども必要に応じて記載されている。

■類似及び補足質問

□サービス内容を決定する際にサービス資源の有無や条件に影響され、サービス内容が決定しにくい事などがありましたか？
□サービス担当者会議ではサービス内容と資源について、関係者全員が一致できる内容でしたか？　そのほかに可能性が検討されていたら教えて下さい。

質問 9

サービスの利用頻度と期間の見直しはいつ頃、どのように行いますか？

■確認ポイント

□モニタリングでの評価も参考にし、必要に応じた期間での援助内容（サービス内容・種別・頻度・期間）の見直しを行っている。
□利用者及び家族の意向を考慮し、柔軟な対応ができるようサービス導入にあたりサービス提供事業所・者との連携を図っている。
□サービス導入後の変化を予測できている。
□サービス時間・曜日がサービス提供事業所・者の都合が優先されていない。

■類似及び補足質問

□サービスの利用頻度と利用時間帯は利用者・家族の誰の希望ですか？
□サービスへの慣れと受け入れを視野に入れて、導入の順序はどのように考えましたか？
□利用頻度の適切さを考えるにあたり、利用するサービス提供事業所・者からどのような情報提供を求めますか？

コラム　新しい発想

介護を取り巻く社会の変化は日々加速しています。高齢化に伴い、コンビニにも高齢者向けと思えるレトルト食品が豊富に並ぶ時代になりました。スーパーマーケットでも購入品の宅配サービスを行ったり、ドラッグストアが調剤薬とともに生活用品を宅配したりと、いわゆるシルバービジネスはますます盛んになっています。流通も様変わりし、ネット通販は今や多くの人が利用し、家にいながら必要なものは何でも手に入りますし、高齢者自身が活用するだけでなく、離れている子どもが通販を使って食料品や生活品を購入し、独居の親に届けてもらうことも普通となりつつあります。地域格差はあるものの、街のバリアフリー化もすすみ、たとえ車いすを使っていても、タクシーは当然のこと、都市部では公共交通機関を使った外出が普通にできる時代です。

また、家電製品の進歩も目まぐるしく、全自動洗濯乾燥機はもはや当たり前ですし、食洗機やロボット掃除機など家事を助ける家電は日進月歩で普及を続けています。まだまだ高価でもありますし、新しいものを使いこなすスキルも必要となりますが、ことIADLに関して言えば、これらの活用によって、今まで自立のために必要とされていたADLをはじめとする身体機能のハードルが大きく下がることは確かでしょう。

ICTも同様、携帯電話、スマートフォン等通信手段やSNSなどのソーシャルネットワークの普及はコミュニティの形まで変え、主に地縁によって形成されていたこれまでのネットワークだけでなく、物理的な距離にとらわれない複数のネットワークに身を置く方は日々増加しており、現場でのやり取りでも「連絡はLINEで」という利用者も実際に出てきています。

これらの社会の変化とともに利用者像も目まぐるしく変わろうとしています。こういった利用者像の変化は日常生活にもみられ、社会参加のかたちにも影響を及ぼしていくでしょう。車の運転など機動力を持つ方、特に男性は地縁のような物理的距離よりも、現役時代の付き合いのような親近感を軸にした距離感でのコミュニティを維持しています。平日昼間のショッピングモールのゲームコーナーやフードコート、コンビニのイートインコーナーには自然発生的な高齢者サロンが見られますし、コインランドリーでは洗濯のかたわら昼食会や茶話会が繰り広げられ、日常的な生活行動のなかに新たなコミュニティも作られています。これらの変化により、ニーズの元になる「困り事」の内容も次第に変わっていくことでしょう。

こと社会資源の活用場面では、我々のマネジメントも同様に、解決法の模索にあたっては、このような変化を機敏に把握し、さまざまな資源を柔軟に取り入れる必要があることは今や必至です。

第3表「週間サービス計画表」

第3表「週間サービス計画表」とは

第3表は、「週間サービス計画」と呼ばれているもので、週単位で入っている支援を視覚化する役割を持っています。

「居宅サービス計画書標準様式及び記載要領」から抜粋

「主な日常生活上の活動」

利用者の起床や就寝、食事、排泄などの平均的な一日の過ごし方について記載する。

なお、当該様式については、時間軸、曜日軸の縦横をどちらにとってもかまわない。

各項目の記載要領

①「週間サービス」欄の記載要領

週間サービス計画表は横軸に曜日、縦軸に時間をとるのが一般的です。第2表で計画した具体的な支援の内容を、週単位で示した帳票です。③の「主な日常生活上の活動」によって利用者の本来の日常生活リズムを把握した上で、介護保険サービスなどを含めた支援内容が本来の日課に干渉し、悪影響を与えていないか？　または、これまでの乱れた生活リズムを整えるような支援になっているか？　などが一目でわかります。これを頼りに日課を組み立てる利用者もいますので、時間帯も含め正確な記載が必要となります。

週単位で提供される支援内容を、曜日・時間帯で示すことで、利用者及び家族が自分たちの生活リズムを管理することができます。さらに、週単位、24時間の時間管理を示すことで、ケアチームとしても他のサービスが週単位でどのように組み込まれているかを把握することができ、連携を図る上で役立ちます。

図表19 第３表「週間サービス計画表」

第3表

週間サービス計画表

利用者名　　　　殿

作成年月日　　年　月　日

		月曜日	火曜日	水曜日	木曜日	金曜日	土曜日	日曜日	主な日常生活上の活動
深夜	4：00								
	6：00								
早朝	8：00								
午前	10：00								
	12：00								
午後	14：00								
	16：00								
	18：00								
夜間	20：00								
	22：00								
深夜	24：00								
	2：00								
	4：00								

週単位以外のサービス	

②「週単位以外のサービス」欄の記載要領

また、下段の「週単位以外のサービス」には短期入所や福祉用具貸与、居宅療養管理指導などの介護保険サービスだけでなく、受診のための通院や訪問診療などを抜けなく記載することが必要です。これらを記載することにより、サービスの全体像、中長期的なサービス計画を把握することができます。

この他、ケアマネジャーにとっても自分が作成した原案が利用者の生活リズムにあっているか（生活の継続性）、曜日や時間帯に偏りがないかなどを確認することにも役立ちます。

③「主な日常生活上の活動」欄の記載要領

この欄は、利用者の生活リズムがケアプラン導入後の日課と大きくずれていないかを確認するのに役立ちます。起床・就寝、食事、入浴のほか、役割としていることや余暇の活動などもできるだけ詳細に記載する必要があります。生活リズムが乱れ、日替わりで日課が変わる方もいるかもしれませんが、どこか象徴的なところを例に取るか、今後定着できそうなパターンを選択し記載しましょう。

「ケアプラン点検支援マニュアル」に基づくセルフチェック（第３表）

質問１

週間サービス計画表の活用方法やサービスの組み立て方について、どのように考えていますか？

■確認ポイント

□目標を達成するために取り組みが必要だと思われるサービスに偏りがない。

□介護給付以外の取り組みについても記載ができており、家族の支援や利用者のセルフケアなどを含む生活全体の流れが見える記載となっている。

□夜間を含めた介護者の介護への関わりの内容（整容・排泄・吸引・吸入・食事・移動・入浴・清拭・体位変換・移乗等）が具体的に記載されている。

□円滑なチームケアが実践できるような、わかりやすい記載がなされている。

■類似・追加の質問

□夜間や土日のサービス等で不安なこと、手立てを打ったほうがよいと思われたことはありますか？

□利用者（家族）が主体的に課題達成を目指すためにはどのような週間サービス計画表が理想的だと思いますか？

質問２

本人の主な日常生活について、どのように把握しましたか？　またその人らしい生活がイメージされていますか？

■確認ポイント

□起床時間から就寝までの「一日の生活リズム」（整容、食事、散歩、掃除、昼寝、買い物、洗濯、入浴等）が具体的に記載されている。

□夜間を含めた介護者の介護への関わりの内容（整容・排泄・吸引・吸入・食事・移動・入浴・清拭・体位変換・移乗等）が具体的に記載されている。

□一日の生活の中で習慣化していることが記載されている。

□主たる介護者の「介護への関わり」や不在の時間帯等について記載されている。

■類似及び補足質問

□本人はどのような過ごし方をしたいと望まれていますか？

□一日の中で利用者（家族）が心配な時間帯、不安になる時間帯はどの辺りですか？

□夜間、深夜の時間で不安な時間帯や心配事がありますか？　それはどのような内容ですか？

質問３

週間サービスには、利用者・家族の状況（意向、事情等）にあった計画になりましたか？

■確認ポイント

□利用者及び家族が行う役割やセルフケアについて記載ができている。

□インフォーマル資源等の活用なども意識してアセスメントを行っている。

□夜間・土日などの支援体制もきちんと考えている。

■類似・追加の質問

□利用者・家族の方はこの介護サービスの組み立てで満足されていますか？

□夜間や土日のサービス等で不安なこと、手立てを打ったほうがよいと思われたことはありますか？

□利用者（家族）が主体的に課題達成をめざすためにはどのような週間サービス計画が求められると思いますか？

質問 4

「週単位以外のサービス」の欄には何を記載していますか？

■確認ポイント

□「週単位以外のサービス」欄の目的を理解し、記載している。

■類似・追加の質問

□「週単位以外のサービス」の欄はどのように活用していますか？

第 5 章

居宅サービスの構造

第1節 居宅サービスとは

介護保険サービスのなかには、介護保険法の施行前より存在していたものもあります。これらは各々のサービスの根拠法令によって福祉系サービス（老人福祉法）と医療系サービス（老人保健法、現・高齢者の医療の確保に関する法律）に大別されています。医療系サービスについては、介護保険法で、その利用対象を「主治の医師がその治療の必要の程度につき厚生労働省令で定める基準に適合していると認めたものに限る。」と限定しており、医師がその利用の必要性を認めていることが条件になります。

また、サービスの提供方法によって、居宅を訪問してサービスを提供する「訪問系サービス」と事業所でサービスを提供する「通所系サービス」に分かれます。

これに加えて福祉系サービスには「環境を整えるサービス」が追加されます（特定施設入居者生活介護、地域密着型特定施設入居者生活介護及び認知症対応型共同生活介護については、入居系サービスと分類されることもあります）。

これとは別に、指定権限別の分類が存在し、通常、介護保険事業所は都道府県が指定しますが、地域密着型サービスは指定権限が市町村にあり、原則として事業所が所在する市町村の被保険者でないとサービスを受けることができません。

図表1 居宅サービスの一覧

<table>
<tr><th></th><th>訪問系サービス
居宅を訪問してもらいサービスを提供</th><th>通所系サービス
事業所に出向いてサービスを受ける</th><th>環境を整えるサービス</th></tr>
<tr><td rowspan="3">福祉系サービス</td><td>訪問介護
訪問入浴介護
○夜間対応型訪問介護</td><td>通所介護
○地域密着型通所介護
短期入所生活介護
○認知症対応型通所介護</td><td rowspan="3">福祉用具貸与
特定福祉用具販売
住宅改修</td></tr>
<tr><td colspan="2">○小規模多機能型居宅介護</td></tr>
<tr><td colspan="2">特定施設入居者生活介護
○地域密着型特定施設入居者生活介護
○認知症対応型共同生活介護</td></tr>
<tr><td rowspan="2">医療系サービス</td><td>訪問看護
訪問リハビリテーション
居宅療養管理指導
○定期巡回・随時対応型訪問介護看護</td><td>通所リハビリテーション
短期入所療養介護</td><td rowspan="2"></td></tr>
<tr><td colspan="2">○看護小規模多機能型居宅介護</td></tr>
</table>

○印は地域密着型サービス

第2節 訪問系サービス

訪問系サービスは、利用者の居宅にさまざまな職種の専門家が訪問してサービスを提供します。他人が自宅に上がり込むため心理的抵抗感を持つ方もいらっしゃいます。

同等の援助内容が期待できる通所系サービスがある場合は、並行して、どちらが課題解決に適しているか検討する必要があります（例：訪問リハビリテーション⇔通所リハビリテーション、訪問看護⇔通院加療）一般的に訪問系サービスは個別ケアの傾向が強く、他方、通所系サービスの基本は集団援助になります。時間あたりの単価も訪問系サービスのほうが高額になりますので、類似のサービスに出会っても訪問系のサービスを選択する場合は、それなりの理由が必要です。

訪問介護

介護保険法第８条第２項

訪問介護とは、要介護者であって、居宅（その他の厚生労働省令で定める施設における居室を含む）において居宅要介護者について、その者の居宅において介護福祉士その他政令で定める者により行われる入浴、排せつ、食事等の介護その他の日常生活上の世話をいう。（要約）

訪問介護で提供されるサービスは、身体介護、生活援助、通院等乗降介助に大別され、在宅サービスのなかでも広範囲のニーズをカバーします。

身体介護、生活援助、通院等乗降介助はそれぞれ性質や目的が違い、単価も変わります。また、調理を例にとると、調理の代行は生活援助、利用者との共同作業や療養食など特別な配慮が必要なものは身体介護で算定されるので、「調理の代行」「下ごしらえや洗い物の援助（共同作業）」のように、サービス内容は細かく記載する必要があります。

また、生活援助を位置づける場合は第１表にある「生活援助中心型の算定理由」にも記載が必要となります。

家族による支援や近隣の支え合いなどが行われていることも多く、そのようなケースでは過剰な援助が本人の自立を妨げている場合もあります。また、近隣の支え合いなどによる生活支援は、それを通した地域交流の場のひとつとなっていることも考えられます。これらに対し、安易に支援を訪問介護に置き換えてしまうと、自立を妨げてしまったり、地域からの孤立を助長してしまう結果になりかねません。そのような影響も考えて選択するようにします。

導入前または並行して検討する代替え案

全般

・家族（同居・別居）による支援や近隣のインフォーマルサポート
・地域の支え手による有償、無償のボランティアコーディネート（シルバー人材センターや市町村社協など）

食事（調理）関係

・代行先の検討▶各種配食サービス
・自立への模索▶半調理済み食材の配達（ケータリング）

掃除

・代行先の検討▶各種清掃代行サービス（大がかりな掃除、エアコンや換気扇などの専門的な掃除）
・自立への模索▶掃除用具や方法の見直し、家電（ロボット掃除機等の導入）の見直し

洗濯

・代行先の検討▶民間クリーニングサービス
・自立への模索▶洗濯や物干しの場所や方法、家電（洗濯乾燥機等）の見直し

身体介護

利用者の身体に直接接触して行う介助、ならびにこれを行うために必要な準備及び後始末、利用者が日常生活を営むのに必要な機能の向上などのための介助及び専門的な援助を行うものをいいます。

例えば入浴介助の場合、すべてが全介助ならばたんに「入浴介助」と

してもよいのですが、入浴（洗身）に関して本人との役割分担がある場合、

事業所：背部・足先の洗身介助、更衣時の整え

本人：前身上下肢を自分で洗う、衣類の脱着

のように、事業所（サービス）と本人（セルフケア）との線引を明確にしておくと、過剰な援助が自立を妨げることを防止できます。

また、身体状況に不安定要素を抱える利用者に関しては、

・入浴前（後）の血圧、体温測定（状態観察）

・入浴後の水分補給

などを加えることで、入浴にからむ事故を防止することができます。また、身体状況によっては訪問看護による入浴介助も検討しましょう。

生活援助

生活援助とは、身体介護以外の訪問介護で、掃除、洗濯、調理などの日常の援助をいいます。ただし、商品の販売や農作業などの生業の援助的な行為、直接本人の援助に該当しない行為、日常生活の援助に該当しない行為などは、生活援助の内容に含まれません。また、支援能力がある同居家族がいる場合、該当する支援内容であっても保険給付は行われません。

通院等乗降介助

通院等乗降介助とは、要介護者に対して、通院などのため、事業所の訪問介護員等が自らの運転する車両への乗車または降車の介助を行うとともに、乗車前・降車後の屋内外における移動等の介助または通院先もしくは外出先での受診などの手続き、移動などの介助を行った場合に、1回につき算定します。なお、事業所が行う訪問介護と一体となった要介護者の輸送は、「道路運送法」（昭和26年法律第183号）の許可が必要です。

算定と加算

<table>
<tr><td rowspan="4">加算</td><td>2人の介護員等の場合</td><td rowspan="4">算定にはいずれも必然性が求められます。サービス内容欄の記載には
・体位変換（2名体制）
・排泄介助（夜間・早朝・深夜）
・起居介助（転倒時）
のような記載を行うことが望ましい形でしょう。</td></tr>
<tr><td>夜間早朝の場合</td></tr>
<tr><td>深夜の場合</td></tr>
<tr><td>緊急時訪問介護加算</td></tr>
</table>

加算	**生活機能向上連携加算（Ⅰ）**	訪問リハビリテーション・通所リハビリテーション・リハビリテーションを実施している医療提供施設の理学療法士・作業療法士・言語聴覚士・医師からの助言を受けることができる体制を構築し、助言を受けた上でサービス提供責任者が生活機能の向上を目的とした訪問介護計画を作成した場合に算定されます。主に生活援助などで利用者との共同作業をケアプランに組み込む際に有効な加算となります。
	生活機能向上連携加算（Ⅱ）	訪問リハビリテーション・通所リハビリテーション・リハビリテーションを実施している医療提供施設の理学療法士・作業療法士・言語聴覚士・医師が訪問して行う場合に算定されます。

「訪問介護におけるサービス行為ごとの区分等について」の一部改正について

平成30年度介護報酬改定においては、訪問介護について、身体介護に重点を置いて報酬を引き上げるとともに、生活機能向上連携加算の見直し、「自立生活支援のための見守り的援助」の明確化、訪問回数の多い利用者への対応を行うことにより、自立支援・重度化防止に資する訪問介護を推進・評価することにしている（参考資料参照）。

本通知は、身体介護における「自立生活支援のための見守り的援助」の明確化を行うため、「訪問介護におけるサービス行為ごとの区分等について（平成12年3月17日老計第10号）」について、別紙のとおり見直しを行い、平成30年4月1日から適用するものである。

改正後の「訪問介護におけるサービス行為ごとの区分等について」の趣旨及び内容が、訪問介護事業所のサービス提供責任者、居宅介護支援事業所の介護支援専門員等の関係者に周知されることが重要である。

なお、「訪問介護におけるサービス行為ごとの区分等について」において示す個々のサービス行為の一連の流れは、あくまで例示であり、実際に利用者にサービスを提供する際には、当然、利用者個々人の身体状況や生活実態等に即した取扱いが求められることを改めて申し添える。

各都道府県においては、本通知の趣旨及び内容を御了知の上、管内市町村、関係団体、関係機関等にその周知徹底を図るとともに、その取り扱いにあたっては遺漏なきよう期されたい。

訪問介護におけるサービス行為ごとの区分等について

訪問介護の介護報酬については、「指定居宅サービスに要する費用の額の算定に関する基準（訪問通所サービス及び居宅療養管理指導に係る部分）及び指定居宅介護支援に要する費用の額の算定に関する基準の制定に伴う実施上の留意事項について」（平成12年3月1日付厚生省老人保健福祉局企画課長通知）において、その具体的な取扱いをお示ししているところであるが、今般、別紙の通り、訪問介護におけるサービス行為ごとの区分及び個々のサービス行為の一連の流れを例示したので、訪問介護計画及び居宅サービス計画（ケアプラン）を作成する際の参考として活用されたい。

なお、「サービス準備・記録」は、あくまでも身体介護又は生活援助サービスを提供する際の事前準備等として行う行為であり、サービスに要する費用の額の算定にあたっては、この行為だけをもってして「身体介護」又は「生活援助」のひとつの単独行為として取り扱わないよう留意されたい。

また、今回示した個々のサービス行為の一連の流れは、あくまで例示であり、実際に利用者にサービスを提供する際には、当然、利用者個々人の身体状況や生活実態等に即した取扱いが求められることを念のため申し添える。

（別紙）

1 身体介護

> 身体介護とは、①利用者の身体に直接接触して行う介助サービス（そのために必要となる準備、後かたづけ等の一連の行為を含む）、②利用者のADL・IADL・QOLや意欲の向上のために利用者と共に行う自立支援・重度化防止のためのサービス、③その他専門的知識・技術（介護を要する状態となった要因である心身の障害や疾病等に伴って必要となる特段の専門的配慮）をもって行う利用者の日常生活上・社会生活上のためのサービスをいう。（仮に、介護等を要する状態が解消されたならば不要※となる行為であるということができる。）
> ※ 例えば入浴や整容などの行為そのものは、たとえ介護を要する状態等が解消されても日常生活上必要な行為であるが、要介護状態が解消された場合、これらを「介助」する行為は不要となる。同様に、「特段の専門的配慮をもって行う調理」についても、調理そのものは必要な行為であるが、この場合も要介護状態が解消されたならば、流動食等の「特段の専門的配慮」は不要となる。

1－0 サービス準備・記録等

サービス準備は、身体介護サービスを提供する際の事前準備等として行う行為であり、状況に応じて以下のようなサービスを行うものである。

1－0－1 健康チェック

利用者の安否確認、顔色・発汗・体温等の健康状態のチェック

1－0－2 環境整備

換気、室温・日あたりの調整、ベッドまわりの簡単な整頓等

1－0－3 相談援助、情報収集・提供

1－0－4 サービス提供後の記録等

1－1 排泄・食事介助

1－1－1 排泄介助

1－1－1－1 トイレ利用

○トイレまでの安全確認→声かけ・説明→トイレへの移動（見守りを含む）→脱衣→排便・排尿→後始末→着衣→利用者の清潔介助→居室への移動→ヘルパー自身の清潔動作

○（場合により）失禁・失敗への対応（汚れた衣服の処理、陰部・臀部の清潔介助、便器等の簡単な清掃を含む）

1－1－1－2 ポータブルトイレ利用

○安全確認→声かけ・説明→環境整備（防水シートを敷く、衝立を立てる、ポー

タブルトイレを適切な位置に置くなど）→立位をとり脱衣（失禁の確認）→ポータブルトイレへの移乗→排便・排尿→後始末→立位をとり着衣→利用者の清潔介助→元の場所に戻り、安楽な姿勢の確保→ポータブルトイレの後始末→ヘルパー自身の清潔動作

○（場合により）失禁・失敗への対応（汚れた衣服の処理、陰部・臀部の清潔介助）

1－1－1－3 おむつ交換

○声かけ・説明→物品準備（湯・タオル・ティッシュペーパー等）→新しいおむつの準備→脱衣（おむつを開く→尿パットをとる）→陰部・臀部洗浄（皮膚の状態などの観察、パッティング、乾燥）→おむつの装着→おむつの具合の確認→着衣→汚れたおむつの後始末→使用物品の後始末→ヘルパー自身の清潔動作

○（場合により）おむつから漏れて汚れたリネン等の交換

○（必要に応じ）水分補給

1－1－2 食事介助

○声かけ・説明（覚醒確認）→安全確認（誤飲兆候の観察）→ヘルパー自身の清潔動作→準備（利用者の手洗い、排泄、エプロン・タオル・おしぼりなどの物品準備）→食事場所の環境整備→食事姿勢の確保（ベッド上での座位保持を含む）→配膳→メニュー・材料の説明→摂食介助（おかずをきざむ・つぶす、吸い口で水分を補給するなどを含む）→服薬介助→安楽な姿勢の確保→気分の確認→食べこぼしの処理→後始末（エプロン・タオルなどの後始末、下膳、残滓の処理、食器洗い）→ヘルパー自身の清潔動作

1－1－3 特段の専門的配慮をもって行う調理

○嚥下困難者のための流動食等の調理

1－2 清拭・入浴、身体整容

1－2－1 清拭（全身清拭）

○ヘルパー自身の身支度→物品準備（湯・タオル・着替えなど）→声かけ・説明→顔・首の清拭→上半身脱衣→上半身の皮膚等の観察→上肢の清拭→胸・腹の清拭→背の清拭→上半身着衣→下肢脱衣→下肢の皮膚等の観察→下肢の清拭→陰部・臀部の清拭→下肢着衣→身体状況の点検・確認→水分補給→使用物品の後始末→汚れた衣服の処理→ヘルパー自身の清潔動作

1－2－2 部分浴

1－2－2－1 手浴及び足浴

○ヘルパー自身の身支度→物品準備（湯・タオルなど）→声かけ・説明→適切な体位の確保→脱衣→皮膚等の観察→手浴・足浴→体を拭く・乾かす→着衣→安楽な姿勢の確保→水分補給→身体状況の点検・確認→使用物品の後始末→ヘルパー自身の清潔動作

1－2－2－2 洗髪

○ヘルパー自身の身支度→物品準備（湯・タオルなど）→声かけ・説明→適切な体位の確保→洗髪→髪を拭く・乾かす→安楽な姿勢の確保→水分補給→身体状況の点検・確認→使用物品の後始末→ヘルパー自身の清潔動作

1－2－3 全身浴

○安全確認（浴室での安全）→声かけ・説明→浴槽の清掃→湯はり→物品準備（タオル・着替えなど）→ヘルパー自身の身支度→排泄の確認→脱衣室

の温度確認→脱衣→皮膚等の観察→浴室への移動→湯温の確認→入湯→洗体・すすぎ→洗髪・すすぎ→入湯→体を拭く→着衣→身体状況の点検・確認→髪の乾燥、整髪→浴室から居室への移動→水分補給→汚れた衣服の処理→浴槽の簡単な後始末→使用物品の後始末→ヘルパー自身の身支度、清潔動作

1－2－4 洗面等

○洗面所までの安全確認→声かけ・説明→洗面所への移動→座位確保→物品準備（歯ブラシ、歯磨き粉、ガーゼなど）→洗面用具準備→洗面（タオルで顔を拭く、歯磨き見守り・介助、うがい見守り・介助）→居室への移動（見守りを含む）→使用物品の後始末→ヘルパー自身の清潔動作

1－2－5 身体整容（日常的な行為としての身体整容）

○声かけ・説明→鏡台等への移動（見守りを含む）→座位確保→物品の準備→整容（手足の爪きり、耳そうじ、髭の手入れ、髪の手入れ、簡単な化粧）→使用物品の後始末→ヘルパー自身の清潔動作

1－2－6 更衣介助

○声かけ・説明→着替えの準備（寝間着・下着・外出着・靴下等）→上半身脱衣→上半身着衣→下半身脱衣→下半身着衣→靴下を脱がせる→靴下を履かせる→着替えた衣類を洗濯物置き場に運ぶ→スリッパや靴を履かせる

1－3 体位変換、移動・移乗介助、外出介助

1－3－1 体位変換

○声かけ、説明→体位変換（仰臥位から側臥位、側臥位から仰臥位）→良肢位の確保（腰・肩をひく等）→安楽な姿勢の保持（座布団・パットなどあて物をする等）→確認（安楽なのか、めまいはないのかなど）

1－3－2 移乗・移動介助

1－3－2－1 移乗

○車いすの準備→声かけ・説明→ブレーキ・タイヤ等の確認→ベッドサイドで端座位の保持→立位→車いすに座らせる→座位の確保（後ろにひく、ずれを防ぐためあて物をするなど）→フットレストを下げて片方ずつ足を乗せる→気分の確認

○その他の補装具（歩行器、杖）の準備→声かけ・説明→移乗→気分の確認

1－3－2－2 移動

○安全移動のための通路の確保（廊下・居室内等）→声かけ・説明→移動（車いすを押す、歩行器に手をかける、手を引くなど）→気分の確認

1－3－3 通院・外出介助

○声かけ・説明→目的地（病院等）に行くための準備→バス等の交通機関への乗降→気分の確認→受診等の手続き

○（場合により）院内の移動等の介助

1－4 起床及び就寝介助

1－4－1 起床・就寝介助

1－4－1－1 起床介助

○声かけ・説明（覚醒確認）→ベッドサイドでの端座位の確保→ベッドサイドでの起きあがり→ベッドからの移動（両手を引いて介助）→気分の確認

○（場合により）布団をたたみ押入に入れる

1－4－1－2 就寝介助

○声かけ・説明→準備（シーツのしわをのばし食べかすやほこりをはらう、布団やベッド上のものを片づける等）→ベッドへの移動（両手を引いて介助）→ベッドサイドでの端座位の確保→ベッド上での仰臥位又は側臥位の確保→リネンの快適さの確認（掛け物を気温によって調整する等）→気分の確認

○（場合により）布団を敷く

1－5 服薬介助

○水の準備→配剤された薬をテーブルの上に出し、確認（飲み忘れないようにする）→本人が薬を飲むのを手伝う→後かたづけ、確認

1－6 自立生活支援・重度化防止のための見守り的援助（自立支援、ADL・IADL・QOL 向上の観点から安全を確保しつつ常時介助できる状態で行う見守り等）

○ベッド上からポータブルトイレ等（いす）へ利用者が移乗する際に、転倒等の防止のため付き添い、必要に応じて介助を行う。

○認知症等の高齢者がリハビリパンツやパット交換を見守り・声かけを行うことにより、1人でできるだけ交換し後始末ができるように支援する。

○認知症等の高齢者に対して、ヘルパーが声かけと誘導で食事・水分摂取を支援する。

○入浴、更衣等の見守り（必要に応じて行う介助、転倒予防のための声かけ、気分の確認などを含む）

○移動時、転倒しないように側について歩く（介護は必要時だけで、事故がないように常に見守る）

○ベッドの出入り時など自立を促すための声かけ（声かけや見守り中心で必要な時だけ介助）

○本人が自ら適切な服薬ができるよう、服薬時において、直接介助は行わずに、側で見守り、服薬を促す。

○利用者と一緒に手助けや声かけ及び見守りしながら行う掃除、整理整頓（安全確認の声かけ、疲労の確認を含む）

○ゴミの分別が分からない利用者と一緒に分別をしてゴミ出しのルールを理解してもらう又は思い出してもらうよう援助

○認知症の高齢者の方と一緒に冷蔵庫のなかの整理等を行うことにより、生活歴の喚起を促す。

○洗濯物を一緒に干したりたたんだりすることにより自立支援を促すとともに、転倒予防等のための見守り・声かけを行う。

○利用者と一緒に手助けや声かけ及び見守りしながら行うベッドでのシーツ交換、布団カバーの交換等

○利用者と一緒に手助けや声かけ及び見守りしながら行う衣類の整理・被服の補修

○利用者と一緒に手助けや声かけ及び見守りしながら行う調理、配膳、後片付け（安全確認の声かけ、疲労の確認を含む）

○車イス等での移動介助を行って店に行き、本人が自ら品物を選べるよう援助

○上記のほか、安全を確保しつつ常時介助できる状態で行うもの等であって、利用者と訪問介護員等がともに日常生活に関する動作を行うことが、

ADL・IADL・QOL 向上の観点から、利用者の自立支援・重度化防止に資するものとしてケアプランに位置付けられたもの

2 生活援助

生活援助とは、身体介護以外の訪問介護であって、掃除、洗濯、調理などの日常生活の援助（そのために必要な一連の行為を含む）であり、利用者が単身、家族が障害・疾病などのため、本人や家族が家事を行うことが困難な場合に行われるものをいう。（生活援助は、本人の代行的なサービスとして位置づけることができ、仮に、介護等を要する状態が解消されたとしたならば、本人が自身で行うことが基本となる行為であるということができる。）
※ 次のような行為は生活援助の内容に含まれないものであるので留意すること。
① 商品の販売・農作業等生業の援助的な行為
② 直接、本人の日常生活の援助に属しないと判断される行為

2－0 サービス準備等
サービス準備は、生活援助サービスを提供する際の事前準備等として行う行為であり、状況に応じて以下のようなサービスを行うものである。
2－0－1 健康チェック利用者の安否確認、顔色等のチェック
2－0－2 環境整備
換気、室温・日あたりの調整等
2－0－3 相談援助、情報収集・提供
2－0－4 サービスの提供後の記録等
2－1 掃除
○居室内やトイレ、卓上等の清掃
○ゴミ出し
○準備・後片づけ
2－2 洗濯
○洗濯機または手洗いによる洗濯
○洗濯物の乾燥（物干し）
○洗濯物の取り入れと収納
○アイロンがけ
2－3 ベッドメイク
○利用者不在のベッドでのシーツ交換、布団カバーの交換等
2－4 衣類の整理・被服の補修
○衣類の整理（夏・冬物等の入れ替え等）
○被服の補修（ボタン付け、破れの補修等）
2－5 一般的な調理、配下膳
○配膳、後片づけのみ
○一般的な調理
2－6 買い物・薬の受け取り

○日常品等の買い物（内容の確認、品物・釣り銭の確認を含む）
○薬の受け取り

訪問入浴

介護保険法第８条第３項
訪問入浴介護とは、居宅要介護者について、その者の居宅を訪問し、浴槽を提供して行われる入浴の介護をいう。

訪問入浴は、身体状況だけでなく、浴室がない、浴室があるが物理的な理由で使用できないなどの理由で導入されることもあります。

条件さえクリアできれば、ベッドサイドで湯槽に浸かることができます。体制も手厚く、かなり重度な身体的な課題を抱えている場合やターミナル期でもしばしば活用されます。それだけに、できれば体温、血圧などの循環器データ、SpO2 などの呼吸器データ等、身体状況や予測される変化に応じた入浴の可否を、数値化された基準で主治医と共にルール化しておくとよいでしょう。

導入前または並行して検討する代替え案

・住宅改修や福祉用具の導入を含めた浴室の整備
・訪問介護や訪問看護による入浴介助
・通所介護や通所リハビリテーションなど、入浴設備がある施設での入浴

訪問看護

介護保険法第８条第４項
訪問介護とは、居宅要介護者（主治の医師がその治療の必要の程度につき厚生労働省令で定める基準に適合していると認めたものに限る。）について、その者の居宅において看護師その他厚生労働省令で定める者により行われる療養上の世話又は必要な診療の補助をいう。

訪問看護は、在宅療養を支えるために不可欠なサービスです。サービス利用については、医師の指示書が必要となりますので、導入の可否だけでなく提供されるサービス内容を含めて主治医と相談しましょう。

訪問看護は医療保険でも利用できます。要介護（要支援）を受けている方は、原則、介護保険が優先となりますが、利用者の状況によっては医療保険が適用されます。詳しくは主治医や訪問介護ステーションなどと相談しましょう。

導入前または並行して検討する代替え案

・通院による医療

算定と加算

<table>
<tr><td colspan="2">20 分未満の
訪問看護の算定</td><td>短時間かつ頻回な医療処置などが必要な利用者に対することを想定しており、日中などの訪問看護における十分な観察、必要な助言・指導が行われることを前提として算定しなければなりません。したがって、居宅サービス計画または訪問看護計画において 20 分未満の訪問看護のみが設定されることは適切ではなく、20 分以上の訪問看護を週 1 回以上含むようなプランニングが必要になります。また、緊急時訪問看護加算の届出をしている場合に限り算定できます。</td></tr>
<tr><td rowspan="6">加算</td><td>1 時間 30 分以上</td><td rowspan="5">算定にはいずれも必然性が求められます。利用者の状況により必要とされるサービス内容（加算）は自動的に決まってしまう形になりますが、第 2 表には
・喀痰吸引（夜間・早朝・深夜）
・入浴介助（2 名体制）
・人工呼吸器の管理（緊急対応を含む）
のような記載を行うことが望ましい形でしょう。</td></tr>
<tr><td>夜間早朝の場合</td></tr>
<tr><td>深夜の場合</td></tr>
<tr><td>複数名訪問看護加算</td></tr>
<tr><td>緊急時訪問看護加算</td></tr>
<tr><td>特別管理加算</td><td>特別な管理を必要とする利用者に対して、事業所が、訪問看護の実施に関する計画的な管理を行った場合に算定されるものになるため、
・バルンカテーテルの管理
・人工肛門の管理とパウチ交換
のように、下記に該当する内容がサービス内容に記載されていることが必要となります。
①特別管理加算（Ⅰ）対象者
医科診療報酬点数表の在宅悪性腫瘍患者指導管理、在宅気管切開患者指導管理を受けている状態、気管カニューレ、留置カテーテルを使用している状態
②特別管理加算（Ⅱ）対象者
1）医科診療報酬点数表の在宅自己腹膜灌流指導管理、在宅血液透析指導管理、在宅酸素療法指導管理、在宅中心静脈栄養法指導管理、在宅成分栄養経管栄養法指導管理、在宅自己導尿指導管理、在宅持続陽圧呼吸療法指導管理、在宅自己疼痛管理指導管理、在宅肺高血圧症患者指導管理を受けている状態
2）人工肛門または人工膀胱を設置している状態</td></tr>
</table>

加算	特別管理加算	3）真皮を越える褥瘡の状態〔NPUAP（National Pressure Ulcer of Advisory Panel）分類ステージIII度、IV度またはDESIGN®分類（日本褥瘡学会）D3、D4、D5に該当する状態〕。算定の際は、定期的（週に1回以上）に褥瘡の状態の観察・アセスメント・評価（褥瘡の深さ、滲出液、大きさ、炎症・感染、肉芽組織、壊死組織、ポケット）を行い、褥瘡の発生部位および実施したケア（利用者の家族等に行う指導を含む）について訪問看護記録書に記録する。 4）点滴注射を週3日以上行う必要があると認められる状態（主治医が点滴注射を週3日以上行うことが必要である旨の指示を訪問看護事業所に対して行った場合で、かつ、事業所の看護職員が週3日以上点滴注射を実施している状態）算定する場合は、点滴注射が終了した場合その他必要が認められる場合に、主治医に対して速やかに状態報告するとともに、訪問看護記録書に点滴注射の実施内容を記録する。

訪問リハビリテーション

介護保険法第8条第5項

訪問リハビリテーションとは、居宅要介護者（主治の医師がその治療の必要の程度につき厚生労働省令で定める基準に適合していると認めたものに限る。）について、その者の居宅において、その心身の機能の維持回復を図り、日常生活の自立を助けるために行われる理学療法、作業療法その他必要なリハビリテーションをいう。

リハビリテーション専門職、医師、理学療法士（PT）、作業療法士（OT）または言語聴覚士（ST）の配置状況によって提供されるサービス内容が変わります。

■理学療法・理学療法士（PT）

基本的動作能力の回復、獲得の訓練：足のリハビリと称されることもありますが、ヒトの正常発達をなぞる形で基本動作の再獲得を目指します。

■作業療法・作業療法士（OT）

応用的動作能力の社会的適応能力の回復：手のリハビリと称されることもありますが、今ある基本動作能力を生活場面で活用するための「しつけ」的な応用力の構築を目的とします。

■言語聴覚療法・言語聴覚士（ST）

対応の幅が広く、以下の2つに大別されます。
- 失語症などにおいて、コミュニケーション能力向上を目的とするもの
- 嚥下困難などにおいて、摂食嚥下機能や口腔機能向上を目的とするもの

訪問リハビリテーションのサービス内容は機能訓練の実施だけではありません。利用者や住環境の評価、評価に基づく環境改善（住宅改修や福祉用具、自助具など）に関する提案や指導、環境にあった生活スタイルや生活動作の提案や指導を行います。居宅でサービスが提供される最大の利点は、これらのサービス内容によって、身体機能が最大限発揮で

きる環境を作ることや、置かれている環境の中で、持っている身体機能を上手に使えるようになることにあります。

サービス提供は、訪問リハビリテーション事業所に配置されている医師の指示により行われます。通常は利用者の主治医が別に存在しますので、主治医より訪問リハビリテーション事業所に配置されている医師に対して診療情報を提供してもらうか、訪問リハビリテーション事業所や事業所に付属する医療機関を一度は受診する必要があります。

医療保険を利用して疾患別リハビリテーションを受けている方が、同一病名による障害に対して介護保険によるリハビリテーション（訪問リハビリテーション、通所リハビリテーション）を受けた場合、医療保険の疾患別リハビリテーションに対する報酬が給付されなくなります。

(2) 医療保険における疾患別リハビリテーションなどの留意事項

① 要介護被保険者等である患者に対して行うリハビリテーションは、同一の疾患等について、医療保険における心大血管疾患リハビリテーション料、脳血管疾患等リハビリテーション料、廃用症候群リハビリテーション料、運動器リハビリテーション料または呼吸器リハビリテーション料を算定するリハビリテーション（以下､医療保険における疾患別リハビリテーション）を行った後、介護保険における訪問リハビリテーションもしくは通所リハビリテーションまたは介護予防訪問リハビリテーションもしくは介護予防通所リハビリテーション（以下、介護保険におけるリハビリテーション）の利用開始日を含む月の翌月以降は、当該リハビリテーションにかかる疾患等について、手術、急性増悪等により医療保険における疾患別リハビリテーション料を算定する患者に該当することとなった場合を除き、医療保険における疾患別リハビリテーション料は算定不可。

② ただし、医療保険における疾患別リハビリテーションを実施する施設とは別の施設で介護保険におけるリハビリテーションを提供することになった場合は、一定期間、医療保険における疾患別リハビリテーションと介護保険のリハビリテーションを併用して行うことで円滑な移行が期待できることから、介護保険におけるリハビリテーションの利用開始日を含む月の翌々月まで、併用が可能。併用する場合には、診療録および診療報酬明細書に「介護保険におけるリハビリテーションの利用開始日」を記載することにより、同一の疾患等について介護保険におけるリハビリテーションを行った日以外の日に、医療保険における疾患別リハビリテーション料を算定可。なおこの場合、当該利用開始日の翌月及び翌々月に算定できる疾患別リハビリテーション料は1カ月に7単位まで。

出典：公益社団法人 京都府介護支援専門員会編『介護報酬クイックマスター2018』中央法規出版、2018年、37ページ

導入前または並行して検討する代替え案

・通所リハビリテーション

・フィットネスクラブなどの高齢者向けサービス

・通所介護における機能訓練

算定と加算

加算	**短期集中リハビリテーション実施加算**	名前の通り、短期間に集中して訓練を行うことにより、身体機能の改善を図りたい場合に有効な加算です。算定できるのは退院（所）日または認定日から3月以内に限られますので、サービス提供期間にも配慮が必要です。 下記の「リハビリテーションマネジメント加算」を算定していることが要件です。集中的なリハビリテーションとは週2回以上実施していることを指しますので、ケアプラン上に位置づけるときは頻度に配慮しましょう。サービス内容については、主治医や事業所とよく相談し、たんに機能訓練のような記載はせず、長期目標や短期目標に合った具体的な訓練内容にすることが、利用者のモチベーションサポートにつながります。
	リハビリテーションマネジメント加算	機能改善だけを目的とせず、改善した機能を活かした社会復帰までを視野に入れたマネジメントを行うものです。主な内容は、 ①リハビリテーション計画の進捗状況を定期的に評価し、必要に応じて計画を見直す。 ②介護支援専門員を通じて、訪問介護、その他の居宅サービス事業所従業者に対し、日常生活上の留意点、介護の工夫等の情報を伝達する。 ですが、ケアプランとの連動のカギとなる"Survey"部分で興味・関心チェックシートなどの活用によるケアマネジャーからの情報提供が重要となります。リハビリテーションマネジメント自体が（S）PDCAサイクルを持ちケアプランにおけるケアマネジメントと同様の機能を持っているため、たんに **・リハビリテーションの進捗状況の管理** **・サービス事業所に対する留意点の伝達及び指導** とするのではなく、この加算が算定されるリハビリテーションサービスが位置づけられた短期目標の元となった長期目標を絡めた具体的なサービス内容にすることで、利用者にとってわかりやすいケアプランになり、主体的なかかわりが期待できます。また関係職種の意思疎通を良好にし、効果的なチームケアにするためにも、関連する他のサービスへの「日常生活上の留意点、介護の工夫等の情報」の伝達方法をサービス担当者会議などで共有しておく必要があります。

図表2 リハビリテーションに関する留意事項

興味・関心チェックシート

生活行為	している	してみたい	興味がある	生活行為	している	してみたい	興味がある
自分でトイレへ行く				生涯学習・歴史			
一人でお風呂に入る				読書			
自分で服を着る				俳句			
自分で食べる				書道・習字			
歯磨きをする				絵を描く・絵手紙			
身だしなみを整える				パソコン・ワープロ			
好きなときに眠る				写真			
掃除・整理整頓				映画・観劇・演奏会			
料理を作る				お茶・お花			
買い物				歌を歌う・カラオケ			
家や庭の手入れ・世話				音楽を聴く・楽器演奏			
洗濯・洗濯物たたみ				将棋・囲碁・麻雀・ゲーム等			
自転車・車の運転				体操・運動			
電車・バスでの外出				散歩			
孫・子供の世話				ゴルフ・グラウンドゴルフ・水泳・テニスなどのスポーツ			
動物の世話				ダンス・踊り			
友達とおしゃべり・遊ぶ				野球・相撲等観戦			
家族・親戚との団らん				競馬・競輪・競艇・パチンコ			
デート・異性との交流				編み物			
居酒屋に行く				針仕事			
ボランティア				畑仕事			
地域活動（町内会・老人クラブ）				賃金を伴う仕事			
お参り・宗教活動				旅行・温泉			
その他（　　　）				その他（　　　）			
その他（　　　）				その他（　　　）			

訪問・通所リハビリテーション　リハビリテーションマネジメントの強化

- リハビリテーション計画の策定や活用等のプロセス管理の充実、介護支援専門員や他のサービス事業所を交えた「リハビリテーション会議」の実施と情報共有のしくみを評価する。

第114回社会保障審議会介護給付費分科会資料　資料2「通所リハビリテーション・訪問リハビリテーションの報酬・基準について（案）」（PDF）13ページを一部改変

居宅療養管理指導

介護保険法第８条第６項

居宅療養管理指導とは、居宅要介護者について、病院、診療所又は薬局（以下「病院等」という。）の医師、歯科医師、薬剤師その他厚生労働省令で定める者により行われる療養上の管理及び指導であって、厚生労働省令で定めるものをいう。

次に挙げる医療関連の専門家が、専門領域における療養上の管理や必要なアドバイスを行うものです。それぞれの専門領域にかかる課題がある場合、療養上の管理だけでなく居宅サービスを利用する上での留意点や介護方法等についての指導及び助言がチームケアに役立ちます。

指導内容をはじめとする情報は、利用者や家族にだけでなく、ケアマネジャーに対しても報告されます。受けた報告はケアチーム内で迅速に共有が図れるような仕組みを工夫することも必要です。

導入前または並行して検討する代替え案

・通院時における各種指導

専門職による指導内容と効果

専門職	指導内容と期待される効果
医師が行う場合	診察や訪問診療を受けているような医療ニーズが高いケースだけでなく、生活習慣病などの慢性疾患のコントロールが不良な利用者に対しても有効です。
歯科医師が行う場合	口腔機能に問題がある利用者に有効です。正しい口腔ケアの指導も受けられるので、嚥下に問題があって誤嚥リスクが高い方には、誤嚥性肺炎予防にも有効に働きます。
薬剤師が行う場合	複数の医療機関から投薬を受けている場合、投薬内容の重複や、飲み合わせによる相互作用や副作用の問題解決には導入を検討すべきです。多くの薬を処方されている方の一包化、形状などが理由で飲めない方の服用方法の指導、認知症による飲み忘れ防止の工夫など、広範囲での効果が期待できます。
管理栄養士が行う場合	療養食などの食事制限がある方や栄養状態が不良な方については導入を一考すべきです。生活習慣病のコントロール不良にも有効に働きます。療養食調理の指導も受けることができます。
歯科衛生士等が行う場合	歯科医師が行う場合に準じます。

第3節 通所系サービス

「通所系サービス」は、利用者が事業所や施設に出向き、サービスを受ける形態のサービス群です。主に日帰りのサービスと一定期間施設に滞在する泊まりのサービスに大別されます。事業所や施設に通うという形態の性格上、施設機能を活用したさまざまなサービスがあり、それらからもたらされる効果が期待できます。

一定期間（時間）、事業所や施設に滞在することになりますので、慣れるまでは利用者に相当のストレスを生じさせるリスクがあることを承知しておきましょう。サービスを利用することが目的ではなく、利用によってもたらされるさまざまな効果こそが目的です。このような視点でプランニングを行わなければ、当初の目標を達成することはできません。

▶ 通所介護（認知症対応型通所介護）

介護保険法第８条第７項

通所介護とは、居宅要介護者について、老人福祉法第５条の２第３項の厚生労働省令で定める施設又は同法第20条の２の２に規定する老人デイサービスセンターに通わせ、当該施設において入浴、排せつ、食事等の介護その他の日常生活上の世話であって厚生労働省令で定めるもの及び機能訓練を行うことをいう。

通所介護は、事業所に通ってサービスを受けるという利用形態のため、さまざまなサービス内容が存在します。たとえば、送迎、入浴をはじめとする保清、食事の提供、状態の観察、健康管理があげられます。

また、家族の介護負担の軽減（レスパイト）、余暇活動における社会的交流及び精神活動の活性化（社会参加）、レクリエーションや機能訓練による活動量の向上及び身体機能の改善（活動性向上、機能改善）、生活リズムの構築や改善なども期待できます。

利用時間帯も２時間未満～14時間以上と幅が広く、入浴や機能訓練だけといったように、希望するサービス内容のみを受けることもある程度可能です（対応状況は事業所の体制により異なります）。

導入前または並行して検討する代替え案

・地域のサロンやサークル活動等（余暇活動、社会参加）
・短期入所生活介護、短期入所療養介護（介護者のレスパイト）
・フィットネスクラブなどの高齢者向けサービス、通所リハビリテーション、訪問リハビリテーション（機能改善）

算定と加算

加算	入浴介助を行った場合	通所介護施設は相応の入浴設備を有しているところが多く、自宅で入浴が困難な利用者の入浴を目的とした利用も広くみられます。本加算は、利用中に入浴を行った場合に加算されます。サービス内容欄への記述は、訪問介護の身体介護での例示に準じますが、施設によってはエレベーター浴や車いす浴などの機械浴設備を備えているところもあり、これらを目的に、このサービスや施設を選択する場合、「機械浴による入浴介助」のように区別しておくと無用な混乱を避けることができるでしょう。
	個別機能訓練加算	個別機能訓練計画に基づき、計画的に行った機能訓練について算定されるものです。機能訓練指導員などが利用者の居宅を訪問したうえで、多職種協働で個別機能訓練計画を作成し、その後 3 カ月ごとに 1 回以上、利用者の居宅を訪問し、居宅での生活状況（起居動作、ADL、IADL 等の状況）を確認し、利用者またはその家族に対して、機能訓練の内容と個別機能訓練計画の進捗状況等を説明し、記録するとともに訓練内容の見直しなどを行います。 訪問リハビリテーションや通所リハビリテーションのリハビリテーションマネジメント加算の要件となっているリハビリテーション会議のようなものが実施計画されませんので、ケアマネジャーがアセスメントで収集した情報がどれだけ計画に盛り込まれるかがより重要となります。 通常はサービス調整段階での協議やサービス担当者会議などでの情報提供が想定されますが、個人因子における、利用者の気質、機能訓練に対する意欲、これまでの趣味や役割、余暇の使い方、生活暦及び家族の思いなどはなんらかの形で伝えておきましょう。 サービス内容欄にも「ひとりで（自宅の風呂で）入浴できるための機能訓練の実施」のように長期目標や短期目標を絡めた具体的な訓練内容を記述しておくほうが良いでしょう。
	生活機能向上連携加算	事業所外部の訪問リハビリテーションもしくは通所リハビリテーションを実施している事業所またはリハビリテーションを実施している医療提供施設の理学療法士、作業療法士、言語聴覚士、医師（外部の理学療法士等）が、通所介護事業所を訪問し、通所介護事業所の職員と共同でアセスメントを行い、個別機能訓練計画を作成した場合に算定されます。
	栄養改善加算	低栄養による機能低下などがある利用者や低栄養が機能訓練の妨げになっている利用者の栄養改善に有用な加算となります。低栄養状態にある利用者またはそのおそれのある利用者に低栄養状態の改善等を目的として、栄養食事相談等の栄養管理を個別的に実施するものです。3 カ月以内に限り 1 月に 2 回を限度として 1 回につき算定されますが、利用者が以下のいずれかの状態に合致している必要があります。 1）BMI が 18.5 未満である者 2）1 ～ 6 カ月間で 3% 以上の体重の減少が認められる者またはその恐れがある者 3）血清アルブミン値が 3.5g/dl 以下である者 4）食事摂取量が不良（75% 以下）である者 5）その他低栄養状態にあるまたはそのおそれがあると認められる者

加算	栄養改善加算	算定要件には 〇栄養改善サービスの提供は、利用者ごとに行われるケアマネジメントの一環として行われることに留意する。 〇通所介護においては、通所介護計画のなかに栄養ケア計画に相当する内容を記載する場合、その記載をもって栄養ケア計画の作成に代えることができる。 などが含まれているので、サービス内容欄には「栄養状態の把握及び改善とその評価」などの記述が必要です。
	口腔機能向上加算	口腔機能低下が原因で十分な食事が摂れず低栄養状態になっている場合や、誤嚥を繰り返し肺炎を起こしたり、そのリスクが高い方にとってはこれら原因の除去に期待が持てる加算になります。 利用者の口腔機能を利用開始時に把握し、医師、歯科医師、言語聴覚士、歯科衛生士、看護職員、介護職員その他の職種の者が共同して、利用者ごとの口腔機能改善管理指導計画を作成し、計画に従い、医師、医師もしくは歯科医師の指示を受けた言語聴覚士もしくは看護職員または歯科医師の指示を受けた歯科衛生士が口腔機能向上サービスを行うとともに、利用者の口腔機能を定期的に記録し、計画の進捗状況を定期的に評価します。 対象者は、以下のとおりです。 1）認定調査票の「嚥下・食事摂取・口腔清潔」の3項目のいずれかの項目が「1」（できるや自立）以外に該当する者。 2）基本チェックリスト No. 13 ～ 15 の3項目のうち2項目以上が「1」に該当する者等 3）歯科診療報酬点数表に掲げる「摂食機能療法」を算定していない者。 4）3）は算定していないが、介護保険の口腔向上サービスとして「摂食・嚥下機能に関する訓練」の指導もしくは実施を行っている者。 となりますので、事業所との調整だけでなく、歯科受診の有無や、受診がある場合は3）4）の該当についての確認をとっておく必要が生じます。 また、サービス内容欄の記述にも「口腔機能の把握および改善とその評価」のような記述が必要です。
	栄養スクリーニング加算	サービス利用者に対し、利用開始時及び利用中6カ月ごとに栄養状態について確認を行い、当該利用者の栄養状態に係る情報（医師・歯科医師・管理栄養士等への相談提言を含む）を介護支援専門員に文書で共有した場合に6カ月に1回を限度で算定するもので、この加算はケアチーム内の利用者の栄養に関する状況や専門的見地からの助言などを共有することを目的とします。 当該利用者について、当該事業所以外ですでに栄養スクリーニング加算を算定している場合は算定不可となりますので、ケアプラン上、この加算を取得できる事業所が複数設定されている場合、どの事業所にこの加算を算定してもらうのかを明確にしておく必要が生じます。したがって、サービス内容欄には算定する事業所にのみ、「栄養に関する状況や専門的見地からの助言等の情報提供（栄養スクリーニング加算）」のような記述を行うことで、算定できない事業所の誤請求を回避させることができます。 また当該利用者が栄養改善加算の算定にかかる栄養改善サービスを受けている間及び当該栄養改善サービスが終了した日の月は、算定不可となりますので、こういった部分の情報共有への配慮も必要です。

▶ 通所リハビリテーション

> **介護保険法第 8 条第 8 項**
> 通所リハビリテーションとは、居宅要介護者（主治の医師がその治療の必要の程度につき厚生労働省令で定める基準に適合していると認めたものに限る。）について、介護老人保健施設、介護医療院、病院、診療所その他の厚生労働省令で定める施設に通わせ、当該施設において、その心身の機能の維持回復を図り、日常生活の自立を助けるために行われる理学療法、作業療法その他必要なリハビリテーションをいう。

サービス内容や期待される効果は通所介護に準じますが、事業所には医師が配置され、名前にもあるようにリハビリテーションに特化したサービス提供が期待できます。

リハビリテーションの提供といった点では、訪問リハビリテーションと共通し、同一の加算も設定されますが、施設の設備を使用した環境面や、集団における訓練効果への期待などが通所リハビリテーションの特徴になります。

利用時間帯も 1 時間～ 14 時間以上と幅が広く（対応状況は事業所の体制により異なります）、希望するサービス内容のみを受けることもある程度可能です。

導入前または並行して検討する代替え案

・地域のサロンやサークル活動等（余暇活動、社会参加）
・短期入所生活介護、短期入所療養介護（介護者のレスパイト）
・フィットネスクラブなどの高齢者向けサービス、訪問リハビリテーション（機能改善）

算定と加算

加算	入浴介助を行った場合	通所介護の「入浴介助を行った場合」に準じます（198 ページ）。
	リハビリテーションマネジメント加算	訪問リハビリテーションの「リハビリテーションマネジメント加算」に準じます（194 ページ）。

加算	短期集中個別リハビリテーション実施加算	訪問リハビリテーションの「短期集中リハビリテーション実施加算」に準じます（194ページ）。1週間におおむね2日以上、1回あたり20分以上、1日あたり40分以上、個別にリハビリテーションを実施する必要があります。
	生活行為向上リハビリテーション実施加算	生活行為の内容の充実を図るための目標を設定し、当該目標を踏まえたリハビリテーションの実施内容などをリハビリテーション実施計画にあらかじめ定めて、利用者に対して、利用者の有する能力の向上を計画的に支援することを評価するものです。作業療法士・理学療法士・言語聴覚士を配置していること、実施後1か月以内にリハビリテーション会議を開催し、目標の達成状況を報告することが定められています。算定期間は3か月以内と3か月超6か月以内に区分されます。リハビリテーションマネジメント加算（Ⅱ）、（Ⅲ）または（Ⅳ）を算定していることが条件ですが、短期集中個別リハビリテーション実施加算および認知症短期集中リハビリテーション実施加算（Ⅰ）（Ⅱ）との併算定は不可になります。
	重度療養管理加算	要介護3～5の利用者（所要時間1時間以上2時間未満利用者以外）で、次のイ～リのいずれかに該当する状態の利用者に対して算定します（別に厚生労働大臣が定める状態）。 イ　常時頻回の喀痰吸引の実施 当該月において1日あたり8回（夜間を含め約3時間に1回程度）以上実施している日が20日を超える場合 ロ　呼吸障害等により人工呼吸器の使用 当該月において1週間以上人工呼吸または間欠的陽圧呼吸を行っている ハ　中心静脈注射の実施 中心静脈注射により薬剤の投与をされている利用者または中心静脈栄養以外に栄養維持が困難な利用者 ニ　人工腎臓を実施しており、かつ、重篤な合併症を有する状態 人工腎臓を各週2日以上実施しているもので、かつ、次のいずれかの合併症をもつもの A）透析中に頻回の検査、処置を必要とするインスリン注射を行っている糖尿病 B）常時低血圧（収縮期血圧が90mmHg以下） C）透析アミロイド症で手根管症候群や運動機能障害を呈するもの D）出血性消化器病変を有するもの E）骨折を伴う二次性副甲状腺機能亢進症 F）うっ血性心不全（NYHA Ⅲ度以上） ホ　重篤な心機能障害、呼吸障害等により常時モニター測定の実施 持続性心室性頻拍や心室細動等の重症不整脈発作を繰り返す状態、収縮期血圧90mmHg以下が持続する状態、または、酸素吸入を行っても動脈血酸素飽和度90%以下の状態で常時、心電図、血圧、動脈血酸素飽和度のいずれかを含むモニタリングを行っている ヘ　膀胱または直腸の機能障害の程度が身体障害者 障害程度等級表の4級以上で、ストーマの処置実施者に対して、皮膚の炎症等に対するケアを行った場合に算定 ト　経鼻胃管や胃ろう等の経腸栄養が行われている状態 経口摂取が困難で経腸栄養以外に栄養維持が困難な利用者に対して、経腸栄養を行った場合に算定 チ　褥瘡に対する治療の実施 褥瘡の分類で第Ⅲ度以上に該当し、かつ、当該褥瘡に対して必要な処置を行った場合に限る 第Ⅰ度：皮膚の発赤が持続している部分があり、圧迫を取り除いても消失しない（皮膚の損傷はない） 第Ⅱ度：皮膚層の部分的喪失（びらん、水疱、浅いくぼみとして表れるもの）

加算	重度療養管理加算	第Ⅲ度：皮膚層がなくなり潰瘍が皮下組織にまで及ぶ。深いくぼみとして表れ、隣接組織まで及んでいることもあれば、及んでいないこともある 第Ⅳ度：皮膚層と皮下組織が失われ、筋肉や骨が露出している リ　気管切開が行われている状態 気管切開が行われている利用者について、気管切開の医学的管理を行った場合に算定 いずれも利用者の状態が上記に合致すれば自動的に算定される加算になります。利用者がそれぞれの要件にあてはまっているか否かについて、アセスメントの段階できちんと把握しておきましょう。
	栄養改善加算	通所介護の「栄養改善加算」に準じます（198ページ）。
	栄養スクリーニング加算	通所介護の「栄養スクリーニング加算」に準じます（199ページ）。
	口腔機能向上加算	通所介護の「口腔機能向上加算」に準じます（199ページ）。

短期入所生活介護

介護保険法第８条第９項

短期入所生活介護とは、居宅要介護者について、老人福祉法第５条の２第４項の厚生労働省令で定める施設又は同法第20条の３に規程する老人短期入所施設に短期間入所させ、当該施設において入浴、排せつ、食事等の介護その他の日常生活上の世話及び機能訓練を行うことをいう。

主に介護者の急用や体調不良等による緊急避難やレスパイトに利用されます。入所施設同等の機能を持ち、施設の体制によっては、短期集中の機能訓練、せん妄やBPSD頻発時の対応、災害や荒天時等の一次避難、入浴（設備活用）のための日帰り利用などに利用されることもあります。

算定と加算

加算	生活機能向上連携加算	通所介護の「生活機能向上連携加算」に準じます（198ページ）。
	個別機能訓練加算	通所介護の「個別機能訓練加算」に準じます（198ページ）。

<table>
<tr><td rowspan="6">加算</td><td>医療連携強化加算</td><td>以下の要件及び対象者を受け入れた場合に算定します。
1）（事業所要件）以下のいずれにも適合する。
a. 看護体制加算（Ⅱ）または（Ⅳ）を算定していること
b. 急変の予測や早期発見等のため、看護職員による定期的な巡視（おおむね１日３回以上の頻度でバイタルサインや状態変化の有無の確認）を行っている。ただし、巡視頻度は利用者の状態に併せて適宜増加させるべきものである
c. 主治の医師と連絡が取れない等の場合に備えて、あらかじめ協力医療機関を定め、緊急やむを得ない場合の対応に係る取り決めを行っている。取り決め内容を開始時に説明し、主治医との連携方法や急変時の取扱いについて文書で同意を得る
d. 急変時の医療提供の方針について、利用者から合意を得ている
2）（利用者要件）以下のいずれかの状態に該当するもの。
a. 喀痰吸引を実施している状態
b. 呼吸障害等により人工呼吸器を１週間以上使用している状態
c. 中心静脈注射を実施している状態
d. 人工腎臓を当該月に実施している状態
e. 重篤な心機能障害、呼吸障害などにより常時モニター測定を実施している状態
f. 人工膀胱または人工肛門の処置を実施している状態（皮膚の炎症等ケア実施時）
g. 経鼻胃管や胃ろう等の経腸栄養が行われている状態
h. 褥瘡（褥瘡分類第Ⅱ度以上）に対する治療を実施している状態
i. 気管切開が行われている状態（気管切開ケア実施時）
いずれも利用者の状態が上記に合致すれば自動的に算定される加算になります。利用者がそれぞれの要件にあてはまっているか否かについて、アセスメントの段階できちんと把握しておきましょう。</td></tr>
<tr><td>認知症行動・心理症状緊急対応加算</td><td>医師が、認知症の行動・心理症状が認められるため、在宅での生活が困難であり、緊急に短期入所生活介護を利用することが適当であると判断した者に対し、短期入所生活介護を行った場合、利用開始日から起算して７日を限度として算定が可能です。
緊急対応に対する加算になりますので、事前にケアプランに記載する必要はありませんが、事後作成のケアプランには「突発的な行動・心理症状に対する緊急対応」のように緊急利用がわかるようサービス内容欄にも記載します。</td></tr>
<tr><td>若年性認知症利用者受入加算</td><td>65 歳未満の認知症利用者ごとに個別に担当者を定め、その者を中心に、利用者の特性やニーズに応じたサービス提供を行う場合に算定されます。</td></tr>
<tr><td>送迎を行う場合</td><td>利用者の心身の状態や、家族の事情などからみて送迎を行うことが必要と認められる利用者に、その居宅と短期入所生活介護事業所との間の送迎を行う場合、片道につき算定します。
通所介護や通所リハビリテーションの基本報酬に送迎が含まれている（送迎を行わない場合に減算される）のに対し、短期入所生活介護や短期入所療養介護では送迎は片道単位の加算となります。</td></tr>
<tr><td>緊急短期入所受入加算</td><td>利用者の状態や家族等の事情により、介護支援専門員が緊急に短期入所生活介護を受けることが必要と認めた者に対し、居宅サービス計画に位置づけられていない短期入所生活介護を緊急に行った場合に算定します。緊急短期入所受入加算として短期入所生活介護を行った日から起算して７日（利用者の日常生活上の世話を行う家族の疾病等やむを得ない事情がある場合は 14 日）を限度として算定可能です。
緊急対応に対する加算になりますので、事前にケアプランに記載する必要はありませんが、事後作成のケアプランには「家族の入院による緊急対応」のように緊急利用がわかるようサービス内容欄にも記載します。</td></tr>
</table>

加算	療養食加算	療養食を提供した場合に算定します。
	在宅中重度者受入加算	利用者が利用していた訪問看護事業所に当該利用者の健康上の管理などを行わせた場合は、看護体制加算の項目に応じて算定されます。加算にかかる業務について訪問看護事業所と委託契約を締結し、利用者の健康上の管理などの実施に必要な費用を事業所が訪問看護事業所に支払う形を取ります。サービス内容欄に関しては、訪問看護に依頼しているものがそのまま転記されます。

短期入所療養介護

介護保険法第 8 条第 10 項

短期入所療養介護とは、居宅要介護者（その治療の必要の程度につき厚生労働省令で定めるものに限る。）について、介護老人保健施設、介護医療院その他の厚生労働省令で定める施設に短期間入所させ、当該施設において看護、医学的管理の下における介護及び機能訓練その他必要な医療並びに日常生活上の世話を行うことをいう。

短期入所療養介護は、多くは短期入所生活介護に準じます。医療的サービスにあたりますので、看護師やリハビリテーション専門職等の配置が厚く、短期集中の機能訓練、せん妄や BPSD 頻発時の対応などを積極的に受け入れる事業所もあります。

短期入所生活介護とともにショートステイと一括りにされますが、短期入所生活介護に比べ医療的ニーズへの対応力が高い分だけ高額なサービスになります。短期入所生活介護ではなく短期入所療養介護サービスを位置づける場合は、必要な医療的ニーズを明確にするなど、選択の妥当性を示す必要があります。

算定と加算

加算	個別リハビリテーション実施加算	通所リハビリテーションの「短期集中個別リハビリテーション実施加算」に準じます（201ページ）。個別で 20 分以上リハビリテーションを実施した場合に算定されます。
	認知症行動・心理症状緊急対応加算	短期入所生活介護の「認知症行動・心理症状緊急対応加算」に準じます（203 ページ）。

加算	緊急短期入所受入加算	短期入所生活介護の「緊急短期入所受入加算」に準じます（203 ページ）。
	若年性認知症利用者受入加算	短期入所生活介護の「若年性認知症利用者受入加算」に準じます（203 ページ）。
	重度療養管理加算	通所リハビリテーションの「重度療養管理加算」に準じます（201 ページ）。
	送迎を行う場合	短期入所生活介護の「送迎を行う場合」に準じます（203 ページ）。
	療養食加算	短期入所生活介護の「療養食加算」に準じます（204 ページ）。

コラム　社会参加と通所系サービス

心身機能が低下し外出ができなくなると社会との接点は少なくなり、それがそのまま続くと活動量が低下し、身体機能の廃用につながります。生活が平坦になって精神的な刺激が減ると精神活動も停滞し、人によっては孤独や孤立を感じて、意欲低下を招くかもしれません。また、認知症の原因疾患を持つ方は中核症状の悪化にも影響を及ぼしかねません。こうした悪循環へのリスクが社会参加の重要性の原点です。

演習や実習の模擬プランでも社会参加を目的に通所介護利用を位置づけたケアプランを多く目にしますし、現場でも同様のケアプランを見かけることはよくあることです。確かに通所介護に代表される通所系サービスは、その利用形態からも社会参加の促進に役立つことは明白であり、これらのケアプランの意図はよくわかりますが、果たしてそれだけでよいのでしょうか。

事例検討やケアマネジャーからの相談で、通所系サービスの〝利用拒否〟といった表現や男性利用者に〝馴染む〟デイサービスが見つからなくて…といった話がよく出てきます。例えば中重度の利用者で家族のレスパイト的な利用を行うのは別にして、〝拒否〟や〝馴染まない〟方が無理して通所系サービスを利用する意味がどの程度あるのでしょうか。嫌々ながらも続けているうちに〝馴染んで〟きて、今は楽しみにしているという方がいらっしゃることも確かですが、たんに事業所とのマッチングが悪いからと、利用者を転々とさせているケアマネジャーもいます。もちろん、毎回楽しみにデイサービスに通い、いきいきと生活している方もいらっしゃいますが、その全員が、デイサービスを利用しているから意欲的なのでしょうか。もともと社交性や意欲を持った方だからこそ、デイサービスに〝馴染んだ〟のかもしれません。

答えはひとつではありませんが、少なくとも「社会参加のためにはデイサービス」的な短絡的なプランニングは慎むべきです。

第4節 環境を整えるサービス

環境を整えるサービスとは、ADLなどを助けるための環境整備です。機能向上のリハビリテーションや活動レベルの課題に対する支援を検討する際には、必ずセットで検討します。屋内の移動経路（動線）については経路自体の見直しを行うだけで、距離が短縮されたり、段差などのバリアが回避できる場合もあります。

目的は①動作の自立、②（介護）負担軽減、③事故防止の３つですが、動作の自立は負担軽減や事故防止につながりますので、環境整備の基本はすべて動作が自立するためとなります。

図表３ 環境整備の目的

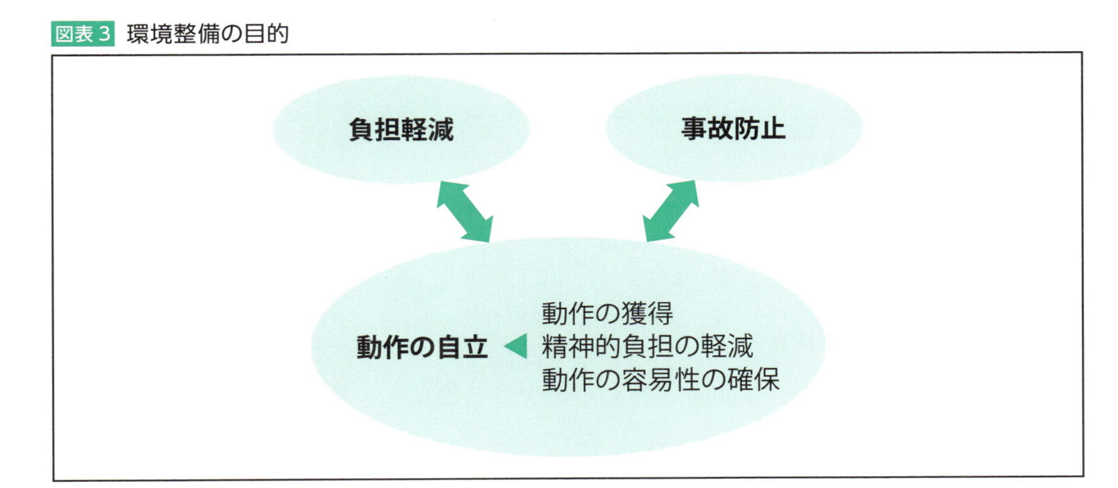

動作自立の期待が小さい場合でも、介護負担の軽減や転倒事故防止などを目的にした視点で検討を加えてみましょう。事故リスクが軽減されることで、活動に対する精神的負担も軽減され、結果的に機能が向上することも期待できます。

▶ 福祉用具貸与

介護保険法第8条第12項

福祉用具貸与とは、居宅要介護者について福祉用具（心身の機能が低下し日常生活を営むのに支障がある要介護者等の日常生活上の便宜を図るための用具及び要介護者等の機能訓練のための用具であって、要介護者等の日常生活の自立を助けるためのものをいう。次項並びに次条第10項及び第11項において同じ。）のうち厚生労働大臣が定めるものの政令で定めるところにより行われる貸与をいう。

福祉用具貸与の対象となる福祉用具として指定されているのは、以下の13種類です。

①手すり（工事を伴わない物）
②スロープ（工事を伴わない物）
③歩行器
④歩行補助つえ（松葉杖や多点杖）
⑤車いす
⑥車いす付属品
⑦特殊寝台
⑧特殊寝台付属品（サイドレール、ベッドマット、スライディングテーブル等）
⑨床ずれ防止用具
⑩体位変換器（起き上がり補助装置を含む）
⑪認知症老人徘徊感知機器（離床センサーを含む）
⑫移動用リフト（立ち上がり座いす、入浴用リフト、段差解消機（階段移動用リフトを含む））
⑬自動排泄処理装置

要支援1･2及び要介護1の認定を受けている方は、原則、これらのうち、①～④並びに⑬のうち、尿のみを吸引できる物が対象になります。⑬自動排泄処理装置のうち、尿のみを吸引できる物以外については要介護4･5の認定を受けた方のみが対象です。

直近の認定調査票の基本調査の結果が下記に該当する場合は、その状態像に応じて利用が想定される対象外の品目について、軽度者であっても例外的に給付を受けることができます。

○厚生労働大臣が定める基準に適合する利用者等

31　指定居宅サービス介護給付費単位数表の福祉用具貸与費の注4の厚生労働大臣が定める者

イ　次に掲げる福祉用具の種類に応じ、それぞれ次に掲げる者
(1) 車いす及び車いす付属品　次のいずれかに該当する者
　(一) 日常的に歩行が困難な者
　(二) 日常生活範囲において移動の支援が特に必要と認められる者
(2) 特殊寝台及び特殊寝台付属品　次のいずれかに該当する者
　(一) 日常的に起きあがりが困難な者
　(二) 日常的に寝返りが困難な者
(3) 床ずれ防止用具及び体位変換器　日常的に寝返りが困難な者
(4) 認知症老人徘徊感知機器　次のいずれにも該当する者
　(一) 意思の伝達、介護を行う者への反応、記憶又は理解に支障がある者
　(二) 移動において全介助を必要としない者
(5) 移動用リフト（つり具の部分を除く。）　次のいずれかに該当する者
　(一) 日常的に立ち上がりが困難な者
　(二) 移乗において一部介助又は全介助を必要とする者
　(三) 生活環境において段差の解消が必要と認められる者
(6) 自動排泄処理装置　次のいずれにも該当する者
　(一) 排便において全介助を必要とする者
　(二) 移乗において全介助を必要とする者

認定調査票の基本調査の結果にかかわらず、次のⅰ）～ⅲ）までのいずれかに該当するものと医師の医学的な所見に基づき判断され、かつ、サービス担当者会議などを経た適切なマネジメントにより福祉用具貸与が必要であると判断されていることを、書面等で保険者が確認した場合にも保険給付が可能になります。

i.　疾病その他の原因により、状態が変動しやすく、日によってまたは時間帯によって、頻繁に利用者等告示第31号のイの状態に該当する者（例　パーキンソン病の治療薬によるON・OFF現象）
ii.　疾病その他の原因により、状態が急速に悪化し、短期間のうちに利用者等告示第31号のイに該当するに至ることが確実に見込まれる者（例　がん末期の急速な状態悪化）
iii.　疾病その他の原因により、身体への重大な危険性または症状の重篤化の回避等医学的判断から利用者等告示第31号のイに該当すると判断できる者（例　喘息発作等による呼吸不全、心疾患による心不全、嚥下障害による誤嚥性肺炎の回避）

前述のとおり、福祉用具貸与に関しては、要介護認定における軽度者については原則給付対象外とされていますが、中重度者についても無条件で貸与が可能と考えるのは間違いです。「居宅サービス計画書標準様式及び記載要領」にも「福祉用具貸与又は特定福祉用具販売を居宅サービス計画に位置付ける場合においては、「生活全般の解決すべき課題」・「サービス内容」等に当該サービスを必要とする理由が明らかになるように記載する。なお、理由については、別の用紙（別葉）に記載しても差し支えない」とされています。

後述する介護保険における福祉用具の選定の判断基準も参照し、サービス内容欄には必要な理由を「起き上がりを自分で行うための電動ベッドの貸出」「買い物に出かけるための歩行器の貸出」のような記述を行う必要があります。

貸与品は利用期間中、毎月、費用が発生します。これに比べて住宅改修工事は、設置してしまった後の費用発生はありません。長期的にみると、手すりやスロープについては住宅改修も併せて検討し、工事が可能な場合は工事を優先します。貸与品を使用する場合は、借家等で工事が許されない場合や、身体機能の回復が見込まれ、工事を行っても一時的な使用で撤去が予定される場合など、それなりの理由が必要です。

特定福祉用具購入（費）

介護保険法第 44 条
市町村は、居宅要介護被保険者が、特定福祉用具販売に係る指定居宅サービス事業者から当該指定に係る居宅サービス事業を行う事業所において販売される特定福祉用具を購入したときは、当該居宅要介護被保険者に対し、居宅介護福祉用具購入費を支給する。

特定福祉用具は、排泄や入浴の際に使用し、直接肌に触れる用具のうち以下のものを指します。

腰掛便座

・和式便器の上に置いて腰掛式に変換するもの
・洋式便器の上に置いて高さを補うもの
・電動式またはスプリング式で便座から立ち上がる際に補助できる機能を有しているもの
・便座・バケツ等からなり、移動可能である便器（居室で利用可能なものに限ります）

自動排泄処理装置の交換可能部品

・レシーバー、チューブ、タンク等のうち尿や便の経路となるもの

入浴補助用具

・入浴用いす
・浴槽用手すり
・浴槽内いす
・入浴台（浴槽の縁にかけて利用する台で、浴槽への出入りのためのもの）
・浴室内すのこ
・浴槽内すのこ
・入浴用介助ベルト

簡易浴槽

・空気式または折りたたみ式等で容易に移動できるものであって、取水または排水のために工事を伴わないもの

移動用リフトのつり具の部分

身体に適合するもので、移動用リフトに連結可能なもの

いずれも商品自体が特定福祉用具の指定を受けている必要があり、購入先も特定福祉用具販売の指定を受けている必要があります。

また、特定福祉用具購入に関しては、福祉用具貸与のように軽度者に対する給付対象外のような縛りはありませんが、無条件で購入が可能と考えるのは間違いです。前述したとおり、記載要領では、「当該サービスを必要とする理由が明らかになるように記載する」とされています。後述する介護保険における福祉用具の選定の判断基準も参照し、サービス内容欄には「洗身を自立させるための入浴用いすの購入」「夜間の排泄を自立させるためのポータブルトイレ購入」のように、必要な理由の記述を行う必要があります。

福祉用具や特定福祉用具を導入前にチェックすべきポイント

介護保険における福祉用具の選定の判断基準について

※「状態像によっては使用が想定しにくい福祉用具」については、直近の要介護認定時の訪問調査項目結果から判断する

要支援

●使用が想定しにくい福祉用具

□【貸与】自走用標準型車いす
□【貸与】普通型電動車いす
□【貸与】介助用標準型車いす
□【貸与】車いす付属品
□【貸与】特殊寝台
□【貸与】特殊寝台付属品
□【貸与】床ずれ防止用具
□【貸与】体位変換器
□【貸与】認知症老人徘徊感知機器
□【貸与】自動排泄処理装置（尿のみ吸引するもの）
□【貸与】移動用リフト（浴槽に固定設置し上下方向にのみ移動するリフト、段差解消機、立ち上がり補助いすを除く。）

□【購入】腰掛便座（便座、バケツ等からなり、移動可能である便器）
□【購入】簡易浴槽
□【購入】移動用リフトのつり具の部分

【考え方】
「要支援」では、寝返り、歩行、立ち上がり等が自立している要介護者等が多く、上記の用具を必要とする場合は想定しにくい。

●状態像によっては使用が想定しにくい福祉用具

① 座位保持：できない
□【購入】腰掛便座（便座、バケツ等からなり、移動可能である便器を除く。）

② 排尿：自立
□【貸与】自動排泄処理装置（尿のみ吸引するもの）
□【購入】特殊尿器

要介護１

●使用が想定しにくい福祉用具
□【貸与】床ずれ防止用具
□【貸与】体位変換器
□【貸与】移動用リフト（浴槽に固定設置し上下方向にのみ移動するリフト、段差解消機、立ち上がり補助いすを除く。）
□【購入】移動用リフトのつり具の部分

【考え方】
「要介護１」では、寝返り、起き上がり、歩行、移乗等が、自立又は見守り等によって可能な場合が多く、上記の用具を必要とする場面は想定しにくい。

●状態像によっては使用が想定しにくい福祉用具

① 寝返り、起き上がり、立ち上がり：つかまらないでできる
□【貸与】特殊寝台
□【貸与】特殊寝台付属品

② 座位保持：できない
□【購入】腰掛便座

③ 歩行：つかまらないでできる
□【貸与】自走用標準型車いす
□【貸与】普通型電動車いす
□【貸与】介助用標準型車いす
□【貸与】車いす付属品
□【貸与】特殊寝台付属品（スライディングボード・スライディングマット）
□【購入】腰掛便座（便座、バケツ等からなり、移動可能である便器）
□【購入】簡易浴槽

④ 移動：自立
□【購入】腰掛便座（便座、バケツ等からなり、移動可能である便器）
□【購入】簡易浴槽

⑤ 移動：全介助
□【貸与】認知症老人徘徊感知機器

⑥ 立ち上がり：つかまらないでできる
- □【貸与】特殊寝台付属品（スライディングボード・スライディングマット）

⑦ 排尿：自立
- □【貸与】自動排泄処理装置（尿のみ吸引するもの）
- □【購入】特殊尿器

⑧ コミュニケーション等に関連する項目（視力、聴力を除く）が自立している
- □【貸与】認知症老人徘徊感知機器

⑨ 短期記憶：できない
- □【貸与】普通型電動車いす
- □【貸与】車いす付属品（普通型電動車いすの付属品、自操用の電動補助装置）

⑩ 認知症の周辺症状：ない
- □【貸与】認知症老人徘徊感知機器

要介護 2

●使用が想定しにくい福祉用具
- □【貸与】移動用リフト（浴槽に固定設置し上下方向にのみ移動するリフト、段差解消機、立ち上がり補助いすを除く。）
- □【購入】移動用リフトのつり具の部分

【考え方】

「要介護 2」では、歩行、移乗等が、自立又は見守り等によって可能な場合が多く、上記の用具を必要とする場面は想定しにくい。

●状態像によっては使用が想定しにくい福祉用具

① 寝返り、起き上がり、立ち上がり：つかまらないでできる
- □【貸与】特殊寝台
- □【貸与】特殊寝台付属品

② 寝返り：つかまらないでできる
- □【貸与】床ずれ防止用具
- □【貸与】体位変換器

③ 座位保持：できない
- □【購入】腰掛便座

④ 歩行：つかまらないでできる
- □【貸与】自走用標準型車いす
- □【貸与】普通型電動車いす
- □【貸与】介助用標準型車いす
- □【貸与】車いす付属品
- □【貸与】特殊寝台付属品（スライディングボード・スライディングマット）
- □【購入】腰掛便座（便座、バケツ等からなり、移動可能である便器）
- □【購入】簡易浴槽

⑤ 移動：自立
- □【購入】腰掛便座（便座、バケツ等からなり、移動可能である便器）
- □【購入】簡易浴槽

⑥ 移動：全介助
- □【貸与】認知症老人徘徊感知機器

⑦ **立ち上がり：つかまらないでできる**
　□【貸与】特殊寝台付属品（スライディングボード・スライディングマット）
⑧ **排尿：自立**
　□【貸与】自動排泄処理装置（尿のみ吸引するもの）
　□【購入】特殊尿器
⑨ **コミュニケーション等に関連する項目（視力、聴力を除く。）：全て自立**
　□【貸与】認知症老人徘徊感知機器
⑩ **短期記憶：できない**
　□【貸与】普通型電動車いす
　□【貸与】車いす付属品（普通型電動車いすの付属品、自操用の電動補助装置）
⑪ **認知症の周辺症状：ない**
　□【貸与】認知症老人徘徊感知機器

要介護３

●使用が想定しにくい福祉用具
　□特になし

●状態像によっては使用が想定しにくい福祉用具
① **寝返り、起き上がり、立ち上がり：つかまらないでできる**
　□【貸与】特殊寝台
　□【貸与】特殊寝台付属品
② **寝返り：つかまらないでできる**
　□【貸与】床ずれ防止用具
　□【貸与】体位変換器
③ **座位保持：できない**
　□【購入】腰掛便座
④ **歩行：つかまらないでできる**
　□【貸与】自走用標準型車いす
　□【貸与】普通型電動車いす
　□【貸与】介助用標準型車いす
　□【貸与】車いす付属品
　□【貸与】特殊寝台付属品（スライディングボード・スライディングマット）
　□【購入】腰掛便座（便座、バケツ等からなり、移動可能である便器）
　□【購入】簡易浴槽
⑤ **移乗：自立または見守り等**
　□【貸与】移動用リフト（浴槽に固定設置し上下方向にのみ移動するリフト、段差解消機、立ち上がり補助いすを除く。）
　□【購入】移動用リフトのつり具の部分
⑥ **移動：自立**
　□【購入】腰掛便座（便座、バケツ等からなり、移動可能である便器）
　□【購入】簡易浴槽
⑦ **移動：全介助**
　□【貸与】認知症老人徘徊感知機器
⑧ **立ち上がり：つかまらないでできる**

□【貸与】特殊寝台付属品（スライディングボード・スライディングマット）

⑨ **立ち上がり：つかまらないでできる又は何かにつかまればできる**

□【貸与】移動用リフト（浴槽に固定設置し上下方向にのみ移動するリフト、段差解消機、立ち上がり補助いすを除く。）

□【購入】移動用リフトのつり具の部分

⑩ **排尿：自立**

□【貸与】自動排泄処理装置（尿のみ吸引するもの）

□【購入】特殊尿器

⑪ **コミュニケーション等に関連する項目（視力、聴力を除く。）：全て自立**

□【貸与】認知症老人徘徊感知機器

⑫ **短期記憶：できない**

□【貸与】普通型電動車いす

□【貸与】車いす付属品（普通型電動車いすの付属品、自操用の電動補助装置）

⑬ **認知症の周辺症状：ない**

□【貸与】認知症老人徘徊感知機器

要介護４

●使用が想定しにくい福祉用具

□特になし

●状態像によっては使用が想定しにくい福祉用具

① **寝返り、起き上がり、立ち上がり：つかまらないでできる**

□【貸与】特殊寝台

□【貸与】特殊寝台付属品

② **寝返り：つかまらないでできる**

□【貸与】床ずれ防止用具

□【貸与】体位変換器

③ **座位保持：できない**

□【購入】腰掛便座

④ **歩行：つかまらないでできる**

□【貸与】自走用標準型車いす

□【貸与】普通型電動車いす

□【貸与】介助用標準型車いす

□【貸与】車いす付属品

□【貸与】特殊寝台付属品（スライディングボード・スライディングマット）

□【購入】腰掛便座（便座、バケツ等からなり、移動可能である便器）

□【購入】簡易浴槽

⑤ **移乗：自立又は見守り等**

□【貸与】移動用リフト（浴槽に固定設置し上下方向にのみ移動するリフト、段差解消機、立ち上がり補助いすを除く。）

□【購入】移動用リフトのつり具の部分

⑥ **移動：自立**

□【購入】腰掛便座（便座、バケツ等からなり、移動可能である便器）

□【購入】簡易浴槽

⑦ **移動：全介助**

□【貸与】認知症老人徘徊感知機器

⑧ **立ち上がり：つかまらないでできる**

□【貸与】特殊寝台付属品（スライディングボード・スライディングマット）

⑨ **立ち上がり：つかまらないでできる又は何かにつかまればできる**

□【貸与】移動用リフト（浴槽に固定設置し上下方向にのみ移動するリフト、段差解消機、立ち上がり補助いすを除く。）

□【購入】移動用リフトのつり具の部分

⑩ **排尿：自立**

□【貸与】自動排泄処理装置（尿のみ吸引するもの）

□【購入】特殊尿器

⑪ **コミュニケーション等に関連する項目（視力、聴力を除く。）：自立している**

□【貸与】認知症老人徘徊感知機器

⑫ **短期記憶：できない**

□【貸与】普通型電動車いす

□【貸与】車いす付属品（普通型電動車いすの付属品、自操用の電動補助装置）

⑬ **認知症の周辺症状：ない**

□【貸与】認知症老人徘徊感知機器

要介護５

●使用が想定しにくい福祉用具

□【貸与】普通型電動車いす

□【貸与】車いす付属品（普通型電動車いすの付属品、自操用の電動補助装置）

□【貸与】認知症老人徘徊感知機器

【考え方】

「要介護５」では、移動や歩行ができない、あるいは重度の認知症症状のため短期記憶等が著しく障害されている場合が多く、上記の用具を必要とする場合は想定しにくい。

●状態像によっては使用が想定しにくい福祉用具

① **寝返り、起き上がり、立ち上がり：つかまらないでできる**

□【貸与】特殊寝台

□【貸与】特殊寝台付属品

② **寝返り：つかまらないでできる**

□【貸与】床ずれ防止用具

□【貸与】体位変換器

③ **座位保持：できない**

□【購入】腰掛便座

④ **歩行：つかまらないでできる**

□【貸与】自走用標準型車いす

□【貸与】介助用標準型車いす

□【貸与】車いす付属品（普通型電動車いすの付属品、自操用の電動補助装置を除く）

□【貸与】特殊寝台付属品（スライディングボード・スライディングマット）

□【購入】腰掛便座（便座、バケツ等からなり、移動可能である便器）
□【購入】簡易浴槽

⑤移乗：自立又は見守り等

□【貸与】移動用リフト（浴槽に固定設置し上下方向にのみ移動するリフト、段差解消機、立ち上がり補助いすを除く。）
□【購入】移動用リフトのつり具の部分

⑥移動：自立

□【購入】腰掛便座（便座、バケツ等からなり、移動可能である便器）
□【購入】簡易浴槽

⑦移動：全介助

□【貸与】認知症老人徘徊感知機器

⑧立ち上がり：つかまらないでできる

□【貸与】特殊寝台付属品（スライディングボード・スライディングマット）

⑨立ち上がり：つかまらないでできる又は何かにつかまればできる

□【貸与】移動用リフト（浴槽に固定設置し上下方向にのみ移動するリフト、段差解消機、立ち上がり補助いすを除く。）
□【購入】移動用リフトのつり具の部分

⑩排尿：自立

□【貸与】自動排泄処理装置（尿のみ吸引するもの）
□【購入】特殊尿器

▶住宅改修（費）

介護保険法第 45 条

居宅要介護被保険者が、手すりの取付けその他の厚生労働大臣が定める種類の住宅の改修を行ったときは、当該居宅要介護被保険者に対し、居宅介護住宅改修費を支給する。

対象となる工事の種類は以下の①～⑤及びその付帯工事⑥です。

①手すりの取付け

②段差の解消

③滑りの防止及び移動の円滑化等のための床又は通路面の材料の変更

④引き戸等への扉の取替え

⑤洋式便器等への便器の取替え

⑥その他前各号の付帯工事

他の介護給付と違い、工事に関しては指定業者の考えはなく、家族や利用者本人が施工した場合であっても材料費は給付されます。

第5節 その他の公的サービス、インフォーマルサポート及びセルフケア

その他の公的サービス

市町村直営や市町村社協が行う高齢者福祉サービスや民間サービスについて、一定条件を満たした利用に対して市町村が費用負担の助成を行うものがあります。利用にあたっては所得、家族状況、要介護度や他のサービス利用状況など、個別に要件が定められます。市町村により整備状況は異なります。一例を示します。

□寝具洗濯乾燥消毒サービス
寝たきり状態や尿失禁により、寝具の衛生管理が困難な人が日常生活を快適におくれるよう寝具の洗濯・乾燥・消毒処理をします。

□緊急通報装置の設置
高齢者の急病や災害などの緊急事態に、すばやく適切な対応ができるように、緊急通報装置を設置します。

□福祉電話の設置
緊急時の連絡手段や安否確認のために、電話を持っていない人に電話機を貸与します。

□福祉助成金交付事業
上・下水道基本料金の一部を補助します。

□介護用品の支給
介護用品（紙おむつ・尿とりパットなど）を支給します。

□高齢者家族介護者安心事業
徘徊高齢者を在宅で介護している人に対して、位置情報端末機により所在の確認ができる機器を貸与します。

□在宅高齢者介護激励金の支給
在宅で高齢者を介護している人で、1年間介護保険サービスを利用していない場合に激励金を支給します。

□家族介護者慰労金の支給
在宅で高齢者を介護している人で、1年間介護保険サービスを利用していない場合に慰労金を支給します。

□食の自立支援事業
栄養バランスの取れた食事を定期的に提供します。

□外出支援サービス
送迎用車両を使用し、医療機関への通院時に利用者の居宅と目的地の間の送迎を行います。

□訪問理美容サービス
在宅で散髪などの理美容サービスを提供します。

□家族介護者交流事業

介護者の心身のリフレッシュを目的として、介護者交流会、旅行などを行います。

□**生きがい活動支援通所事業**
公民館などを利用して趣味活動や創作活動、レクリエーションなどの活動を行います。

□**日常生活用具給付事業**
電磁調理器などを給付し、日常生活の便宜を図ります。

市民福祉や行政サービスの一環で提供されているものは、現金支給などケアプランに直接かかわりにくいものもありますが、直接支援のサービス内容も福祉色が強く、こと軽度の方は目的意識を持った利用が必要になります。

「サービス内容」欄へは「栄養状態改善のための配食」「血圧管理のための通院支援（送迎）」などの目的を明確にした内容を記述します。

インフォーマルサポート及びセルフケア

インフォーマルサポート

家族や近隣の支え合いなどについては、いずれも支援を生業にした事業所（体）ではないため、それなりの脆弱さは承知しておくべきでしょう。その反面、公的なサービスのように基準等の縛りがないので、ある意味、広範囲で柔軟性のある支援が期待できます。このような特徴を捉え、第２表の「サービス内容」欄には、依頼する内容を具体的に記述する必要があります。

セルフケア

自立支援のためには本人の主体的かかわりが重要なことは、これまで何度も記述してきましたが、そのためには第２表の「サービス内容」欄への本人の役割やセルフケア内容の記載が不可欠です。機能改善を目標に掲げ、リハビリテーションサービスや機能訓練を組み込んでも、本人が主体的にかかわらなければ目標達成はありえませんし、栄養不良があるならば、きちんと食事を摂って体力をつけることは本人の役割にほかなりません。変形性膝関節症などの肥満が増悪因子にある状況では、ダイエットなどの体重管理がなければイタチごっこになってしまいます。健康管理もしかり、さまざまな治療や疾病管理の体制を作っても、本人の生活習慣が変わらなければ期待できないでしょう。このようなことから、いずれかの支援を組み込んだときは、必ずそれに呼応した本人のセルフケアをセットで考える習慣をつけましょう。

	サービス	セルフケア
機能改善	□機能訓練 □自主訓練の策定及び評価 □福祉用具貸与等の環境整備	□自主訓練を続ける □散歩等の活動的な余暇活動 □庭掃除、水やり等の役割 □きちんと食事を摂る □体重管理 □用具の活用
健康管理	□糖尿病の管理及び指導 □血圧の管理及び生活指導 □栄養状態の管理並びに指導 □服薬の管理と服用方法の指導	□きちんと服薬する □間食しない。栄養制限を守る □塩分制限を守る □朝食をきちんと食べる □忘れず受診する □毎朝血圧を測り記録する □１日○○○ ml の水分摂取に心掛ける □夜更かししない □食後はきちんと歯を磨く

IADL 関連での訪問介護などによる共同作業を組み込んでいるときも同様です。個々のサービス内容欄にはそれぞれの役割を具体的かつ明確にしておくことで、依存を生まず自立に向けた良好な支援体制が構築できるでしょう。

編著者紹介

松本 善則（まつもと・よしのり）

第2，3，4，5章

社会福祉法人倣襄会理事
亀岡市篠地域包括支援センターセンター長
公益社団法人京都府介護支援専門員会副会長

1985年、明治鍼灸短期大学（現・明治国際医療大学）卒業後、2年間鍼灸院に勤務の後、医療法人あたご病院リハビリテーション科に勤務する。介護支援専門員を取得したことから、介護保険施行に併せ同法人の介護保険事業立ち上げ準備をきっかけに、あたご病院老人介護支援センター（居宅介護支援事業所）兼務となる。医療法人の吸収合併により、医療法人清仁会亀岡シミズ病院リハビリテーション科、亀岡シミズ病院老人介護支援センター兼務。2006年より社会福祉法人　倣襄会に移籍。亀岡あゆみ老人介護支援センター（居宅介護支援事業所）を経て2007年地域包括支援センターを受託。

2007年より京都府介護支援専門員協議会（現・公益社団法人京都府介護支援専門員会）にかかわり、常任理事、事務局長を経て、現在、副会長。受託する法定研修の講師や研修企画に携わり、京都府福祉人材・研修センター（京都府社会福祉協議会）受託の京都府介護支援専門員実務研修にもかかわっている。約20年リハビリテーション科での臨床経験で重度者の障害受容にかかわった経験から培ったリハビリテーションマインドが自身のケアマネジメントやかかわる研修事業の核になり、本書にもこの思いを込めて執筆した。

福富 昌城（ふくとみ・まさき）

第1章

花園大学社会福祉学部社会福祉学科教授
公益社団法人京都府介護支援専門員会顧問
一般社団法人日本ケアマネジメント学会副理事長
一般社団法人京都社会福祉士会会長　等

1988年、同志社大学大学院文学研究科社会福祉学専攻（修士課程）修了。大学院在籍中より、社会福祉法人聖徳園枚方ホームケアセンターにおいてデイサービスセンター、在宅介護支援センター等で勤務する。1990年より京都保育福士専門学院介護福祉科勤務。1997年より滋賀文化短期大学人間福祉学科介護コース勤務。2001年より花園大学社会福祉学部社会福祉学科勤務。

聖徳園在籍中に、日本に紹介され始めた新しい支援方法論であるケアマネジメントを知り、研究を始める。また、介護保険導入前の1995年頃からケアマネジメントやケアプラン作成に関する研修を行うようになる。その後、『介護支援専門員実務研修テキスト』（長寿社会開発センター、2003年）・実務研修のプログラムの作成にかかわる。その後も『介護支援専門員現任研修テキスト（第1巻～第4巻）』（中央法規出版、2016－2017年）、『八訂介護支援専門員基本テキスト』（長寿社会開発センター、2018年）他、ケアマネジメント関連のさまざまな研究、執筆を行っている。

実務に直結！　ケアプラン作成ガイドブック

2019年 5月20日 発行

編　著……………………松本 善則・福富 昌城

発行者……………………荘村 明彦

発行所……………………中央法規出版株式会社

〒110-0016 東京都台東区台東3-29-1 中央法規ビル

営　業 TEL 03-3834-5817 FAX 03-3837-8037

書店窓口 TEL 03-3834-5815 FAX 03-3837-8035

編　集 TEL 03-3834-5812 FAX 03-3837-8032

https://www.chuohoki.co.jp/

装幀・本文デザイン……株式会社ジャパンマテリアル

本文イラスト……………村山 宇希

印刷・製本………………大日本印刷株式会社

定価はカバーに表示してあります。

ISBN978-4-8058-5862-2